인문교양 02

나만의 한국사

조경철 지음

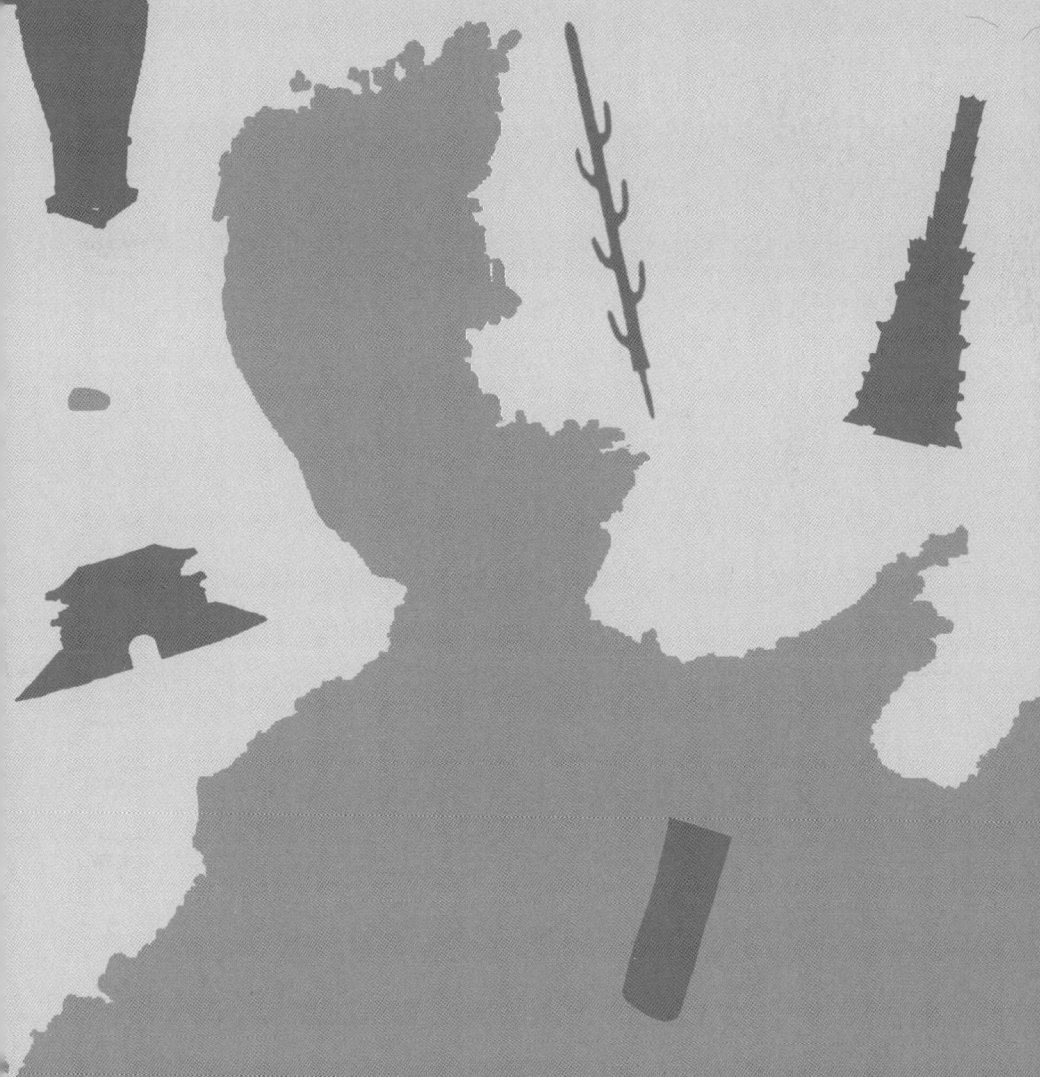

추천의 글

　교수님은 연애 중

　미국으로 교환학생을 다녀온 후, 우리나라의 역사와 문화에 대해 너무 무지하다는 생각을 하게 되었고, 마침 개설된 "한국문화유산의 이해"란 과목을 학부 마지막 교양과목으로 수강하였다. 조경철 교수님의 수업은 나의 이런 갈증을 해소해주었던 소중한 시간이었다. 17년이 지난 지금까지도 이 수업이 이어져온 것은 우리나라 문화유산에 대한 교수님의 사랑과 열정이 제자들에게 전해졌기 때문이라고 생각한다. 어느 한 분야의 전문가로서, 평생 함께해온 무언가는 애증의 관계가 될 법도 한데, 교수님은 아직도 연애 중이신 듯하다.

　　　　　- 2003년 1기 제자 여정우, 아미타삼존도 어사(건축가)

　잊고 지냈던 한국사를 부담없이 다시 접할 수 있는 좋은 기회일 뿐 아니라 우리 주변에 쉽게 다가갈 수 있는 문화재들의 존재를 알려준다. 단순히 받아들이기만 했던 한국사 단편의 새로운 이면을 들추고 바라본다. 책을 읽는 나 역시 쳇바퀴처럼 돌아가는 일상에서 한 발짝 떨어져 닫힌 지식 속에 갇혀 사는 것은 아닌 지 돌아보게 된다. 역사 속에서도 빠지지 않는 로맨스에 대한 통찰은 빛이 난다.

　　　　　- 2003년 1기 제자 염준기(강남세브란스병원)

대학시절 "서양문화유산의 이해"는 필수 교양과목인데 "한국문화유산의 이해"는 왜 선택 교양과목일까 생각하면서 이 강의를 선택하였다. 이 강의를 통해 석불사, 칠지도, 세한도 등 가깝지만 멀게만 느껴졌던 한국문화유산에 대하여 배웠을 뿐만 아니라, 지금의 관점에서 끊임없이 질문하고 해석해야 한다는 사실을 알게 되었다. 과거 선조들은 현재의 우리들이 아니다. 또한 기록하는 사람과 해석하는 사람에 따라서 역사는 다르게 적힌다. 따라서 항상 우리의 시각으로 과거의 기록을 다시 해석해야 한다. 대학교 인기 교양과목인 "한국문화유산의 이해"의 정수를 담은 이 책은 선사시대에서 시작해서 삼국시대를 지나 대한시대까지를 아우르며 우리가 잠시 잊고 살았던 소중한 우리 문화재에 대한 지식을 전달해줄 뿐 아니라, 지금까지 시대별로 "다르게" 적힌 역사를 "바르게" 읽을 수 있도록 도와주는 나침판 같은 책이다.

- 2003년 1기 제자 이상민(굿라이프치과병원장)

칠지도의 가지는 6개인가 7개인가? 수업 시간마다 교수님께서는 이런 질문을 던지시고 사람 좋은 얼굴로 빙그레 웃곤 하셨다. 그리

추천의 글

고 수업이 끝날 때까지 정답을 알려주시지 않으셨다. 이것도 맞고 저것도 맞고, 정답이 없는 것이 정답이라는 걸 알게 되었을 때, 좋은 학점을 받고 싶던 난 머리가 아플 지경이었다. 역사뿐만 아니라 세상을 살아가는데 이런 열린 자세가 필요하다는 걸 알게 된 때는 대학을 졸업하고 난 뒤 한참이 지나서였다. 시간이 흘러 명확한 정답이 존재하고 오답을 비난하는 세상에 다시금 적응하여 살고 있을 때, 그가 다시금 질문을 던진다. 칠지도의 가운데는 가지인가 줄기인가? 같이 정답을 찾아보자. 기분 좋은 두통과 함께.

- 2003년 1기 제자 이임동(신용보증기금)

대학시절 시간이 맞아 대충 끼워 넣은 수업은 하필 학창시절 가장 싫어했던 한국사 강의. 결과적으로 그 수업은 나의 많은 것을 바꾸어 놓았다. 우선 일주일 강의 중 가장 좋아하는 시간이 되었고, 그간 읊어 외워내던 것들이 흥미로워졌으며, 수업 시간에 멋드러지게 발표하던 잘생긴 임동 선배와 연이 되어 지금은 부부로 함께하고 있다. 부끄러움에 기어들어가는 목소리로 웅얼거리던 나를 따뜻하게 응원해주시던 배려 깊은 모습과는 또 다르게, 번뜩이는 시각으로 얄팍하고 정형화된 나의 역사지식을 뒤엎는 교수님의 질문과 수업방식은 가끔 파격적으로 느껴지기도 했다. 이 책은 오래전 인상 깊게 남아 있던 그 수업을 꼭 닮았다. 국사책 속 짧은 한 단어가 재미있는 드라마가 되고, 지키고 싶은 무언가가 되어 마음 한 곳에 머문다. 역사의 중요성이 대두되고 있는 요즈음 그것을 즐거이, 비판적으로, 생각하며 읽게 하는 이 책을 덮으며, 날이 풀리면 아이들과 함께 석굴암을 여행해볼까 작은 계획을 세워본다. 아, 석굴암이 아닌 석불사라고 했지.

- 2003년 1기 제자 조정미(신한은행)

2007년 2학기 학생들과 함께(이영선 그림)

들어가며

젊은 그대, 2020
● ● ●

좀 건방진 제목으로 보일지 모르겠습니다. 저만의 독특한 관점이 들어가 있는 한국사인 건 맞습니다. 제가 새로 밝히거나 바로잡은 부분도 많아 저만의 고집만 들어가 있는 건 아닙니다. '나만의 당신'처럼 나의 소중한 한국사란 의미를 담아 '나만의 한국사'란 제목을 붙여 봤습니다.

다루는 시기는 선사시대부터 대한시대까지입니다. '대한시대'는 제가 제시해 본 용어입니다. 고대사 부분이 많지만 각 시기마다 관심 가는 주제에 대해 제 생각을 정리해 봤습니다. 우리가 알고 있는 한국사와 다른 독특하고 참신한 관점에서 한국 역사를 살펴봤습니다.

『논어』에 "남들이 알아주지 않더라도 화내지 않으면 또한 군자가 아닌가!"란 구절이 있는데 저와는 거리가 먼 것 같습니다. 나만의 한국사를 쓰다 보니 본의 아니게 화를 낸 곳도 있기 때문입니다. 나만의 한국사라고 해서 감히 답을 내려고 한 건 아닙니다. 여러분과 함께 또 다른 답을 찾아가는 하나의 과정이라고 생각합니다.

이 책은 수업과 답사를 통해 수없이 오갔던 질문과 웃음들이 하나의 밑거름이 되었습니다. 세월이 훌쩍 지났음에도 세한도의 송백처럼 언제나 나를 응원해준 사람들에게 끝없는 고마움을 느낍니다. 바쁜 시간을 내어 써준 추천의 글도 고맙습니다. 이 책이 나오기까지 여러 가지로 배려해 주신 백두문화재연구원의 서봉수 원장님과 꼼꼼히 살피고 편집해 주신 김운환 부장님, 이세호, 김민선, 노호 선생님께도 감사를 드립니다.

부모님 살아생전 이렇게 책을 낼 수 있다는 것도 큰 행복입니다. 아버지께서 공직에 계실 때 쌀 미(米)자의 팔십팔(八十八)을 예로 들어 낟알 하나하나의 소중함을 강조하셨는데 역사를 공부하면서 역사 속 한 사람 한 사람의 소중함도 깨닫게 되는 계기가 되었습니다. 얼마 전 어머니께서 미끄러지셔서 허리를 다치셨는데 예전과 같지 않아 걱정입니다. 나만의 당신에게도 감사를 드립니다. 딴 길로 새지 않고 한 길로 갈 수 있었던 건 그녀 덕분입니다. 두 딸과 아들에게도 고마움을 표합니다. 아빠는 공부가 천성이라고 놀리기도 하지만 건강하게 자란 그 자체가 큰 힘이 되었습니다.

2000년의 설렘이 어제 같은데 벌써 2020년입니다. 그런데 왠지 젊어진 느낌입니다. 스무 살의 열정으로 다시 시작해 보렵니다.

2020년 1월 3일
그대의 생일(음력)과 나의 생일을 자축하며

목차

__ 추천의 글
__ 들어가며
　　　6 젊은 그대, 2020
__ 나만의 한국사 연표

01 총설
　　16 한국역사의 분수령, BTS

02 선사시대
　　20 공주 석장리 구석기 유적과 패러다임의 전환
　　24 손보기와 한글

03 고조선
　　25 일연이 꿈꾼 세상, 고조선의 '古'는 왜 붙였나?
　　27 고조선의 건국과 멸망
　　　　27 • 단군은 요임금보다 늦게 나라를 세웠는가?
　　　　30 • 홍익인간(弘益人間)의 인간은 '사람'이 아니라 '사람세상'이다.
　　　　33 • 홍익인간은 불교에서 온 말이 아니다.

34 • 고조선의 마지막 왕, 우거왕

　　　36 • 고조선의 항후육적(降侯六賊)

　38 환국과 환인

　　　38 • 환국, 환인으로 바로 잡아야

　　　42 • 『삼국유사』의 제석(帝釋)과 『제왕운기』의 석제(釋帝)

　　　44 • '환인'은 불교에서 온 용어인가?

　　　47 • 『제왕운기』의 '손녀'는 누구의 손녀인가?

　　　50 ▪ 단군신화 속 호랑이를 위한 변명

　　　52 ▪ 『묘향산지』의 환웅과 백호

04 고구려

　53 '고려'라는 나라이름의 의미

　　　53 • 나라이름과 국호계승의식

　　　54 • 충주 고려비와 금동연가칠년명여래입상

　　　56 • 주몽의 고려, 궁예의 고려, 왕건의 고려

　　　58 • 중국 기록보다 앞선 '고려' 국호 기록

　　　59 • 동북공정, 가장 확실한 대응은?

　　　60 • 통일한국의 나라이름, '고려'와 '한글'

　61 고구려의 건국 연대는 기원전 37년인가?

　65 광개토왕의 빈상과 칭원법

　　　65 • 광개토왕의 빈상은 36개월 3년상

　　　67 • 광개토왕의 칭원법

　　　68 • 『삼국사기』, 『삼국유사』, 『역대연표』, 『고려사』의 칭원법

70 광개토왕릉비

    70 • 광개토왕릉비 신묘년조, '아아 잊으랴 어찌 우리 이날을'

    71 • 광개토왕릉비 신묘년조 논란

    73 • 신묘년조의 새로운 해석, 능비에 보이는 '민'과 '전치문설' 비판

    75 • 광개토왕의 '영락연호'에서 '영락교회'까지

    77 • 고구려 고분벽화의 달 그림과 별주부전

05 백제

80 칠지도

    80 • 칠지도의 가지는 몇 개일까?

    82 • 칠지도의 모양은 어디에서 유래했나? 명협(蓂莢)과 일경육수(一莖六穗)

    85 • 『일본서기』에만 보이던 칠지도가 눈앞에

    86 • 칠지도의 '태화'는 중국 연호인가?

    90 • '태화'가 중국 연호라면 이해되지 않는 상황

    91 • 역사 이래 이런 칼은 없었다.

92 무령왕릉지석

    92 • 무령왕비지석의 잘못된 12월

    97 • 무령왕릉지석의 붕(崩)

    98 • 내가 너를 천년동안 지키리라!

100 대통사

    100 • 대통사와 양무제의 잘못된 만남

    105 • '대통' 연호와 대통 오수전

    107 • 마법의 숫자 '527'

    108 • 말장난으로 만들어진 '대통' 연호

    109 • 대통사와 정림사

110 백제금동대향로

    110 • 위덕왕은 왜 3년 동안 왕위에 오르지 않았을까?

    111 • 역사 이래 이런 향로는 없었다.

114 아버지를 위한 딸의 기도, 창왕 이름이 새겨진 사리감

117 손자가 할아버지에게 드리는 선물, 자기사 목간

119 예산 사방불

120 서산 마애삼존불과 반가사유상

    120 • 서산 마애삼존불의 보살은 왜 앉아있나?

    123 • 세상에서 가장 아름다운 얼굴

124 태안 마애삼존불

    124 • 태안 마애삼존불은 왜 독특한가?

    126 • 죽은 자식을 위한 애절한 마음을 담아

128 아버지의 아들에 대한 그리움, 왕흥사

130 무왕과 익산천도

    130 • 무왕은 왜 먼 익산에 미륵의 도시를 건설했나?

    131 • 무왕은 익산으로 천도했는가?

    132 • 새로 제기된 익산 천도설의 타당성

    134 • 무령왕, 무강왕, 무광왕, 무왕은 같은 왕인가? 다른 왕인가?

136 미륵사

    136 • 선화공주는 실존인물인가?

    137 • 사리봉안기의 법왕과 대왕폐하(大王陛下)

    139 • 미륵사의 3금당에는 어떤 부처님을 모셨을까?

    142 • 한국 쌍탑의 기원은 백제 미륵사 쌍석탑

    143 • 우리나라에서 가장 오래된 석탑은?

148 백제 유일의 비석 사택지적비, 슬플 悲와 자비로울 悲

    152 ▪ 가장 귀한 황금은 그대

06 신라

153 알영과 첨성대

    153 • 알영의 탄생설화

    154 • 한국의 대표적인 신전은 무엇일까?

    155 • 오른쪽 옆구리? 왼쪽 옆구리?

157 한국과 중국의 여왕

    157 • 신라에 여왕이 있었던 이유

    158 • 동아시아 여왕시대와 원측

161 중국의 달마에 끼워 맞춘 이차돈의 순교연대

167 문무왕과 경덕왕

170 불국사와 석불사

    170 • 잘못된 이름 석굴암, 석불사로 바꿔야

    173 • 불국사의 석가탑과 다보탑은 왜 비대칭일까?

177 비 속에서 춤추고 노래하며

180 헤어지잔 말에 크게 기뻐하며?

    182 • 도깨비다리(Ghost Bridge), 서울의 가치를 두 배로

    184 • 백성이 해인사로 간 까닭은?

07 가야

186 가야, 삼국시대와 '사국시대'

08 발해

188 발해의 건국연대와 멸망연대는 언제인가?

09 후고려와 고려

　191 후고려

　　　191 • 후고구려와 후고려

　　　193 • 궁예, 김부식에게 표절당하다!

　　　194 • 왕건, 궁예를 계승하다.

　　　195 • 초등학교 교과서의 후고구려

　　　196 • 태봉보다 후고려로

　198 잘못된 선원사, 가궐로 바로 잡아야

　203 국립중앙박물관 경천사 십층석탑

　　　203 • 친원파가 원나라 황제를 위해 세운 탑

　　　206 • 경천사 석탑 설명판, 하루 빨리 바꾸어야 한다.

　　　208 • 옆길로 샌 한국의 미학

　　　209 • 경천사 석탑은 원나라 양식인가? 고려 양식인가?

　　　210 • 몽골 제국의 침략을 견딘 고려를 마냥 자랑만 할 수 없는 이유

　　　211 ▪ 몽골에 저항하기 위해 『삼국유사』를 찬술하였는가?

10 조선

　213 국립중앙박물관 조선실의 나라이름 조선

　214 국보 1호 논쟁, 숭례문과 훈민정음

　217 역사는 누가 지켜 나가는가?

　220 역사에 대한 책임, 수경원에서

　222 조선왕조실록

　　　222 • 왜 실록이 아니라 광해군일기일까?

223 • 실록을 고치면 이전 실록은 어떻게 될까?

224 • 기록과 사관을 믿을 수 있는가?

225 두 가지 길

225 • 최명길과 김상헌

227 • 황사영과 명성황후

11 대한시대

229 대한제국

229 • 대한제국과 만세

230 • 고종과 망국

231 • 국권피탈, 조선의 책임인가? 대한제국의 책임인가?

234 근현대 시대표기

234 • 우리나라 근현대 연표의 문제점

236 • 2019년 3·1운동과 대한민국임시정부수립 100주년을 맞이하여 '대한시대'를 제안한다.

241 독립운동 훈장 1등급은 누가 받아야 하나?

242 한국사 속 '건국연대'에 관한 고찰-대한민국 '건국절'과 관련하여

249 왜 일본은 우리를 무시하는가?

― 나가며

251 세한도, 스승과 제자

253 세초연

― 색인

나만의 한국사 연표

☀ 이 책에서 언급한 제 나름의 연표입니다.

통설	주요 사건	나의 견해
기원전2,333~ 기원전108년	고조선 건국과 멸망	기원전2,333(2,357)~ 기원전107년
기원전37년	前고려 건국 (=고구려)	기원전107년
369년	백제 칠지도 제작	362년
391년	광개토왕 즉위 연대	390년
527년	백제 대통사 창건	525년?
527년	신라 이차돈 순교	528년
698년	발해 건국	684년(678?)
900년	후백제 건국	892년
901년	後고려 건국	896년(890?)
대한제국 1897~1910 일제강점기 1910~1945 미군정 1945~1948 대한민국 1948~현재	근현대	대한제국 1897년 ~ 1919년 대한민국임시정부 1919~1948 대한민국 1948~현재

☀ 前고려 또는 고려로 표기하는 것이 필자의 입장이지만 혼란을 줄이기 위해 '고구려'란 표기도 같이 사용하였다.

☀ 이 책에 언급된 교과서는 2019년 교과서를 기준으로 한다.

15

총설

한국역사의 분수령, BTS
●●●

 우리는 언제부턴가 자신을 평가할 때 인색했다. 우리의 역사를 보아도 그렇다. 자신을 기준으로 평가하는 게 아니라 중국을 기준으로 평가해왔다. 중국보다 앞서지는 못하지만 중국에 가장 가깝게 다가간 것이 우리라고 생각했고, 그것이 다른 주변 나라에 대한 상대적 우월감이었다. 중국이 아닌 나를 기준으로 절대평가를 하면 민족주의라고 비난을 받고, 중국과 다른 우리 역사를 얘기하면 '국뽕'이라고 몰매를 맞았다.
 우리 역사가 우리 역사이기 때문에 위대한 게 아니라 중국의 역사와 발맞추었기 때문에 위대한 게 되어버렸다. 감히 중국을 벗어나야겠다는 생각은 꿈에도 하지 못했다. 그런 발맞춤의 역사, 아니 정확하게 말하면 항상 몇 걸음 뒤처져서 따라가는 역사가 지독히도 오랫동안 지속되었다.
 신라 최치원이 쓴 글에 따르면 이차돈의 순교연대는 528년이다. 그러다가 신라 말 고려 초에 중국 선종이 전래·수용 되면서 중국에 선종을 전한 달마에 대한 관심도 높아졌다. 달마는 527년에 중국 양나라에 선종을 전하였으며, 교종불교의 박해를 받아 순교했다고 전한다. 행적이 이차돈과 비슷하며, 선종을 전한 연대가 이차돈의 순교연대와 1년 밖에 차이가 나지 않는다. 점차 이차돈의 순교연대는 달마의 선종 전래 연대에 맞춰져 갔고

점차 527년이 되어갔다. 신라불교의 기념비적 출발이 중국 불교에 맞춰진 것이다.

　우리나라 최초의 국가는 단군이 세운 고조선이다. 고조선은 단군 이후 기자와 위만이 계승하였다. 통치자는 바뀌었지만 나라 이름은 그대로 '조선'이었으며, 기자와 위만의 국적이 무엇이든 단군과 조선의 정체성은 그대로 유지되었다. 그러나 고조선이 멸망하고 고조선을 계승한 고구려도 멸망함으로써 고조선의 정체성은 서서히 단군에서 중국의 기자로 교체되었다. 고려시대 유교정치이념의 확산에 따라 그 속도는 더 빨라졌다. 고조선의 건국연대도 중국 요임금이 나라를 세운 지 25년 뒤가 되었다. 그러나 한쪽에선 적어도 요임금과 같은 연대라고 하는 자존감은 남아 있었다.

　이성계가 조선을 건국하면서 기자로의 교체도 가속화되었다. 이성계는 명나라에 '조선'과 '화령 和寧' 가운데 하나를 국호로 정해달라고 하였으며, 명나라는 기자의 '조선'으로 정했다. 정도전도 '조선'의 의미를 '단군의 조선'이 아닌 '기자의 조선'으로 풀었으며, 마치 옛날 주나라가 기자를 조선에 봉했듯이 명나라가 이성계를 조선에 봉했다고 하였다. 기자가 단군을 대체했고 나중에 조선은 자신을 '소중화 小中華'라고 하면서 자부심을 더해갔다.

　지금도 달라지지 않았다. 역사적 사건을 중국을 기준으로 해석하는 경향이 많은데, 대표적으로 무령왕릉에 대한 해석이 그렇다. 백제 무령왕릉은 중국 영향 그 자체였지만 모든 것이 중국 그대로는 아니었다. 중국과 다른 것이 왕과 왕비의 3년상 기간이었다. 중국의 3년상은 27개월인데 무령왕과 왕비는 28개월이었다. 그런데 우리는 28개월로 보지 않았다. 왕비의 경우 중국의 27개월에 맞추기 위하여 사망한 달을 11월이 아닌 12월로 잘못 판독하기도 하였다. 아니면 28개월이라고 하지 않고 '만 27개월'이나 '27개월을 지나서'라고 표현하면서 어떻게든 중국과 맞추기 위하여 '27'이라는 숫자를 드러나게 하였다. 무령왕릉의 우수성을 백제의 특징에서 찾기보다 중국의 선진문화를 받아들였다는 데서 찾은 것이다.

역사상 그래도 한 가지 위안을 삼는다면 그것은 세종대왕의 한글창제다. 한글창제는 기자의 문자인 '한자'를 수천년 동안 사용하다가 우리 문자를 갖게 된 혁명적인 사건이었으며, 기자 추종자들의 반대를 무릅쓰고 한글을 만든 세종의 업적은 한국사상사의 일대전환이었다.

세종이 한글을 만들자 조선의 지식인들은 모두 반대했다. 그들을 대표한 최만리는 세종에게 상소를 올렸다.

"오직 몽고·서하·여진·일본과 서번의 나라들이 각기 그 글자가 있으되, 이는 모두 이적(夷狄)의 일이므로 족히 말할 것이 없사옵니다. 옛글에 말하기를, '중국(華夏)으로 이적(夷狄)을 변화시킨다.'라고 하였지, 중국이 이적으로 변했다는 것은 듣지 못하였습니다. 역대로 중국에서 우리나라는 기자(箕子)의 남긴 풍속이 있다 하고, 문물과 예악을 중화에 견주어 말하기도 하는데, 이제 따로 언문을 만드는 것은 중국을 버리고 스스로 이적과 같아지려는 것이니 어찌 문명의 큰 흠절이 아니오리까."

한글을 쓰면 기자와 중국을 버리는 일이라고 한다. 역사상 중국이 오랑캐를 변화시켰지 오랑캐가 중국을 변화시켰다는 말은 들어 보지 못했다고 하였다. 한글을 사용하게 되면 지금까지 기자와 중국을 따라왔던 조선왕조의 빛나는 역사가 끝날 것이라고 하였다.

2018년 10월 6일 BTS가 뉴욕에서 공연을 하였다. 미국, 중국, 영국 등 세계의 수많은 젊은이들이 한글로 BTS의 노래를 따라 불렀다. 최만리 등 조선의 지식인들은 500년 뒤 전 세계의 젊은이들이 한글로 떼창을 하리라고 생각이나 했을까. 최만리가 말한 오랑캐 한국이 세계를 변화시키고 있다.
　예전엔 우리도 자신감이 넘쳤다. 칠지도에 '역사 이래 이런 칼은 없었다'라고 써 넣을 정도였다. 없던 역사를 만들어내자는 것이 아니다. 있는 그대로 우리의 모습을 되찾자는 것이다.
　Love Myself. 우리 역사에 들려주고 싶은 노래다.

　"눈을 뜬다. 어둠 속 나, 심장이 뛰는 소리 낯설 때, 마주 본다 거울 속 너, 겁먹은 눈빛 해묵은 질문, 어쩌면 누군가를 사랑하는 것보다 더 어려운 게 나 자신을 사랑하는 거야"

선사시대

공주 석장리 구석기 유적과 패러다임의 전환
● ● ●

지금까지 읽은 책 가운데 3권을 들라 하면 토마스 쿤의 『과학혁명의 구조』, 칼 포퍼의 『열린사회와 그 적들』, 최현배의 『우리말 존중의 근본 뜻』이다. 『과학혁명의 구조』는 지금은 잘 알려지지 않은 책이지만 80년대 널리 읽혔던 책이다. '패러다임 Paradigm'이란 말을 많이 쓰는데 이 용어를 학문적으로 정립한 책이 이 책이다. 글쓴이는 이 책을 1학년 때 읽었는데 제목에서 느끼듯 사학과 1학년이 읽기에는 부담이 되는 책이었다. 아마 당시 좋아하고 있던 여학생이 자기 대신 숙제를 해달라고 부탁하지 않았다면 그렇게 정독해서 읽지 않았을 책이다.

책의 내용은 어려웠다. 글쓴이 나름대로 생각하기엔 이런 내용이었다. 과학과 학문의 혁명적 발전은 패러다임의 전환에 의해서만 가능하다. 기존 학문의 틀(패러다임)에 갇히다 보면 혁명은 일어나지 않는다. 기존 학문은 퍼즐 맞추기에 불과하다. 누구보다 빨리 결과가 뻔한 퍼즐을 맞추었다

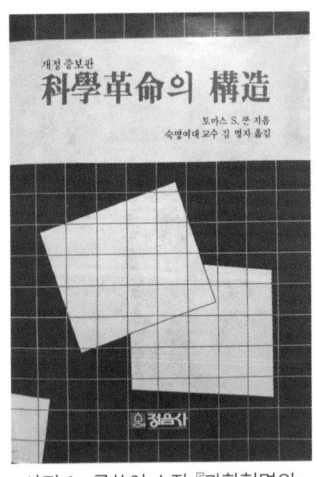

<사진 1> 글쓴이 소장 『과학혁명의 구조』(1984 재판, 정음사)

고 자랑할 뿐이다. 책의 핵심 명제를 나는 이렇게 정리해 보았다.

첫째, 과학과 학문의 혁명적 발전은 지식의 축적에 의해서 이루어지지 않는다.
둘째, 과학과 학문의 혁명적 발전은 전공 내에서 이루어지지 않는다.

배우면 배울수록 자기가 배운 것에 갇히게 되고 특히 자기 전공 밖의 문제 제기에 대해 귀를 막는다고 한다. 항상 배운 것에 갇히지 않고 전공이 다르더라도 그 가능성을 미리 차단하지 말라는 말이다.
고등학교까지 열심히 외우고 익

<사진 2> 석장리유적 발굴지점에서 필자

혀서 지식을 축적했고 대학교에 들어와서도 그렇게 해야지 하고 생각하고 있었는데 지식이 축적된다고 해서 학문의 발전이 이루어지지는 않는다고 하는 그의 말은 매우 충격적이었다. 또한 대학을 지원할 때 다른 과는 쳐다보지 않고 오직 사학과만 보고 열심히 공부해야지 하고 생각했던 글쓴이는 학문의 발전이 전공 내에서 이루어지지 않는다고 하는 것에 또 한 번 충격을 받았다. 공부도 하지 말고 전공도 하지 말고 어쩌라는 말인지.

글쓴이는 쿤의 말대로 항상 배우는 지식마다 비판적 관점에서 접근했다. 되도록 상대방의 논리에 쉽게 넘어가려고 하지 않았다. 그때 학교 분위기가 그랬지만 다른 과 전공 수업도 많이 들었다. 경제학, 철학, 사회학 등등. 사람도 가리지 않았다. 터무니없는 논리를 전개하는 사람의 말도 일단 들어주었다. 그래서 그런지 모르지만 지금도 재야에서 주장하는 논리에 대해 그들의 입장에서 생각해 보려고 노력도 한다. 토마스 쿤의 『과학혁명의 구조』는 그렇게 글쓴이의 인생과 학문의 방향을 정해 주었고 글쓴이의 학문적 성과도 알게 모르게 거기에 충실했던 것 같다.

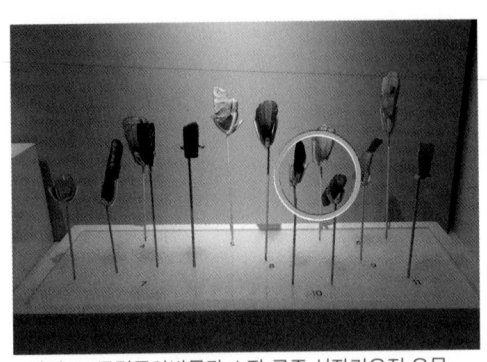

<사진 3> 국립중앙박물관 소장 공주 석장리유적 유물

그런데 '패러다임'의 전환이 책속에서만 일어난 일인 줄 알았더니 우리 역사의 출발도 이와 무관하지 않았다. 일제저항기 이래 우리나라에는 구석기시대가 없다는 것이 기존 학계의 통설이었다. 1964년 미국에서 고고학을 전공하고 있던 부부 대학원생 모어 Albert Mohr와 샘플 L.L Sample이 한국에 와서 공부하고 있었다. 모어는 공주 석장리 금강 변에서 구석기 유물로 추정되는 돌을 찾아 학계의 권위자를 찾아갔다. 그러나 고고학 박사는 그가 한국의 구석기에 대해선 잘 모르는 것 같다고 하면서 돌려보냈다.

모어는 다시 그 돌을 가지고 연세대학교의 손보기 선생을 찾아갔다. 그의 전공은 조선시대였다. 그들과 함께 석장리 현장을 확인하고 가능성을 인정하고 당국에 발굴허가를 신청했다. 그러나 우리나라에는 구석기 유적이 없다는 논리와 발굴 신청자들이 고고학 전공자가 아니라는 이유로 거절당했다. 다시 신청했으나 또 거절당했다.

다행히 여러 사람들의 도움으로 발굴허가를 얻어내었다. 10년에 걸친 발굴 결과 공주 석장리가 구석기 유적이라는 것이 밝혀졌다. 물론 일제저항기 이래 구석기 유적이 보고된 적이 있었으나 정식으로 학계의 인정을 받은 것은 아니었다. 우리 역사의 새 장을 연 손보기 선생은 이후 전공을 고고학으로 바꾸어 우리나라 고고학을 반석 위에 올려놓았다.

<사진 4> 국립중앙박물관 소장 연천 전곡리 주먹도끼

공주 석장리 유적이 발견된 이후 1978년 연천 전곡리에서도 구석기 유적이 발굴되었다. 전곡리에서는 동양에서는 발견되지 않았던 소위 아슐리안(Acheulean)형 주먹도끼가 발견되어 세계를 놀라게 했다. 당시까지만 해도 서양은 주먹도끼 구석기 문화이고 동양은 찍개 구석기 문화로 동양보다 서양이 우월하다는 인식이 강했다. 공주 석장리가 남한 최초의 구석기 유적이라면 연천 전곡리는 세계적인 구석기 유적이라고 할 수 있다. 공주 석장리에서 비롯된 패러다임의 전환에 의해 연천 전곡리의 발굴도 가능했던 것이다.

서울 용산에 있는 국립중앙박물관 구석기실 입구에는 연천 전곡리에서 발견된 주먹도끼가 전시되어 있다. 구석기실 한복판에도 각지에서 발견된 여러 주먹도끼들이 전시되어 있다. 하지만 구석기 전시 패널에는 공주 석장리에 대한 언급이 전혀 없다. 유물도 석장리에서 발견된 작은 돌날몸돌 2점을 전시하였는데 너무 작아 아마 이 유물을 본 사람은 거의 없을 것이다. 기존의 패러다임을 무너뜨리고 새로운 패러다임을 세운 학문적 성과에 대해 우리 학계는 너무 인색한 것 같다.

손보기와 한글
● ● ●

　손보기(孫寶基 1922~2010) 선생님은 구석기 용어를 한글화하는데 앞장섰다. 뗀석기, 간석기, 주먹도끼, 긁개, 밀개 등등 우리가 흔히 쓰는 용어는 손보기 선생님의 노력에 힘입은 바가 크다. 이렇게 구석기 용어를 쉬운 우리말로 바꾸자 발굴을 담당하는 인부들도 스스로 석기를 분류할 수 있었다고 한다. 마치 세종대왕이 한글을 만들어 모든 백성들이 글을 알 수 있게 된 것처럼.

　그러나 주변에선 탐탁지 않게 여겼다. 아마추어들이 발굴을 하더니 용어도 아마추어 식으로 쓴다고 핀잔을 주었다. 어떤 이는 한글 용어들이 북한에서 쓰고 있는 것과 비슷하다고 색깔론을 씌우기도 했다. 또 고고학은 우리만의 학문이 아니기 때문에 영어, 불어 등 세계에서 널리 사용하는 언어의 용어를 써야 한다고 반박하기도 했다. 그러나 손보기 선생님은 진정한 학문은 궁극적으로 그 나라의 언어로 해야 한다고 말했다.

　마침내 손보기 선생님이 고고학의 최고 권위자가 되자 학계에서는 어쩔 수 없이 그가 처음에 주도하여 썼던 한글 구석기 용어를 받아들일 수밖에 없게 되었다. 그가 한국 구석기의 처음을 열었기 때문에 그가 썼던 용어는 바로 한국 고고학 용어가 되었다. 한글을 사용하여 자신이 하는 일에 최고가 되는 게 바로 한글을 가장 사랑하는 방법임을 보여주었다.

　손보기 선생님은 당신의 소원을 다음과 같이 말했다.
　"구석기부터 현대까지 한글로 공부하는 게 나의 소원이다"

고조선

일연이 꿈꾼 세상, 고조선의 '古'는 왜 붙였나?

<사진 5> 파른본
『삼국유사』 중
'고조선 古朝鮮'
(출처 : 연세대박
물관)

일연(一然 1206~1289)은 『삼국유사 三國遺事』에서 '왕검조선 王儉朝鮮'을 왜 고조선이라고 했을까? 이성계의 조선과 구분하기 위해서라고 답하면 반은 맞고 반은 틀린 말이다. '고조선'은 '고려'시대 일연의 『삼국유사』에 처음 보이는 나라이름이기 때문이다. 아무리 일연이 뛰어난 고승이라 하더라도 나중에 이성계가 조선이란 나라를 세우리라는 걸 알 수는 없다.

고려시대 사람이 알고 있는 조선으로는 단군(왕검)조선, 기자조선, 위만조선 등 세 조선이 있었다. 단군조선에 '고'를 붙인 건 가장 먼저 세운 조선이란 의미다. 물론 지금은 이성계의 조선과 구분하여 단군, 기자, 위만 세 조선을 고조선이라 부르고 있다.

그런데 여전히 한 가지 의문은 남는다. 보통 나라이름이 같은 경우 전(前)과 후(後)를 붙이거나 동, 서, 남, 북을 붙인다. 중국의 예를 들면 전한과 후한이 있고, 동진과 서진 등이 있다. 우리나라의 예를 들면 전백제와 후백제가 있고, 남한과 북한 등이 있다. 지금까지 나라이름이 같을 경우 이를 구분할 때 옛 고(古)를 붙인 경우는 고조선이 유일하다. 왜 단군의 조선에는 '고'를 붙였을까? 사실『삼국유사』보다 조금 늦게 편찬된 고려 이승휴(李承休 1224~1300)의『제왕운기 帝王韻紀』에는 왕검조선을 前조선, 기자조선을 後조선이라고 하였다.

일연은 하느님 환인을 제석으로 풀었다. 불교에서 제석은 도리천의 천신으로 인간세계인 염부제를 포함한 수미산을 다스리는 신이다. 수미산 꼭대기가 도리천이고 산 중턱이 사천왕천이며 산 아래가 인간이 사는 염부제이다. 염부제는 불교의 천신인 제석이 다스리는 이상적인 곳이 된다.

<그림 1> 불교의 수미산 구조

일연은 환인-환웅-단군으로 이어지는 계보에서 단군이 세운 조선이 제석의 가호를 받는 이상적인 국가가 되었으면 하는 바람을 가졌다. 일연의 고려도 바로 제석이 다스리는 이상적인 국가가 되었으면 하는 바람과 함께. 또한 전통적으로 동양사회에서는 '상고주의 尙古主義'라고 하여 '고'를 사람들이 꿈꾸는 이상사회의 한 전형으로 보기도 하였다.

『삼국유사』에 나오는 '고조선' 항목의 나라이름을 일연이 지었는지 아니면 예전에 사용했던 것을 그대로 사용한 것인지, 아니면 후대에 누군가 이름을 붙인 것인지는 모르지만 왕검조선에 '고'를 붙여 고조선이라고 부른 것은 고조선이라는 나라가 당시 사람들이 꿈꾸었던 이상 국가에 가까웠기 때문이리라. '널리 사람세상을 이롭게 한다'라는 '홍익인간'이 바로 그들이 꿈꾸었던 세상이다.

고조선의 건국과 멸망

■ 단군은 요임금보다 늦게 나라를 세웠는가?

단군이 (고)조선을 세운 해는 기원전 2,333년이다. 과연 이 절대연대가 맞을까? 고조선 건국연대를 맨 처음 언급한 책은 고려시대 13세기에 쓰인 『삼국유사』다. 그런데 우리가 알고 있는 연대는 『삼국유사』에 근거한 연대가 아니다. 『삼국유사』는 고조선의 건국연대를 그렇게 보지 않았다. 고려시대를 지나 조선시대 15세기 후반에 쓰인 『동국통감 東國通鑑』에 이르러서 기원전 2,333년으로 확정되었다.

기원전 2,333년이란 절대연대는 우리에게 무슨 의미일까? 과연 믿을 만한 고조선의 건국연대일까? 기원전 2,333년이란 연대도 확신할 수 없는데, 좀더 이전에 세워졌다거나 아니면 좀더 이후에 세워졌다고 하는 것이 무슨 의미가 있을까?

〈표 1〉 『삼국유사』, 『제왕운기』, 『동국통감』의 고조선 건국 및 요 즉위 연도

	갑진년 (기원전 2,357년)	무진년 (기원전 2,333년)	정사년 (기원전 2,284년)
『삼국유사』 (일연의 붙임설명)		요 즉위	고조선 건국 (요임금 50년)
『제왕운기』		요 즉위, 고조선 건국	
『동국통감』	요 즉위	고조선 건국 (요임금 25년)	

시대가 올라갈수록 정확한 연대를 알기 어렵다. 그래서 어떤 의미에서 절

대연대보다 더 중요한 게 상대연대다. 사실 절대연대도 상대연대와 비교하여 선후를 나누고 거기에 맞게 정하는 경우가 많다.『삼국사기』의 신라(기원전 57년), 고구려(기원전 37년), 백제(기원전 18년)의 건국연대도 먼저 삼국의 상대적인 건국순서를 정한 후에 각각의 절대연대를 정했다고 볼 수 있다. 따라서 고조선의 건국연대도 절대연대가 아닌 상대연대의 관점에서 살펴 볼 필요가 있다.

고조선과 비교되는 대상은 중국이다. 흔히 중국 고대의 태평시대를 요순시대라고 하는데, 단군이 나라를 세운 때도 요임금 때다. 중국인들은 요임금과 단군 가운데 누가 먼저 나라를 세웠다고 생각했을까? 우리나라 사람은 누가 먼저 나라를 세웠다고 생각했을까?

『삼국유사』에서『동국통감』에 이르는 고조선의 건국연대 문제는 바로 요임금과의 관계설정을 어떻게 할 것인가의 문제이기도 하다. 유감스럽게 우리는 요임금보다 단군이 먼저 나라를 세웠다고 생각하지 못했다. 우리의 역사인식에서 중국과의 상대연대는 항상 우리가 뒤처졌다. 아주 특별한 경우를 제외하고. 현재 남아있는 기록으로 볼 때 단군과 요임금과의 상대비교에서 단군이 앞서지는 못했지만 적어도 출발은 요임금과 같이 했다.『삼국유사』에서 인용한『위서 魏書』에 "나라를 세우고 이름을 조선이라 하였으니, 고임금(요임금)과 같은 시대이다. 開國號朝鮮 與高同時",『제왕운기』에 "제고(요임금)와 더불어 흥하니 (그 해가) 무진년이다. 竝與帝高興戊辰", 권근(權近 1352~1409)의「응제시 應製詩」에 "이때가 당요(요임금)가 나라를 세운 원년인 무진년이다. 時唐堯元年戊辰", 권근의 손자인 권람(權擥 1416~1465)의『응제시주 應製詩註』에 "당요와 같은 날에 (나라를) 세웠다. 與唐堯同日而立"라고 하였다.『삼국유사』인용『위서』,『제왕운기』,「응제시」,『응제시주』를 거치면서 단군이 요임금과 같은 때인 무진년에 나라를 세웠으며, 더 나아가 같은 날짜에 나라를 세웠다고까지 자부하였다.

그러나 유감스럽게도 우리는 지금 이 견해를 따르고 있지 않다.『삼국유사』인용『고기 古記』에는 단군이 나라를 세운 해를 "당고(요임금) 즉위 50년 경인 唐高卽位五十年 庚寅"이라 하였고 일연도 요임금 50년이란 견해를 따랐다. 단지 "요임금이 무진년에 즉위했으므로 50년은 경인년이 아니라 정사년이다"라고 하며, 경인년 간지에 대해서만 의문을 표시했다. 15세기 후반『동국통감』에서는 단군의 건국연대에 대해 앞 설들을 비판하면서 "단군의 건국은 요임금보다 25년 후인 무진년이다. 檀君之立在後二十五年戊辰"라고 못을 박았다. 요임금 25년이 무진년이고 이 해가 지금 우리가 고조선 건국연대로 알고 있는 기원전 2,333년이다.

조선이란 나라이름은 단군조선의 의미도 있지만 정도전이 말한 것처럼 기자조선에 가까운 것이었다. 단군보다 기자가 중시되면서 단군과 요임금의 상대인식도 요임금 뒤로 미뤄졌다. 그래서『동국통감』에서 말한 요임금 25년에 단군이 고조선을 건국했다는 기원전 2,333년 설이 오늘날까지 이어져 오고 있다.

단군의 고조선 건국이 요임금 뒤라는 상대인식은 우리의 역사가 중국의 뒤가 될 수밖에 없다는 원초적 한계를 안겨주었다. 단군에 대한 새로운 인식의 출발은 먼저 기자에게서 벗어나는 것이었다. 기자에게서 벗어난 획기적인 조치가 대한제국의 선포였다. 기자를 몰아낸 자리에 단군이 들어섰다. 대한독립선언서에는 단군기원 4,252년, 기미독립선언서에는 조선건국 4,252년으로 되어있다.

단군이 나라를 세운 건국연대의 출발은『제왕운기』처럼 적어도 요임금과 같은 해였다. 그러다가 『삼국유사』의 요임금 50년 또는 『동국통감』의 요임금 25년에 건국되었다는 인식이 그 다음에 생겨났다. 따라서 지금의 통설인 『동국통감』의 기원전 2,333년이라는 연대도 다시 한번 생각해 볼 문제다. 요임금 25년이 아니라 25년을 앞당겨 기원전 2,357년으로 고조선의 건국연대를 올릴 수 없는지 고민해 보아야 한다. 혹자는 기원전 2,333년이 이미 고착화된 상태에서 기원전 2,357년으로 고칠 필요가 있느냐고 말할지 모르겠다.

　기자의 경우를 보자. 기자는 조선왕조 500년 동안 조선 지식인이 가장 떠받들던 인물이었다. 그 누구도 기자를 부정하지 않았다. 그런데 지금은 어떤가. 교과서 조선시대 관련내용에 기자는 없다. 고조선의 건국연대도 과감한 인식의 전환이 필요하다. 적어도 요임금과 같은 연대로 단군의 즉위 연대를 조정할 필요가 있다.

▪ 홍익인간(弘益人間)의 인간은 '사람'이 아니라 '사람세상'이다.

　'홍익인간'은 환인-환웅-단군으로 이어지는 고조선의 건국이념이다. '홍익인간'이란 용어는 『삼국유사』와 『제왕운기』에 보이는데, 여러 해석은 다음과 같다.

① 널리 인간을 이롭게 할 만한 지라(고려대학교 『역주삼국유사』, 국사편찬위원회 번역)

② 인간 세상을 널리 이롭게 하기 위하여(한국학중앙연구원『역주삼국유사』)
③ 널리 사람세상을 이롭게 하다(필자)

보통 '홍익인간'을 위의 ①, ② 두 가지로 해석한다. 단군신화에 나오는 '홍익인간'의 해석은 어떤 게 옳을까. 신라 때 유학자인 강수는 당과의 외교문서를 전담할 정도로 문장이 뛰어났다. 강수가 어렸을 때 아버지가

> "너는 불교를 배우겠느냐, 유교를 배우겠느냐"라고 물으니, 대답하기를 "저는 <u>인간세상의 사람으로서(人間人)</u> 어찌 불교를 배우겠습니까? 유자의 도를 배우길 원합니다."(『삼국사기』 강수전).

라고 하였다. 인용문의 인간인(人間人)은 '인간세상의 사람'이란 뜻으로 '인간'은 '인간세상'을 말하고 인은 '사람'을 말한다. 인간과 인을 구분하고 있다. 따라서 "② 인간세상을 널리 이롭게 하다"나 "③ 널리 사람세상을 이롭게 하다"가 '홍익인간'의 올바른 해석이다.

단군신화의 '인간 人間'을 번역할 때 '인간'이라고만 하면 '사람'을 말하는 것인지 '인간세상'을 말하는 것인지 명확하지 않을 수 있다. '홍익인간'의 '홍익'에 대한 사전적 해석은 '널리 이롭게 하다'로 특별한 이견이 없다. 다만 '인간'에 대해서는 '사람', '인간', '인간세상' 등 다양한 견해가 많다. 그런데 앞서 살펴보았듯이 '인', '인간'은 그 의미가 다르다. 현대에는 '인간'을 '인'과 같이 '사람'으로 이해하는 경우가 많으나, 전근대에서 '인'은 '사람'이고, '인간'은 '인간세상'이다. 그런데 '인간'을 '인간세상'으로 해석하는 것은

'간 間'에 '세상, 세간'이란 말이 포함되어 있으므로 동어반복이다. 따라서 '인간세상'보다는 '사람세상'으로 번역하는 것이 좋을 것 같다.

단군신화의 '인 人'은 '사람'으로, '인간'은 '사람세상'으로 구분하여 번역할 필요가 있다. '홍익인간'의 해석도 '널리 사람세상을 이롭게 하다'가 무난하다고 생각한다. '인'과 '인간'을 구분하여 단군신화를 번역하면 다음과 같다.

『고기』에 이르기를 옛날에 환인(제석을 말함)의 서자 환웅이 천하에 자주 뜻을 두고 사람세상(人世)을 탐하여 구하였다. 아버지가 아들의 뜻을 알고, 삼위태백을 내려다보니 널리 사람세상(人間)을 이롭게 할 만하여, 이에 아들에게 천부인 3개를 주어 가서 다스리게 하였다. 환웅은 무리 3천 명을 거느리고 태백산 정상(태백은 지금의 묘향산이다)의 신단수 아래로 내려와 이곳을 신시라 이르니 이 분을 환웅천왕이라 불렀다. 풍백, 우사, 운사를 거느리고, 곡식, 생명, 질병, 형벌, 선악을 맡아, 사람세상(人間)에 관한 360여 가지 일을 주관하면서 세상에 머물러 다스리며 교화하였다. 이때 곰 한 마리와 범 한 마리가 같은 굴에서 살고 있었는데, 늘 신령스러운 환웅에게 사람이 되게(爲人) 해달라고 빌었다. 이때에 신이 영험스러운 쑥 한 줌과 마늘 20쪽을 주면서 이르기를, "너희들이 이것을 먹고, 백일 동안 햇빛을 보지 않으면 곧 사람모양(人形)이 될 수 있을 것이다"라고 하였다. 곰과 범은 이것을 받아서 먹고 금기한 지 21일 만에 곰은 여자의 몸이 되었으나, 범은 금기하지 못해서 사람몸(人身)이 되지 못하였다. 여자가 된 곰은 더불어 혼인할 상대가 없었으므로 매번 단수 아래에서 아이를 잉태하게 해달라고 빌었다. 환웅은 이에 잠시 사람으로 변하여 그와 혼인하였다. 잉태하여 아들을 낳으니 이름을 단군왕검이라고 하였다(『삼국유사』「고조선」).

홍익인간은 불교에서 온 말이 아니다.

'홍익인간'의 출처는 어디일까? 보통 환인과 마찬가지로 불교용어로 보는 경향이 강하다. 글쓴이도 불경에 '홍익인간'이란 용례가 보이진 않지만 '홍익중생 弘益衆生'이 보이고, '홍익인간'과 비슷한 의미의 '요익인간 饒益人間'과 '요익중생 饒益衆生'이 보이므로 불교 용례라고 본 적이 있으나, 지금은 생각을 좀 달리한다.

굳이 '홍익중생'이라 쓰지 않고 '홍익인간'이라고 쓴 점을 주목했다. '중생'과 '인간'이 같은 의미이기도 하지만 '인간'은 어디까지나 '인(사람)'을 강조하고 있다. '인간'은 '사람세상'이지만 그 중심은 '인'이다. '중생'이 순수 불교적 용어라면 '인간'은 불교와 유교 및 다른 사상에서도 공통으로 쓰이는 용어로 볼 수 있다.

'홍익인간'의 '홍익'이 불교의 '홍익중생'에서 왔다고 보지만『논어 論語』에도 '홍인 弘人'이 보인다. 곧 "사람이 도를 넓히는 것이지 도가 사람을 넓히는 것이 아니다. 人能弘道 非道弘人"라는 구절에서 나온 말이다. 하곡 정제두(鄭齊斗 1649~1736)는『하곡집 霞谷集』에서 이 의미를 "도를 넓히고 이익되게 하는 것은(弘益於道) 그 학문하는 사람에 달려있다"라고 풀었다. 그렇다면 홍익인간을 '사람세상을 넓히고 이롭게 한다'로도 해석할 수 있겠다. '홍익'이란 말은 불교에서 '홍익중생 弘益衆生'처럼 쓰이기도 하지만 정제두의 글뿐만 아니라 신라 최치원(崔致遠 857~?)의「청절도판관이관대부충부사 請節度判官李縮大夫充副使」에 "十二年之弘益", 고려 이규보(李奎報 1168~1241)의「율업수좌도행관고 律業首座都行官誥」에 "弘益多矣"라고 한 것으로 보아 딱히 불교적 용어라고만 고집할 수는 없을 것 같다.

'환인'이 불교 용어라면 '홍익인간'도 불교 용어일 가능성이 높지만 반대로 '환인'이 불교 용어가 아니라면 '홍익인간' 또한 불교 용어가 아닐 가능성이 높다. 『삼국유사』의 경우 일연이 '환인'을 불교의 '제석'으로 풀었기 때문에 '홍익인간'도 불교식 용어라고 푼 경향이 있었다. 그런데 『제왕운기』가 인용한 『본기 本紀』에서는 '환인'을 '상제환인 上帝桓因'이라고 해서 불교적 의미의 '환인'으로 보지 않았다. 또한 환인의 손녀에게 약을 먹여 사람 몸을 갖게 했다는 것도 도교적 성격에 가깝다. 따라서 『제왕운기』 인용 『본기』에 나오는 '홍익인간'도 불교적 용어라기보다는 유교, 도교 등 일반적 의미의 보편적 용어라고 생각된다.

■ 고조선의 마지막 왕, 우거왕

신라 경순왕, 고려 공양왕, 조선 순종. 세 왕의 공통점은 무엇일까. 모두 마지막 왕이며, 나라를 넘긴 왕이다. 경순왕은 태조 왕건에게, 공양왕은 태조 이성계에게, 순종은 일본에게 나라를 넘겼다.

그래서인지는 모르지만 신라 경순왕(敬順王)은 '공경하며 순종한다'는 뜻이고, 고려 공양왕(恭讓王)은 '공손히 양보했다'는 뜻이고 조선 순종은 말 그대로 '순종'이다. 물론 순종의 '순'은 순종할 순(順)이 아니고 순수할 순(純)이지만.

신라가 그랬고, 고려가 그랬고, 조선이 그랬다면 대한민국의 마지막 대통령은 어떻게 할까? 여러분이 만약 마지막 대통령이라면 어떻게 하겠는가? 경순왕, 공양왕, 순종처럼 하겠는가? 아니면 다르게 할 것인가? 아마도 마지막 대통령도 그들처럼 다른 나라에 나라를 넘기지 않을까. 왜냐하면 우리는 과거 역사에서 그렇게 배웠으니까.

다시 묻는다. 그럼 우리나라 최초의 국가인 고조선의 마지막 왕은 누구인가. 고조선을 세운 인물은 단군인데, 마지막 왕은 언뜻 떠오르지 않는다. 답은 우거왕(右渠王)이다. 그렇다면 우거왕은 어떻게 했을까. 우거왕은 중국 한나라와 1년간 싸우다 죽었다. 우리나라 5천 년 역사상 나라의 멸망과 함께 목숨을 바친 최초의 왕이다. 그 이후에도 나라와 함께 목숨을 바친 왕은 후고려(=후고구려)의 궁예뿐이다. 그런데 우리는 고조선의 우거왕을 모른다. 다른 나라에 나라를 넘긴 왕은 알고 있지만 나라와 함께 목숨을 바친 왕은 모르는 것이다.

우거왕이 잘한 것일까. 경순왕이 잘한 것일까. 우거왕은 나라도 지키지 못했고 전쟁통에 많은 백성을 죽게 만들었다. 경순왕은 나라를 넘겼지만 전쟁으로 백성을 죽게 하지는 않았다.

이제 다시 물을 차례다. 여러분이 대한민국의 마지막 대통령이라면 어떻게 하겠는가. 우거왕인가, 경순왕인가. 고조선의 우거왕처럼 하자는 말이 아니다. 물론 그렇다고 경순왕처럼 하자는 말도 아니다. 이젠 경순왕, 공양왕, 순종뿐만 아니라 우거왕도 알고 있으므로 나라와 백성을 위한 선택이 어떤 것인지 깊이 고민해 보자는 말이다.

우리는 이제까지 경순왕, 공양왕, 순종만 알고 있었기 때문에 물러서는 법만 배운 것은 아닐까. 그냥 망하면 찾을 수 없지만 지키려다 망하면 되찾을 수 있다는 생각을 하지 못한 것은 아닐까 반성해 보자는 의미다.

영화 '안시성'에서 양만춘이 당태종을 앞에 두고 한 말이 있다. '우리는 물러서는 법을 배우지 못했다' 아마도 물러서지 않는 법을 고조선의 역사와 우거왕에게서 배운 것은 아닐까. 우리는 무엇을 배울 것인가. 물러서는 법을 배울 것인가. 물러서지 않는 법을 배울 것인가. 어느 걸 택하든 고조선의 마지막 왕 우거왕만은 꼭 기억하자.

고조선의 항후육적(降侯六賊)

공신(功臣)하면 누가 떠오르는가? 공신 중에는 무엇보다 나라를 세울 때 공이 큰 개국공신이 으뜸이다. 조선의 좌명개국공신(佐命開國功臣) 가운데 1등 공신은 총 20명으로 정도전, 조준, 이방원(추가) 등이 포함되어 있다. 인조가 광해군을 몰아내는 데 공을 세운 공신은 정사공신(靖社功臣)이다. 이괄은 3등 공신에 책봉되었지만, 공신 등급에 불만을 품고 난을 일으키기도 했다.

그럼 우리나라 최초의 공신은 누구일까? 최초 공신은 우리나라 최초의 국가 고조선에서 나왔다. 고조선과 중국의 한나라는 1년 동안 전쟁을 했지만 승부가 나지 않았다. 무엇보다 마지막 왕인 우거왕의 저항이 강했다. 우거왕은 한나라에 끝까지 저항했지만 항복을 주장하는 장군 왕협과 재상인 노인, 한음, 참 등이 보낸 자객에 의해 죽임을 당하였다. 그러나 고조선은 항복하지 않았다.

우거왕의 대신(大臣) 성기(成己)가 남은 무리를 모아 왕검성을 지켜냈다. 안타깝게 성기 또한 우거왕의 아들 장각과 재상 노인의 아들 최에 의해 죽임을 당했다. 결국 고조선(위만조선)도 멸망했다. 이때 항복파는 한나라로부터 공신칭호를 받았다. 우리가 임명하지 않았지만 우리나라 사람으로 역사상 기록에 남은 최초의 공신들이다.

이들은 항복(降伏)한 대가로 한나라의 후(侯)에 임명되었으므로 항후(降侯)라 하였다. 항후공신(降侯功臣)인 셈이다. 글쓴이는 이들 6명을 항후육적(降侯六賊)이라 부르고자 한다. 항후공신은 이천 년을 뛰어넘어 친일파로 재현되었다. 이완용, 이근택, 이지용, 박제순, 권중현 등 을사오적도 후작, 백작, 자작 등의 작위를 받았다. 나라를 넘긴 대가로 작위를 받은 항후육적의 이름을 남겨 후세의 경계로 삼고자 한다.『사기 史記』권20에 수록된 그들의 명단은 다음과 같다.

평주(平州) 땅의 후로 임명된 조선장 왕협(朝鮮將王唊)

적저(荻苴) 땅의 후로 임명된 조선상 한음(朝鮮相韓陰)

홰청(澅淸) 땅의 후로 임명된 조선니계상 참(朝鮮尼谿相參)

기(幾) 땅의 후로 임명된 조선왕자 장각(朝鮮王子長陷)

열양(涅陽) 땅의 후로 임명된 노최(路最)와 그 아버지 조선상 노인(朝鮮相路人)

환국과 환인

환국, 환인으로 바로 잡아야

아직까지도 『환단고기 桓檀古記』에 대한 열기가 식지 않고 있다. 단군이 세운 조선이란 나라보다 훨씬 오래전에 환국이 있었다는 주장은 식을 줄 모르고 있다.

19~20세기 일인학자들이 주도한 단군연구는 순수성을 의심받기에 충분했다. 왜냐하면 한국지배를 합리화하기 위한 목적을 밑에 깔고 있었기 때문이다. 일본인들이 일제저항기에 내놓은 『삼국유사』에는 원문의 '환국 桓国'을 '환인 桓因'으로 고쳐놓았다.<사진 6> 그래야 '환인'을 불교의 '석제환인 釋提桓因'의 줄임말로 해석하여 단군신화를 건국신화가 아닌 불교계의 창작물로 보는데 유리했기 때문이다. 당대 최고의 학자 최남선(崔南善 1890~1957)은 일본의 환인 변조에 강력하게 반대했다. 가뜩이나 환국에 목말라했던 사람들에게 이제 환인을 주장하는 사람은 어쩔 수 없이 식민사학자가 되어 버렸다.

<사진 6> 1921년 경도제국대학 『삼국유사』「고조선」 중 '환인 桓因' (출처: 국립중앙도서관)

단군이 세운 '조선'보다 몇 천 년 이전에 세워진 '환국'은 중국의 한사군이나 일본의 임나일본부에 의해 구겨진 한국사의 자존심을 단번에 회복시켜 주었다. 한반도와 만주는 물론 동아시아 세계를 지배한 한국 고대국가가 '환국'이라는 것이다.

<사진 7> 임신본 『삼국유사』「고조선」중 '환국 桓國'(출처: 문화재청 국가문화유산포털)

'환국'이 아직까지 맹위를 떨치고 있는 이유는 무엇일까. 그것은 유감스럽게도 학계가 '환국'이 아니라는 점을 확실하게 지적해 주지 못했기 때문이다. 달리 말하면 '환국'이라 주장한 사람들도 그들만의 근거가 있다.

'환국'은 『삼국유사』에 처음 등장한다. 물론 강단사학에서는 '환국'을 '환인'의 잘못된 표기라고 보고 있다. 그런데 문제는 현재까지 널리 알려진 『삼국유사』 임신본 판본에 '桓因'이란 글자는 보이지 않고 '桓国'만 보인다는 것이다. <사진 7>

'환국'은 한자로 '桓國'이라고 쓰지만 약자로는 '桓国'이라고 쓴다. 조선 중종 임신년(1512) 때 간행한 『삼국유사』 판본에는 엄연히 '桓因'이 아니고 '桓国'이라고 쓰여 있다. 그런데 조선 초기 태조 때 판본으로 알려진 파른본 『삼국유사』가 최근 공개되었다. 모든 사람의 관심사가 '환국'에 쏠렸는데, 파른본의 표기는 '因'도 '国'도 아닌 '囯'이었다. <사진 8> 중국에서는 '囯'이 '因'과 같은 글자이지만 한국에서는 처음 보이는 글자였으며, 중국과 한국의 한자 쓰임새가 100% 일치하지 않기 때문에, 한국에서 이 글자가 무슨 글자인지 밝힐 필요가 있었다.

사실 조선 초 판본은 아니지만 조선 초 필사본이 존재하기는 했었다. 필사본에는 '土'의 '囯'으로 되어 있었는데, 의미상 '土'의 '囯'과 같은 글자로 보인다. 『삼국유사』 판본에는 '桓因'은 보이지 않고 '桓国'과 '桓囯'만 보이므로 '환국'이란

<사진 8> 파른본 『삼국유사』「고조선」중 '환인 桓囯'(출처:연세대박물관)

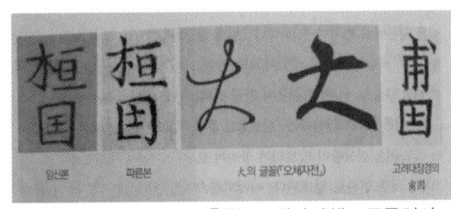

<사진 9> 하일식, 2017, 『한국고대사산책』, 푸른역사, 24쪽, 재인용

주장이 아주 근거가 없는 말은 아니었다. 특히 조선 초 판본에도 '桓国'이라고 되어 있어 '桓国'이 다시 한번 증명된 것이라고 하였다. '国'이란 글자의 모양은 '囚'보다는 '国'에 가깝게 보인다. 강단사학의 하정룡·이근직의 『삼국유사 교감 연구』, 1997, 549쪽에서도 '国'이란 글자를 '国'의 이체자로 보았다.

우선 '国'이 무슨 글자인지 밝히는 게 급선무다. '囚'의 '大'를 흘려 쓰면 '士'가 된다는 중국 사례를 들기도 했지만<사진 9>, 한국에서 '大'를 흘려 써서 '士'가 된 또 다른 사례가 없었기 때문에 환국을 주장하는 사람들의 동의를 이끌기 어려웠다. 글쓴이는 이 글자가 혹시 해인사에 보관되어 있는 고려대장경에 있을 지도 모른다고 생각했다. 여러 가지 경로를 통해 대장경의 『신집장경음의수함록 新集藏經音義隨函錄』<사진 10>이란 책에서 '甫国' 글자가 들어간 단어를 찾아내었다. 그리고 이 단어가 대장경의 『문수사리보초삼매경 文殊師利普超三昧經』<사진 11>에서는 '보인 甫囚'으로 표기되어 있었다. 즉 고려대장경을 통해 '国'이 '囚'과 같은 글자임을 밝혀 낸 것이다.

그럼 '国'이란 글자는 어떻게 나타나게 되었을까? 조선 중종 때 『삼국유사』를 다시 판각하

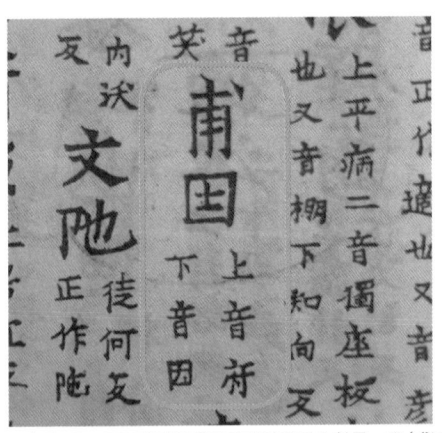

<사진 10> 고려대장경 『신집장경음의수함록』 중 '甫国'

면서 조선 초 판본의 '囯'이 '因'과 같은 글자인 줄 모르고 '士'에 '一' 획을 더 그어 '王'으로 만들었으며, 이 때문에 '桓国'이 태어나게 되었다. '桓国'으로 표기된 이후 조선 후기 실학자들도 '桓国'으로 표기했고 20세기에 들어 『환단고기 桓檀古記』가 만들어졌을 때도 여전히 '桓国'이 덧붙여졌다. 지금도 상생방송에서는 공공연히 환국을 주장하고 있다. 인터넷 검색을 해보면 환국의 상황이 어디까지 퍼져갔는지 금방 알 수 있다.

결국 '桓国'은 존재하지 않은 허상의 국가였던 것이다. 환국은 마치 토끼에 난 뿔이다. 이제는 주객이 전도되어 토끼에 대한 연구는 접어두고 토끼에 난 뿔의 모양과 크기·성분을 연구하는 상태가 되어버렸다.

실재한 적이 없던 환국이 역사상 존재했던 어떤 나라보다도 더 강하게 일반 사람의 마음을 휘어잡고 있다. 아무리 사소한 것이라도 바로 잡지 않으면 어떤 일이 일어날 수 있는지를 잘 보여주는 사례다. 역사가 오래되었다고 자랑하기보다 역사를 올바르게 아는 것이 보다 더 중요하다.

<사진 11> 고려대장경『문수사리보초삼매경』중 '보인 甫因'

■■『삼국유사』의 제석(帝釋)과 『제왕운기』의 석제(釋帝)

『삼국유사』 인용 『고기』에서는 환인(桓因)의 손자가 단군이라 했고, 『제왕운기』에서는 석제(釋帝)의 손자가 단군이라고 했다. 환인과 석제가 다른 이름 같지만 같은 이름을 달리 부른 것이다. 일연은 『삼국유사』에서 환인을 불교의 제석(帝釋)과 같은 말이라고 하였다. 따라서 제석과 석제는 한자의 순서만 바꾸었을 뿐 그 의미는 같다. 물론 대부분 '제석'이라고 하지만 『제왕운기』에서 '석제'라고 한 것은 시의 운율 즉 평측(平仄)을 맞추기 위한 것이라고 보기도 하는데(최병헌, 2001, 『단군, 그 이해와 자료』, 서울대출판부, 147쪽), 『제왕운기』가 5언 절구·7언 절구로 구성되었다는 점을 고려하면 그럴 가능성도 있다. 물론 평측이 아니더라도 제석이나 석제가 같은 의미라는 건 부정되지 않는다.

『삼국유사』에서 '환인'을 '帝釋'으로 풀이한 것이나 『제왕운기』에서 '석제'라고 풀이한 것은 '환인'을 불교에서 제석을 의미하는 '석제환인 釋提桓因'의 줄임말로 보았기 때문이다. '釋提桓因'은 또한 '석가제환인다라 釋迦提桓因陀羅'의 줄임말이다. 여기다 '帝釋=釋帝'이므로 '桓因=帝釋=釋帝=釋提桓因'이라는 관계도 성립하게 되었다. 그런데 언제부턴가 '釋提桓因'이 '釋帝桓因' 또는 '帝釋桓因'과 같은 말이 돼버렸다. '제 提'와 '제 帝'를 엄밀히 구분하지 않게 되었다.

> 가령 환인(桓因)은 산스크리트어(梵語)의 'Sakrodevanam Indrah'라는 말을 한자로 음역한 '釋迦提桓因陀羅' 또는 '釋帝桓因'에서 그 어원을 찾아 볼 수 있다 (노태돈, 2001, 『단군과 고조선사』, 사계절, 13쪽).

『민족문화대백과사전』'제석' 항목 : 그 한자 표기는 불교의 석가제환인다라(釋迦提桓因陀羅) 또는 제석환인(帝釋桓因 : Sakra-Devanam Indra)에서 온 것이다. 제석은 원래 인드라(Indra)라는 인도 신령의 중국 역어(譯語)이다.

『민족문화대백과사전』'도리천' 항목 : 고려시대 일연(一然)과 이승휴(李承休)는 단군신화에 나오는 환인(桓因)을 제석천이라고 주장하였는데, 이는 불경을 한역할 때 인도 고대신화에서 강력한 군신(軍神)이요, 주재신(主宰神)이며, 동방의 수호자인 인드라신을 석제환인타라(釋帝桓因陀羅)로 표기하였고, 줄여서 제석천이라고 한 데서 기인한 것이다.

『민족문화대백과사전』'환인' 항목: 먼저 글자 자체의 의미로, 환인은 제석환인(帝釋桓因)의 약자로서 석가제바인제(釋迦提婆因提)·석가인다라(釋迦因陀羅)·석가라인다라(釋迦羅因陀羅)·석가제환인다라(釋迦提桓因陀羅)·석가제바인다라(釋迦提婆因陀羅)·석제(釋帝)·제석(帝釋) 등으로 불린다.

『민족문화대백과사전』'환웅' 항목 :『제왕운기』에서도 환인을 상제(上帝)와 함께 석제(釋帝)라고 표현하고 있어 불교의 산스크리트어인 'Sakrodevanam Indrah'라는 말을 한자로 음역한 '석제환인(釋帝桓因)'에서 나온 말임을 알 수 있다.

위키백과 환인:『삼국유사』의 제석(帝釋)이라는 표현은 불교에서 말하는 제석환인(帝釋桓因, 인드라)에서 차용된 것으로 보이며, 승려인 저자 일연이 원래의 신화에 불교적 세계관을 가미한 것으로 보는 것이 일반적이다.

'釋提桓因'의 갖춘 용어는 '釋迦提桓因陀羅'로 그 뜻은 '釋迦(能)+提桓(天神)+因陀羅(帝,王,主)'이다. '帝釋'의 '帝'는 '因陀羅'의 의역이고, '釋'은 '釋迦'의 '釋'을 따온 것이다. 따라서 제석의 글자 순서를 바꾼 '釋帝'도 조어법상 나올 수 있는 용어이다. 그런데 '帝釋'과 '釋帝'가 같은 말이라고 하더라도 '提'와 '帝'가 들어간 '釋提桓因'과 '釋帝桓因' 또는 '帝釋桓因'도 같은 말이라고 보기는 어렵다.

釋帝桓因의 '釋'은 釋迦의 釋, '帝'는 因陀羅의 의역, '桓'은 提桓의 桓, '因'은 因陀羅의 因을 취한 것이다. 이 경우에 因陀羅의 의역인 '帝'와 음을 딴 '因'이 중복되어 있으므로 '석가제환인다라'의 줄임말로 '帝'와 '因'이 함께 들어간 '釋帝桓因' 또는 '帝釋桓因'은 잘못된 말이 된다.

정리하면 다음과 같다.

釋迦提桓因陀羅
㉠迦(能)+㉡(天神)+㉢陀羅(帝,王,主) = 釋提桓因 ≠ 桓因
㉠迦(能)+提桓(天神)+因陀羅㉣,王,主) = 帝釋 또는 釋帝
㉠迦(能)+提㉤(天神)+㉥陀羅㉣,王,主) ≠ 帝釋桓因 또는 釋帝桓因(因과 帝가 중복)

■ '환인'은 불교에서 온 용어인가?

단군신화가 언제 문자로 정착되었는지는 확실하지 않다. 대체로 『삼국유사』에서 단군신화를 인용한 『고기』의 성립연대 등을 고려하여 고려 초로 보는 듯하다. 단군신화가 후대에 문자로 정착되었다고 보는 결정적 근거는 '환인'에 있다. '환인'을 불교의 '석제환인'의 줄임말로 보고 4세기 불교 수용 이후로 보고 있다.

> 그런데 일연이 제석이라고 이해한 환인의 의미도 사실은 불교적인 표현이기 때문에 단군신화의 내용이 불교적으로 윤색된 것은 일연에 의해서 처음으로 이루어진 것이 아니고 「고기」의 기록 단계에서부터 나타났던 것을 알 수 있다(최병헌, 「단군인식의 역사적 변천」: 윤이흠 외, 2001(증보), 『단군 그 이해와 자료』, 서울대학교출판부, 145쪽).

> 환인이란 단어는 하늘님, 천신이란 뜻을 당시 고려시대의 불교적 용어로 표현한 것이다. 고려시대엔 제석(帝釋) 신앙이 성행하였다. 그밖에 단군신화에 보이는 불교적 도교적 단어들도 그런 측면에서 이해하여야 한다(노태돈, 「단군과 고조선사의 이해」: 노태돈 편저, 2001, 『단군과 고조선사』, 사계절, 15쪽).

> 그렇다고 해서 『삼국유사』 유형을 고조선 당시의 전승 그대로라고 볼 수는 없다. 단군의 조부를 불교적 용어인 환인으로 표현하는 등 후대에 윤색한 흔적이 보이기 때문이다. …(중략)… 단군신화에 나오는 환인이라는 단어는 천제(天帝)·일신(日神)을 뜻하는 불교식 칭호로서, 오늘날의 하느님과 같다(송호정, 2017, 『한국고대사산책』, 역사비평사, 40·44쪽).

환인을 불교적 용어로 보게 된 계기는 『삼국유사』에서 환인에 대한 풀이를 제석(帝釋)이라고 한 데 있다. 제석은 불교의 천신으로 '석가제환인드라 釋迦提桓因陀羅'이고 '석제환인 釋提桓因'과 같은 말이다. 조선시대 안정복(安鼎福 1712~1791)도 환인을 석제환인의 줄임말로 보고 단군신화를 승려들이 만들어낸 이야기라고 치부했다. 안정복이 임신본 『삼국유사』의 '桓国'을 '桓因'으로 바꾼 것도 그런 이유에서였다. 일제도 '桓国'을 '桓因'으로 변조했다. 마찬가지로 단군신화가 불교 승려에 의해 날조되었다는 증거로 삼기 위해서였다. 지금 학계에서도 여전히 환인은 석제환인의 줄임말이라고 하면서 단군신화가 후대에 문자로 기록되었다고 주장하고 있다.

<사진 12> 임신본(순암수택본) 『삼국유사』 「고조선」 중 '환인' 덧칠

그런데 과연 환인이 석제환인의 줄임말일까? 불경에는 제석, 석제환인 등의 용어가 수백수천 차례 나온다. 당연히 석제환인의 줄임말인 환인도 그만큼의 용례가 보여야 한다. 그런데 『고려대장경』을 기준으로 한다면 '환인'은 한차례도 나오지 않는다. 왜일까? 범어조어법상 '석제환인'을 '석제'와 '환인'으로 나눌 수가 없다. 지씨 성을 가진 기독교 신자의 세례명 '지아가페'의 경우 '지아'와 '가페'로 나눌 수가 없는 것과 같은 이치다.

지금까지 단군신화의 '환인'의 유래에 대한 모든 사람의 설명은 석제환인의 줄임말이라는 것이다. 환인이 불교의 석제환인의 줄임말이므로 단군신화의 문자화도 당연히 후대에 성립되었다고 보았다. 하지만 환인은 석제환인의 줄임말이 아니고 '하느님'의 한자어 표기이며, 불교가 들어온 이후 석제환인의 줄임말이라는 오해가 생긴 것이다. '환인'이 석제환인의 줄임말이 아니라면 단군신화의 문자화도 지금까지 알려진 것보다 훨씬 이전에 이루어졌다고 보아야 한다.

■『제왕운기』의 '손녀'는 누구의 손녀인가?

단군신화는 일연의『삼국유사』와 이승휴의『제왕운기』에 실려 있다.『삼국유사』에 의하면 단군의 아버지와 어머니는 환웅과 웅녀다. 여기에 대해서는 이론이 없다.『제왕운기』에서 단군의 아버지와 어머니는 단수신(檀樹神)과 손녀이다. 단수신과 손녀는 각각 누구일까? 일반적으로 단수신은 말 그대로 단수(檀樹)란 나무의 신으로 보고 손녀는 환웅의 손녀로 보는 것 같다.

> "단군의 계보에 대한 인식이 다르다.『삼국유사』에서는 웅녀라 한 데 반해『제왕운기』에서는 단수신과 단웅의 손녀라 했다. 그러니까『삼국유사』에서는 부계로,『제왕운기』에서는 모계로 천신과 연결 된다(서영대,「전통시대의 단군인식」: 노태돈 편저, 2001,『단군과 고조선사』, 사계절, 161쪽).

『삼국유사』와『제왕운기』에서 단군의 아버지와 어머니가 각각 다르게 서술되어 있다. 계보가 다르므로 단군의 신성성도 차이가 난다.『삼국유사』는 하늘나라의 신성(神聖)이 환인의 아들인 환웅으로 연결되는 부계적 신성인 반면『제왕운기』는 단웅(환웅)의 손녀로 연결되는 모계적 신성으로 이해되어 왔다.

그런데『제왕운기』의 기존 해석에는 문제가 있다. 결론부터 말하자면 단수신은 단웅(檀雄)이고 손녀는 환인의 손녀다.『제왕운기』원문과 해석은 아래와 같다.

> 初誰開國啓風雲 釋帝之孫名檀君<本紀曰 上帝桓因有庶子 曰雄云云 謂曰 下至三危太白 弘益人間歟故 雄受天符印三箇 率鬼三千而降太白山頂神檀樹下 是謂檀雄天王也云云 令孫女飮藥 成人身 與檀樹神婚而生男 名檀君 據朝鮮之域爲王 故尸羅 高禮南北沃沮 東北扶餘 穢與貊 皆檀君之壽也 理一千三十八年 入阿斯達山爲神 不死故也>
>
> 누가 처음 나라를 열었던가. 석제의 손자 단군이라<본기에서 말하였다. 상제 환인의 서자 단웅이 있었다. 단웅에게 말하였다. 삼위태백에 내려가 널리 사람세상을 이롭게 할 만하지 않겠느냐. 단웅이 천부인 3개를 받고 귀신 3천을 이끌고 태백산 꼭대기 신단수 아래로 내려왔다. 사람들은 그를 단웅천왕이라고 불렀다. 손녀로 하여금 약을 먹고 사람이 되게 하였다. 손녀가 단수신과 혼인하여 사내를 낳았고 이름을 단군이라 하였다. 단군은 조선 땅에 터를 잡고 왕이 되었다. 시라(신라), 고례(고려), 남북옥저, 동북부여, 예와 맥이 모두 단군의 수(壽)이다. 1,038년을 다스리다 아사달산에 들어가 신이 되어 죽지 않았다>.

먼저 단수신부터 검토해보자. 단수는 『제왕운기』 원문에서 확인하듯 단웅이 내려온 신단수(神壇樹)를 말한다. 단수에 신인 단웅이 내려와서 신단수가 되었으므로 단수의 신은 곧 단웅이 된다. 단웅 말고 단수신이 따로 있는 게 아니다.

다음으로 '손녀'를 살펴보면, 지금까지는 '손녀로 하여금 약을 먹고 사람이 되게 한 令孫女飮藥' 주체를 바로 앞 구절의 '단웅'으로 해석하였다. 따라서 '손녀'는 '단웅의 손녀'인 것이다. 이 손녀는 단수신과 결혼하여 단군

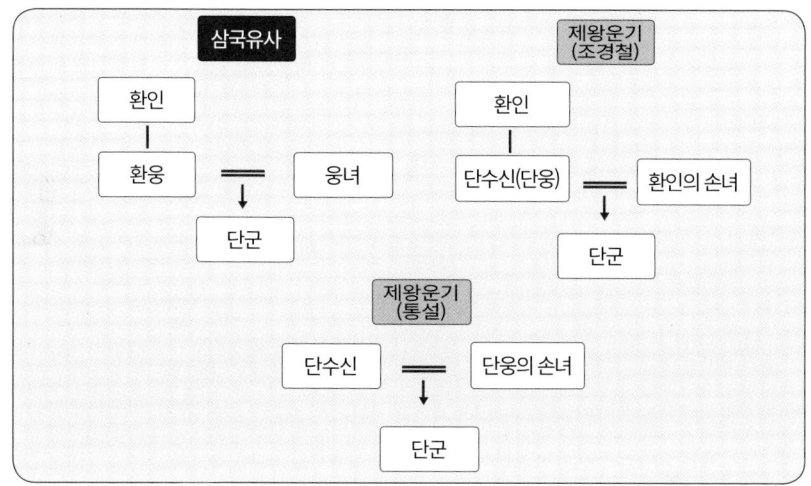

<그림 2> 『삼국유사』와 『제왕운기』의 단군계보

을 낳는데, 이 단수신은 앞에서 살펴본 바에 따르면 단웅이다. 정리하면 단군의 아버지는 단웅, 어머니는 단웅의 손녀가 된다. 그런데 근친 간의 결합이라 해도 '할아버지와 손녀(祖孫)'의 경우는 금기시되었다. 그래서 단수신을 단웅으로 해석하지 못하고 단수신으로만 해석해 왔다.

그런데 문맥상 '令孫女飮藥'의 주체를 '云云' 앞에 나오는 단웅천왕이 아니라 맨 앞의 상제환인으로 해석할 수도 있다. 이렇게 해석하면 환인의 아들 단웅과 환인의 손녀와의 관계는 '삼촌과 조카'로 바뀌는데, 이러한 관계가 훨씬 더 무난하며 사례도 많다. 다시 정리하면 단군의 아버지는 단웅이자 단수신이며, 어머니는 상제환인의 손녀이자 단웅의 조카인 것이다.

『삼국유사』의 단군신성이 부계인 환웅에게만 연결된 반면 『제왕운기』의 단군신성은 부계인 단웅과 모계인 환인의 손녀 모두에 연결되어 있다. 이러한 점을 고려한다면 『삼국유사』보다 『제왕운기』가 단군의 신성성을 좀 더 강조하고 있음을 알 수 있다.

단군신화 속 호랑이를 위한 변명

호랑이는 5천 년 전 고조선, 아니 그 이전 아주 오랜 옛날부터 우리와 함께 해온 동물이다. 그런데 '호랑이를 위한 변명'이라니, 대체 여기에 무슨 곡절이 있기에 제목을 변명이라 했을까?

가장 오래된 호랑이 이야기는 일연이 쓴 『삼국유사』의 단군신화 속에 나오는 '곰과 호랑이 이야기'다. 곰과 호랑이가 환웅을 찾아가 사람이 되고 싶다고 하였다. 환웅은 100일 동안 햇빛을 보지 말고 쑥과 마늘을 먹으라고 했다. 호랑이는 견디지 못해 뛰쳐나갔지만, 곰은 견뎌 21일 만에 사람이 되어 환웅과 혼인하여 단군을 낳았다고 한다.

사람에 대한 평가도 좋고 나쁨이 있듯이, 호랑이도 좋은 면만 있지는 않겠지만, 단군신화에 나오는 호랑이에 대한 욕은 상상을 초월한다. 곰은 놔둔 채 자기만 생각하는 이기주의자, 참을성 없는 놈, 남을 배려하지 못하는 놈 등등 나쁜 얘기만 하지만, 곰에 대해서는 참을성이 있고 목표가 뚜렷하며 끈기가 있다고 하면서 좋은 얘기만 하고 있다. 이러니 호랑이의 입장에서는 여간 억울하지 않을 수 없다.

호랑이를 나쁜 놈이라고 몰아붙일 때 사실 이해되지 않는 점이 있다. 환웅이 사람이 되기 위해서 제시했던, 햇빛을 보지 말고 쑥과 마늘을 먹으라는 조건은 사실 호랑이보고 사람이 되지 말라는 얘기와 같다. 이건 호랑이가 아무리 참는다고 해도 될 일이 아니기 때문이다. 그런데 성질 급하고 사나운 호랑이가 꼬리를 내리고, "네에~~~~"라고 했을까? 당연히 "이의 있습니다! 불공평합니다. 이건 곰에게 너무 유리합니다" 또는 "아니 처음부터 21일이라고 하지 왜 100일이라고 했습니까? 이건 무효입니다! 21일이라고 했다면 저도 죽기 살기로 버텼을 겁니다. 이건 아닙니다!"라고 했을 텐데 사실 아무 말도 하지 않았다. 왜 그랬을까?

<사진 13> 맹호도(출처:국립중앙박물관 e뮤지엄)

단군신화의 처음은 곰과 호랑이가 같은 동굴에서 살았다고 하면서 시작된다. 원문은 '동혈이거 同穴而居'라고 했다. '혈'은 '구멍', '동굴'을 뜻하지만 '무덤'을 의미하기도 한다. 무덤을 같이 쓰는 친구를 말할 때 '동혈지우 同穴之友'라고 한다. '동혈지우'는 『삼국유사』의 조신(調信) 이야기에서 '부부'라는 뜻으로 쓰이기도 했다. 백년을 해로하고도 모자라 같은 무덤에서 소중한 인연을 이어가고 싶다는 뜻이니 참 마음이 애틋하다. '호랑이를 위한 변명'의 실마리는 바로 이 '동혈'에서 시작된다. 곰과 호랑이는 먹는 것과 사는 곳이 다른데, 왜 한동안 같은 동굴에서 살았을까? 어쩌면 둘은 어떤 계기로 서로를 의지하고 사랑하는 사이가 되지 않았을까? 곰과 호랑이로는 이룰 수 없는 영원한 사랑을 이루기 위해 사람이 되려고 한 것은 아닐까?

그래서 호랑이는 100일 동안 햇빛을 보지 말고 쑥과 마늘을 먹으라는 환웅의 말도 안 되는 조건을 순순히 받아들인 것이다. 곰이 먼저 말했다. "어쩌나 너한테 너무 안 좋은 조건이다." 호랑이가 대답했다. "아니야. 너만 좋으면 됐어. 나도 먹을 수 있어. 사랑의 힘이 있잖아."

그러나 사람이 할 수 없는 일이 있듯이, 호랑이도 할 수 없는 일이 있다. 마음은 곰 옆에 있지만 급한 성격의 호랑이의 몸은 이미 밖으로 나가버린 걸

어떡하나! 물론 곰은 뜻한 바가 있어 계속 견뎌서 드디어 21일 만에 사람이 되었다. 이렇게 호랑이와 사람이 된 웅녀 사이에 놓인 길은 너무 멀어져 버렸다. 그러자 웅녀는 환웅을 찾아가 단군을 낳았다. 동굴 밖 호랑이는 이 모든 일을 가만히 지켜볼 수밖에 없었다. 배려심이 없고 이기주의자라는 등의 온갖 욕을 먹으면서. 동굴 밖으로 나간 호랑이는 이제 우리 옆에서도 조용히 사라져갔다. 심지어 멸종 위기에 처했다. 호랑이에게 죄가 있다면 곰을 사랑한 것밖에 없는데, 사랑했던 죄가 너무 가혹하지 않은가?

<사진 14> 오대산 진부역 앞 수호랑과 반다비

첫사랑은 눈을 감을 때도 잊지 못한다고 한다. 호랑이의 첫사랑은 곰이고, 곰의 첫사랑은 호랑이가 아니었을까? 첫사랑을 이어가고 싶은 마음은 옛사람도 마찬가지였나 보다. 둘을 맺어주었다. 한 기록에는 곰과 호랑이가 사랑하여 단군을 낳았다고 한다.

『묘향산지』의 환웅과 백호

설암추붕(雪巖秋鵬 1651~1706)의 『묘향산지 妙香山誌』에 인용된 『제대조기 第代祖記』에는 "환인의 아들 환웅이 태백산 신단 아래로 내려와서 살았다. 환웅이 어느날 백호와 교통하여 아들을 낳으니, 이분이 바로 단군이다. 桓仁之子桓熊 降于太白山神檀下居焉 熊一日與白虎交通 生子是爲檀君"라고 하였다. 이 이야기의 환웅은 환웅(桓雄)이 아니고 '곰 웅'자를 쓰는 환웅(桓熊)이니, 단군은 곰과 호랑이의 아들인 셈이다.

고구려

'고려'라는 나라이름의 의미

나라이름과 국호계승의식

　세상에 존재하는 모든 만물은 각각 자기 나름의 이름을 갖고 있다. 그 이름들이 하나로 뭉쳐 생겨난 것이 나라이름이다. 사람은 자기 이름을 달고 평생 살아간다. 내가 죽어도 이름은 역사와 함께 영원히 살아남는다. 나라이름도 마찬가지다. 나라이름도 그 나라와 함께 시작과 끝을 같이한다. 나라는 없어져도 역사와 함께 나라이름은 계속 남는다.

　우리나라는 단군의 고조선부터 현재 대한민국에 이르기까지 수많은 나라이름과 함께 역사를 같이 했다. 어떤 나라이름은 한번만 쓰이지 않고 새로운 나라의 이름으로 다시 쓰이기도 했다. 우리는 고조선이라고 부르지만 단군이 세운 나라이름은 조선이다. 이성계가 세운 조선과 구분하기 위해서 편의상 고조선이라고 부르고 있지만 엄밀히 말하면 그렇지도 않다. 고조선이란 나라이름은 『삼국유사』에 처음 보인다. 『삼국유사』의 고조선은 이성계의 조선과 구분하기 위한 것이 아니고 '기자조선 箕子朝鮮'이나 '위만조선 衛滿朝鮮'과 구분하기 위해서 붙인 이름이다. 『제왕운기』에서는 '전조선 前朝鮮'이라고 하였다. 조선은 현재 북한의 나라이름으로도 �

이고 있다.

대한민국이란 나라이름은 고대 '한 韓'에서 유래했다. '한'은 19세기 말 대한제국이란 나라이름과 함께 다시 등장하여 3.1운동 이후 대한민국임시정부를 거쳐 오늘의 대한민국으로 계승되었다. 21세기 남의 대한민국과 북의 조선이란 나라이름은 모두 몇천 년 전에 사용했던 나라이름을 다시 사용한 것이다. 이처럼 우리나라는 예전에 사용했던 나라이름을 새 나라의 이름으로 다시 사용하여 역사계승의식을 강조해 왔다.

■ 충주 고려비와 금동연가칠년명여래입상

우리나라 역사상 어떤 나라이름이 가장 많이 사용되었을까? 앞서 언급한 조선이나 한도 있지만, 누군가는 고구려를 떠올릴 것이다. 주몽이 나라를 세우며 나라이름을 고구려로 정했고 궁예가 다시 나라를 세우면서 나라이름을 고구려로 했기 때문이다. 우리는 편의상 궁예의 고구려를 '후고구려'로 부르고 있다. 태조 왕건이 궁예를 몰아내고 세운 나라의 이름은 고려인데, 고려란 나라이름도 고구려를 계승한다는 취지에서 '구'자를 빼고 고려라 했다고 알고 있다. 우리의 외국어 국호인 'KOREA · COREA · CORÉE'도 왕건의 고려에서

<사진 15> 국립중앙박물관 소장 금동연가칠년명여래입상 전면 및 광배 후면 명문 중 '고려 高麗'

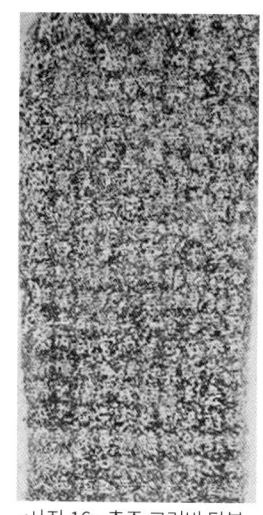

<사진 16> 충주 고려비 탁본
(출처:국립중앙박물관 e뮤지엄)

비롯되었다고 알고 있다. 그러나 이것은 역사적 사실과 다르다.

1960년 경남 의령에서 발견되었으며, 전시 중 도난당하여 영원히 사라질 뻔한 금동연가칠년명여래입상이 있다. '연가 延嘉'가 언제인지에 대해서는 여러 의견이 있으나, 고구려의 연호라는 점에서는 견해가 일치한다. 그런데 이 불상의 광배에는 '고구려'가 아니라 '고려'라고 새겨져 있다. 고구려는 남한강 유역을 점령하고 충주 고려비를 세웠다. 이 비에서 고구려는 신라를 동쪽 오랑캐란 뜻의 '동이 東夷'라 부르고 자신들의 왕을 '태왕 太王'이라 부르면서 자국 중심의 천하관을 사방에 선포하였다. 그런데 비문에는 '고구려태왕'이라 하지 않고 '고려태왕'이라 하였다. 고구려인들이 남긴 불상과 비석에 자신들의 나라이름을 고구려가 아닌 고려로 부르고 있는 것이다.

고구려를 멸망시킨 당나라의 역사서인 『당서 唐書』에도 고려라 하였고, 고구려 멸망 후 50여 년이 지나 편찬된 일본의 『일본서기 日本書紀』에도 고려로만 되어 있다. 『삼국유사』「왕력」에도 '고려 동명왕 高麗 東明王'이라고 하였다. 왜일까?

<사진 17> 파른본 『삼국유사』 「왕력」 중 '고려 제일 동명왕 高麗 第一 東明王'(출처 : 연세대박물관

고구려가 나라이름을 고려로 바꿨기 때문이다. 고구려가 멸망할 때 나라이름은 고려였다. 혹자는 고구려의 국호변경

을 인정하지 않지만, 그렇다 하더라도 고구려가 고려란 나라이름을 같이 썼고 더 많이 사용했다는 점은 부인하지 못한다.

■ 주몽의 고려, 궁예의 고려, 왕건의 고려

태조 왕건은 나라이름을 왜 고려라고 했을까? 왕건의 고려는 고구려의 '구'자를 빼고 고려로 한 것이 아니라 고려란 나라이름을 그대로 따 온 것이다. 나라이름을 그대로 가져 온 것에서 태조 왕건의 고려계승의식이 얼마나 강했는지 알 수 있다. 그렇다면 궁예가 세운 나라이름은 고구려였을까? 아니다. 궁예가 세운 나라도 고려였다.

현 한국사 교과서를 보면 발해의 왕을 '고려국왕 高麗國王'이라고 하면서 발해가 고구려를 계승했음을 강조하고 있다. 사람들은 의문을 품을 것이다. 왕건이 고려란 나라이름을 사용하기 전에 발해의 왕을 왜 '고려국왕'이라고 했을까? 고구려가 고려로 국호를 바꾸었기 때문에 고구려를 계승한 발해는 당연히 '고려국왕'이라 불리기도 한 것이다. 고구려가 고려로 나라이름을 바꾼 이후 발해는 '고려국왕'이라고도 했고, 궁예와 왕건은 모두 나라이름을 고려라고 했다. 영문국호인 코리아도 실은 태조 왕건의 고려가 아니라 고구려의 고려에서 유래했을 가능성이 높다.

주변국가에서 모두 고려라 부르고 있는데 왜 우리는 고구려로 부르게 되었을까? 김부식(金富軾 1075~1151)이 『삼국사기 三國史記』에서 고려를 모두 고구려로 바꾸었고 우리는 그것을 그대로 따랐기 때문이다. 이러한 서술은 고구려의 고려가 자신의 나라인 고려와 혼동되는 걸 피할 목적도 있었지만, 자신의 나라 고려가 고구려의 고려에서 그대로 왔음을 숨기기 위해서이기도 했다. 또한 김부식은 자신의 나라 고려가 궁예와 관련이 없다는 점을 강조하기 위하여 궁예가 고려란 나라를 세운 것도 언급하지 않았다.

 고려사람 김부식은 그렇다고 해도 우리가 그것을 따를 필요가 있을까? 어떤 사람이 이름을 바꾸었으면 그 의사를 존중하여 바뀐 이름으로 불러줘야 한다. 마찬가지로 어떤 나라가 나라이름을 바꾸었다면 그 이름에는 그 나라의 꿈과 이상이 배어있기 때문에 바뀐 이름으로 불러줘야 할 것이다. 그래서 나는 몇 년 전부터 고구려라고 하지 않고 고려로 부르고 있다.

 주몽의 고려, 궁예의 고려, 왕건의 고려가 혼동되어 구분할 필요가 있을 경우 주몽과 궁예의 고려를 '전고려'와 '후고려'로 하고 왕건의 고려는 그대로 '고려'로 하면 된다. 고려시대『삼국유사』도 이미 그렇게 구분했다.

 혹자는 내가 고구려를 고려 또는 전고려로 부르는 것에 대하여 혼란만 가중시킨다고 할지 모르겠다. 그러나 정작 혼란의 단초를 먼저 제공한 사람은 고려를 고구려로 바꾼 김부식이다. 물론 교과서나 모든 책에 나오는 고구려를 고려나 전고려로 고친다면 경제적 비용도 만만치 않다. 나도 한때 그런 생각을 하지 않은 것은 아니다. 하지만 우리나라 전체 주소를 새로운 주소로 바꾼 것을 보면 그렇게 어려운 일도 아닌 것 같다.

■ 중국 기록보다 앞선 '고려' 국호 기록

2019년 11월 22일 한 학술대회에 참석한 동북아역사재단의 고광의 선생은 충주 고구려비에서 '영락칠년세재정유 永樂七年歲在丁酉'라는 일곱 글자를 새로 읽었다고 발표했다. 지금까지는 충주 고구려비가 장수왕 때 세워졌다고 알려져 왔는데, 이 발표에 따르면 광개토왕 때인 397년에 세워진 것이 된다. 그동안 장수왕 때 세워진 것으로 가정하고 많은 논문들이 생산되었는데 어떻게 수습할지 궁금하기도 하다. 나는 예전부터 충주 고구려비에 나오는 '고려태왕'의 '고려'란 국호에 주목해왔다. 충주 고구려비가 장수왕 때 세워졌으므로 '고구려'에서 '고려'로의 국호변경도 427년 장수왕의 평양천도를 전후하여 이뤄졌다고 보아왔다.

그런데 고구려를 '고려'로 표기한 가장 이른 사례는 중국의 『위서』와 『북사』에 보이는 398년 기사의 '고려잡이 高麗雜夷'다.

> (천흥 원년 봄 정월) 신유일에 수레가 중산을 나와 망도의 요산에 이르렀다. 산동 6주의 주민과 관리, 도하와 고려의 잡이 36만, 백공과 기교 10만여 명을 옮겨 경사(京師, 서울)에 채웠다(『위서』권2, 본기2, 태조도무제).
>
> 辛酉 車駕發自中山 至于望都堯山 徙山東六州民吏及徒何高麗雜夷 三十六萬 百工伎巧十萬餘口 以充京師

『위서』398년 기사에 '고려'라는 국호가 보이지만 『송서 宋書』 영초 원년(420) 가을 7월 갑진일의 "정동장군고구려왕 고련을 정동대장군으로 책봉하였다. 征東將軍高句麗王高璉進號征東大將軍"라는 기사를 전거로, 398년 '고려잡이'는 고구려가 고려로 국호를 바꾼 이후에 소급하여 '고구려'를 '고려'로 바꾼 것으로 이해했다. 그래서 대부분 398년 '고려잡이'의 '고려' 국호는 당시의 국호가 아니라고 하였다.

하지만 이번 충주 고구려비의 새로운 판독을 통해 영락 7년(397)에 이미 '고려태왕'이란 표현이 보이므로 『위서』 398년의 '고려잡이'도 당시 국호가 '고구려'에서 '고려'로 바뀌었음을 보여주는 하나의 사례로 보아도 좋을 것 같다.

충주 고구려비가 영락 7년에 세워졌다면 '고려'란 나라이름이 중국보다 앞서 맨처음 보이는 기록이 된다. 또한 국호가 장수왕 때가 아니고 광개토왕 때 이미 바뀌었음을 알 수 있다. 광개토왕은 371년 할아버지 고국원왕의 전사로 침체된 나라의 분위기를 일신하기 위하여 391년 영락 연호를 선포하고 나라이름을 고구려에서 고려로 바꾼 것으로 추정된다.

동북공정, 가장 확실한 대응은?

2002년부터 중국은 소위 '동북공정 東北工程'이라고 하여 '현 중국 영토 내에 있는 과거의 역사는 모두 자기의 역사'라고 주장하며 이에 따라 '고구려와 발해의 역사도 자신의 역사'라고 주장하고 있다. 우리는 이에 대응하기 위해서 동북아역사재단을 설립하여 중국의 주장을 반박하고 있다. 하지만 수천 수만의 논문으로 동북공정에 대처한다 하더라도 중국은 절대로 받아들이지 않을 것이다. 왜냐하면 중국은 여러 민족으로 이루어진 다민

족국가이기 때문이며, 여기서 한 민족이라도 떨어져 나간다면 도미노 현상을 일으켜 중국이 붕괴될 수도 있다고 여기기 때문이다.

중국의 동북공정에 적극적으로 대처하는 다른 방법은 없을까? 가장 간단하면서도 확실한 방법이 있다. 바로 고구려를 고려로 부르기만 하면 된다.

고구려가 바꾼 나라이름 고려를 발해가 이어받았고 궁예는 고려란 나라이름을 그대로 사용하였다. 다시 왕건도 고려란 나라이름으로 500년 왕조를 이어갔다. 고려란 나라이름은 적어도 5세기에 사용되기 시작하여 발해-궁예-왕건을 거쳐 천년 동안 사용되었다. 더구나 영문국호인 'Corea·Korea'는 5세기 고려에서 시작하여 2020년 오늘까지 1,500년 동안 우리와 함께해 왔다. 고구려와 발해의 역사는 '고려'란 나라이름을 통해 언제나 한국의 역사로 존재해 왔던 것이다. 제3자의 입장에서 보았을 때 고구려와 발해가 어느 나라의 역사인지는 너무나도 명확하다.

▪ 통일한국의 나라이름, '고려'와 '한글'

근래 대한민국의 정체성에 대한 논의가 분분하다. 한쪽에서는 대한민국 임시정부의 계승을 강조하고, 다른 한쪽에서는 대한민국 건국이라고 하여 임시정부와의 단절성을 강조하고 있다. 하지만 어느 쪽이든 역사적 한계를 갖고 있음을 반성해야 한다. 김구(金九 1876~1949)가 바랐던 대한민국이란 나라이름도 남북이 하나 되는 대한민국이었고, 여운형(呂運亨 1886~1947)이 바랐던 조선도 남북이 하나 되는 조선이었다.

우리나라 나라이름의 특징은 나라를 세웠을 때 나라이름을 새로 짓는 것이 아니고 예전에 썼던 나라이름을 다시 사용하는 것이다. 나는 이를 '국호 계승의식'이라고 부르고자 한다. 10세기 궁예 이후 고려와 조선을 거쳐 오늘날 남과 북의 대한민국과 조선에 이르기까지 모두 예전 나라이름을 다시 사용해왔다. 남북이 통일되었을 때 통일 조국의 나라이름도 아마 예전에 썼던 나라이름 가운데 하나가 될 것이다. 그 유력한 후보는 '고려'다. 다만 자랑스러운 5천 년 역사와 남북통일의 역사적 의의를 강조하는 의미에서 우리나라 글인 '한글'을 새로운 나라이름으로 제안해 본다. 하루빨리 남북이 하나되어 나라이름을 무엇으로 할까 고민하는 벅찬 시대가 오길 바랄뿐이다.

고구려의 건국 연대는 기원전 37년인가?

김부식의 『삼국사기』에 의하면 고구려는 기원전 37년에 세워졌다. 신라가 건국된 기원전 57년보다 20년 뒤다. 그러나 실제로는 고구려가 신라보다 먼저 건국되었다. 고조선이 멸망하고 고조선을 계승하여 맨 처음 명함을 내민 국가는 부여였고 그 뒤를 고구려가 이었다. 부여는 나중에 고구려에 통합되었으므로 고조선의 진정한 계승자는 고구려라고 볼 수 있다.

고구려의 건국연대를 『삼국사기』는 기원전 37년으로 보고 있지만 다른 견해도 싣고 있다. 당나라가 고구려를 공격할 때 인용한 「고구려비기」에 의하면 '900년이 되기 전에 마땅히 팔십 대장이 멸망시킬 것이다. 不及九百年 當有八十大將滅之'라고 하였다. 당시 고구려를 공격한 이적의 나이가 80이었다. 900년이라면 고구려가 668년에 멸망했음을 고려할 때 고구려는 기원전 3세기에 세워졌어야 한다. 문무왕이 안승을 고구려왕으로 책봉하면서 내린 글에는 고구려가 800년이 되었다고 하였다. 한나라가 고조선을 멸망시키고 기원전 107년에 세운 현도군에도 '고구려현'이 보인다.

그럼 고구려는 언제 세워졌을까? 고구려의 건국과 관련하여 주목되는 자료가 『제왕운기』다. 이승휴의 『제왕운기』는 고려 충렬왕 때 저술·간행되어 널리 유포된 책이다. 이 책에서도 물론 고구려의 건국연대를 『삼국사기』에 따라 기원전 37년이라고 하였다. 그런데 백제의 건국을 이야기하면서 백제가 건국한 기원전 18년은 '신라가 건국한 지 40년 되는 해이며 고구려가 건국한 지 19년 되는 해'라고 설명을 덧붙였다. 신라가 기원전 57년에 건국하였으므로 백제의 건국연도인 기원전 18년과는 40년 차이가 난다. 그렇다면 고구려가 기원전 37년에 건국하였으므로 기원전 18년과는 20년 차이가 난다고 하는 게 맞다. 그런데 『제왕운기』의 설명에는 19년이라고 하였다. 햇수를 나타낼 때 1년 차이는 날 수 있다고 생각하지만 의문은 여전히 남는다.

또 한 가지 재미난 점은 19년이라고 한 『제왕운기』의 원문이 덧칠되어 있다는 점이다. 원래 '十九年'인데 '九十年'으로 덧칠된 것인지 원래 '九十年'인데 '十九年'으로 덧칠된 것인지 확실하지 않다. 다만 추측컨대

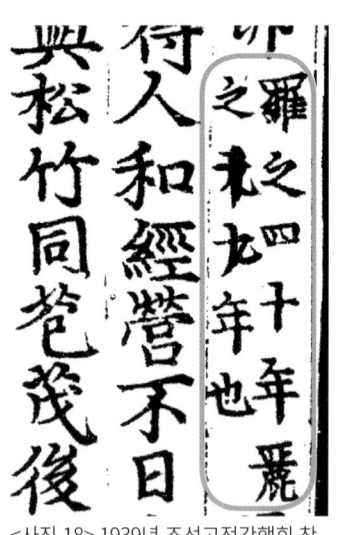

<사진 18> 1939년 조선고전간행회 찬 『제왕운기』 중 '十九? 九十?'(출처:국립중앙도서관)

원래 '十九年'이라고 되어 있으면 고구려의 건국연도 기원전 37년과 백제의 건국연도 기원전 18년의 차이는 정확히 20년이지만 1년의 차이가 나는 19년이므로 『삼국사기』에 어느 정도 부합된다. '십구년'을 덧칠까지 하면서 '구십년'으로 고치려고 한 것 같지는 않다. 원래 어떤 이유인지 모르지만 '구십년'으로 되어 있었는데 『삼국사기』에 기록된 고구려와 백제 두 나라의 건국 연대와 너무 차이가 나서 '구십년'을 '십구년'으로 고쳤다고 보는 것이 순리이다. 또한 현재 덧칠된 것을 보아도 '십구년'에서 '구십년'으로 고쳤다기보다는 '구십년'에서 '십구년'으로 고친 것에 더 가깝다. 덧칠하지 않은 한 판본에도 '九十'년이라고 되어 있다.

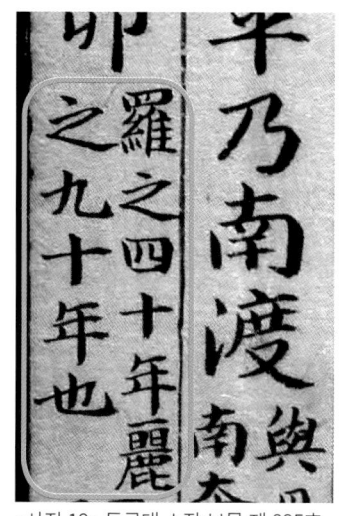

<사진 19> 동국대 소장 보물 제 895호 『제왕운기』 중 '九十'(출처:문화재청 국가문화유산포털)

백제의 건국이 고구려의 건국과 90년의 차이가 난다면 고구려의 건국연대는 기원전 107년이 된다. 다소 장황하게 기원전 107년을 설명한 이유는 '기원전 107년'이라는 연대가 우리 역사상 매우 중요한 연대이기 때문이다. 바로 고조선이 멸망한 '기원전 108년'과 1년 차밖에 나지 않는다. 조법종 선생은 고조선의 멸망을 기원전 107년으로 보기도 하는데 그럼 고조선이 멸망한 해 바로 이어서 고구려가 건국된 셈이다.

고조선이 멸망한 후, 고조선을 계승한 나라가 여러 곳에서 등장하였다. 맨 먼저 부여가 들어섰고 곧이어 고구려가 들어섰다. 하지만 부여와 고구려가 정확히 언제 세워졌는지는 알려져 있지 않다. 고구려의 건국연대가 기원전 37년이라는 견해는 있었다. 하지만 『제왕운기』에 보이는 또 하나의 고구려 건국연대인 '기원전 107년'은 의미심장하다. 고조선이 멸망한 기원전 108년부터 고조선의 잔존세력들은 다시 나라를 회복하기 위하여 다각도로 노력하였다. 그 가운데 일부는 고구려 세력과 결합했을 것이다. 나중에 이들이 고구려를 건국했을 때 그들의 건국연대를 '기원전 107년'으로 설정한 세력이 있었고 이들이 남긴 기록이 후대까지 전해졌다고 생각된다. 이들은 고조선이 멸망하지 않고 고구려로 이어졌다고 생각했을 것이다. 고려시대의 기록이지만 『삼국유사』에는 주몽이 단군의 아들이라고 하였다.

중국이 고구려를 공격할 때 들고 나온 명분은 고조선을 멸망시키고 설치한 한사군의 하나인 낙랑군을 다시 찾겠다는 것이었다. 단군조선을 부정한 일제는 중국 한나라 낙랑군의 식민지 역사를 강조하여 일본의 조선지배를 정당화하였다. 고조선을 이어 성장한 고구려, 백제, 신라 삼국은 모두 낙랑의 선진문화를 받아들여 고대국가로 발전하였다고 하였다.

지금까지 한국 역사는 고조선 다음에 낙랑군을 강조하였다. 지금부터는 고조선이 멸망한 다음 해에 건국한 고구려가 있음을 잊지 말아야 한다. 기원전 2,333년(또는 2,357년) 건국한 단군의 고조선은 기원전 107년에 고구려로 계승되었다. 단군의 고조선에서 시작된 한국의 역사는 고조선 이후 단절 없이 고구려에 계승되어 지금에 이르고 있다. 1919년 기미독립선언서에도 조선건국 4,252년이라고 하였다.

광개토왕의 빈상과 칭원법

광개토왕의 빈상은 36개월 3년상

고대 중국과 우리나라의 상장례 풍습 가운데 가장 큰 차이는 빈장(殯葬) 기간이다. '빈 殯'은 시신을 묻기 전에 일정 기간 다른 곳에 모셔두는 것을 말한다. 중국의 경우 빈소에 모셔두는 기간은 길어야 몇개월이고 시신을 매장한 이후 상복을 입고 3년상을 치르는 게 예법이다. 그런데 前고려(=고구려)는 빈의 기간이 3년상 전 기간에 걸쳐있다. 즉 빈이 끝나는 날 시신을 매장하는 것이다. 이와 같은 방식은 백제의 무령왕과 왕비도 마찬가지다. 그래서 나는 전고려나 백제의 3년상을 중국과 구분하기 위해서 3년 빈상(殯喪)이란 용어를 제시해 보기도 하였다.

중국과의 차이점은 빈상만이 아니고 3년이란 기간에도 있었다. 전통적으로 중국은 3년상을 개월 수로 25개월이나 27개월로 계산했다. 장수왕 때 중국은 27개월이 대세였다. 그런데 장수왕 때 치른 광개토왕의 3년 빈상은 27개월이 아니었다.

『삼국사기』에 따르면 광개토왕이 죽은 해는 413년 10월이지만 현재는 광개토왕릉비에 따라 1년을 앞당겨 412년 10월로 보고 있다. 광개토왕이 묻힌 해는 광개토왕릉비에 따르면 414년 9월 29일이다. 혹자는 이를 두고 빈상기간이 412, 413, 414년 3년에 걸쳐 있으므로 3년상이라고 하지만 이는 잘못이다. 무령왕비의 경우 526, 527, 528, 529년에 걸쳐 있다고 해서 4년상이라고 하지 않는 것과 같은 이치다. 3년상은 원칙적으로 연수로 계

<사진 20> 중국 집안 장군총

산하는 게 아니라 개월 수로 계산한다.

그렇다면 광개토왕의 빈상기간은 412.10~414.9.29이므로 24개월이 된다. 그러나 3년상은 최소한 25개월을 넘겨야 한다. 아직까지 24개월 3년상을 치른 사례를 발견하지 못하였다. 왜 1~2일만 더 지나면 25개월이 되는데 굳이 24개월로 빈상을 끝마쳤을까?

우리는 여기서 36개월설을 고려할 필요가 있다. 36개월설은 25개월이나 27개월로 끝내기가 아쉬운 마음에 3년 36개월을 꽉 채운 것을 말한다. 당나라의 왕원감(王元感)과 청나라의 모기령(毛奇齡)도 '36개월'을 주장하였다. 아마도 장수왕은 아버지 광개토왕의 3년 빈상을 만 3년을 꽉 채운 36개월 3년 빈상으로 치렀을 가능성이 높다.

36개월 빈상이 되기 위해선 광개토왕이 죽은 해가 412년이 아닌 411년이 되어야 하고, 여기에 맞춰 광개토왕이 왕위에 오른 해도 391년이 아닌 390년이 되어야 한다. 이 문제는 칭원법과 관련하여 심각하게 고민해 볼 문제다. 현재 즉위년칭원법에 따라 광개토왕이 왕위에 오른 해가 391년이지만 유년칭원법에 의하면 390년이되기 때문이다.

광개토왕의 칭원법

우리나라는 태어나면서 한 살을 먹는다. 12월 29일에 태어나도 며칠이 지나면 두 살이 된다. 법률적 효력이 있는 경우 만 나이를 적용하지만 보통 그냥 나이로 센다. 주변 나라와 다른 이런 독특한 나이 계산법이 어디서 유래했는지 정확히 알려진 바가 없다. 나이와 비슷한 경우가 왕의 재위연수다. 나라를 다스린 기간에 왕위에 오른 해도 포함되는 것일까?

〈표 2〉 광개토왕 칭원법과 3년상

전거 및 칭원법	즉위	붕(崩)	매장	빈상기간
『삼국사기』 즉위칭원	392년 즉위	413년 10월		
능비 즉위칭원(통설)	391년(영락1) 즉위	412년 10월	414년 9월 29일	24개월
능비 유년칭원(필자)	390년 즉위, 391년(영락1)	411년 10월	414년 9월 29일	36개월

김부식의 『삼국사기』는 우리나라 나이 계산법과 비슷한 방식으로 왕의 재위연수를 계산하였는데, 즉위한 해를 1년(元年)으로 삼는다. 반면 『고려사』와 『조선왕조실록』은 왕위에 오른 해를 즉위년이라고 하고 그 다음 해를 정식 1년(元年)으로 삼았다. 『삼국사기』 방식을 즉위년칭원법이라고 하고 『고려사』와 『조선왕조실록』은 유년칭원법이라고 한다. 우리나라는 두 칭원법을 같이 사용하였다. 중국은 당 태종의 '정관'이나 당 현종의 '개원'처럼 '연호 年號'를 사용하는데 왕이 즉위한 다음 해를 원년으로 삼는 유년칭원법이 원칙이다. 광개토왕의 경우 『삼국사기』를 따르면 즉위년칭원법이다. 그런데 '영락' 등 여러 연호를 사용했던 고구려의 경우 중국처럼 유년칭원법을

사용했을 수도 있다. 광개토왕이 유년칭원법을 사용했을 경우 앞서 살펴본 대로 광개토왕의 즉위년이 391년에서 390년으로 1년 앞당겨지며 광개토왕의 3년상 또한 411년 10월~414년 9월 29일에 걸친 36개월 3년상이 된다.

■ 『삼국사기』, 『삼국유사』, 『역대연표』, 『고려사』의 칭원법

『삼국사기』 법흥왕의 경우 갑오(514)에 즉위했고 재위 연수는 경신(540)까지 27년간이다. 즉위한 해(514)와 죽은 해(540)까지 재위 연수에 포함한 즉위년칭원법이다. 『고려사』는 광종의 경우 기유(949)에 즉위했고 죽은 해는 을해(975)지만 950년을 광종 원년이라 표기하고 975년을 광종 26년이라고 표기하고 있다. 이런 방식은 유년칭원법이다. 정리하면 『삼국사기』는 왕위에 오른 해를 원년이라고 하는 즉위년칭원법이고 『고려사』는 왕위에 오른 다음 해를 원년으로 삼는 유년칭원법이 된다.

그런데 『삼국유사』 「왕력」의 경우는 좀 특이하다. 법흥왕의 경우는 갑오(514)에 즉위했다고 하고 경신(540)까지 재위했다고 하면서 재위 연수는 26년간이라고 하였다. 『삼국사기』처럼 갑오(514)에 왕위에 올랐다고 했으므로 『삼국유사』도 즉위년칭원법이라고 주장할 수 있다. 다만 재위 연수가 줄어든 것은 죽은 경신년(540)을 재위연수에 포함시키지 않은 것이라고 하였다. 과연 그럴까?

〈표 3〉『삼국사기』,『삼국유사』,『역대연표』,『고려사』의 칭원법

『삼국사기』연표	(법흥왕)甲午 卽位 元年(재위 27년)	갑오 즉위 원년 514~540
『삼국유사』왕력	新羅 法興王 甲午立 理二十六年	갑오립 514~540
『역대연표』삼국시대	百濟 惠王 二	599~600
『역대연표』고려시대	高麗 定宗 乙巳 四	을사 945~949
『고려사』	광종 26년(975)	949-975

　고려시대 판각된『역대연표』에 의하면 정종의 경우 '乙巳 四'라고 하였다. 을사는 945년이고 정종이 죽은 해는 기유(949)이므로, 재위연수는 5년간이다. 그런데 '을사 사'라 하고 재위 연수를 4년간이라고 하였다.『삼국유사』「왕력」과 같은 방식이다. 그렇다고 을사(945)가 정종 원년은 아니다. 정종 원년은 병오(946)이다. 을사는 왕위에 오른 해만 표시한 것이고 실질적인 원년은 왕위에 오른 다음 해로 삼는 유년칭원법인 것이다.『삼국유사』도 마찬가지로 유년칭원법이 된다. 하늘에 두 개의 해가 없듯이 한 나라에 두 명의 왕이 있을 수 없다는 의미에서 전왕이 죽은 해를 건너뛴 다음 해에 유년칭원을 하는 것이다.

광개토왕릉비

■ 광개토왕릉비 신묘년조, '아아 잊으랴 어찌 우리 이날을'

'아아 잊으랴 어찌 우리 이 날을.' 50대 사람들은 위 가사가 눈에 익을 것이다. 저절로 입에서 곡조에 맞춰 나오는 가사다. 우리 몸속에 반공이념을 박히도록 했던 노래다. 가사 속의 이날은 바로 1950년 6월 25일이다. 전고려 사람들에게도 이처럼 잊지 못하는 날이 있었다. 바로 제16대 왕인 고국원왕(故國原王)이 백제와 싸우던 중 화살을 맞고 사경을 헤매다 죽은 371년 10월 23일이다.

고국원왕의 두 아들 소수림왕과 고국양왕이 아버지의 원수를 갚고자 했으나 역부족이었다. 손자 광개토왕이 할아버지 고국원왕과 아버지 고국양왕의 한을 풀어드렸다. 371년 10월 23일의 한이 25년이 지난 영락 6년(396)에 실현되었다. 광개토왕의 가장 큰 업적은 바로 백제를 공격하여 아신왕으로부터 항복을 받아낸 것이다. 이 자랑스러운 왕의 업적을 온 나라와 사방에 알린 것이 바로 광개토왕릉비이다.

『삼국사기』에 의하면 고구려의 28왕 가운데 죽은 날이 기록된 것은 오직 고국원왕 뿐이다. 백제는 31왕 가운데 죽은 날이 기록된 왕은 없다. 나라의 멸망과 함께 왕들의 제사도 끊어지고 왕이 죽은 날도 역사 속으로 사라졌다. 나라를 고려에 넘긴 신라는 죽은 날을 남긴 왕이 14명이다.

전고려와 백제의 왕들 가운데 오직 고국원왕만이 죽은 날을 남겼다. 그만큼 전고려 사람들은 이 날을 잊지 못하였다. 광개토왕이 백제로부터 항복을 받은 것과 더불어 고국원왕이 죽은 날인 371년 10월 23일도 역사 기록에 영원히 남게 되었다. 능비의 주인공은 당연히 광개토왕이고 광개토왕의 주적은 백제이다. 왜가 아니다. 신묘년조 해석의 출발은 371년 10월 23일로부터 시작된다.

■ 광개토왕릉비 신묘년조 논란

> 百殘新羅 舊是屬民 由來朝貢 以倭以辛卯年 來渡□破 百殘□□□羅 以爲臣民 以六年丙申 王躬率□軍 討伐殘國
>
> **해석:** 백잔(백제)과 신라는 옛적부터 (고구려)에 복속된 백성으로 조공을 바쳐왔다. 그런데 왜가 신묘년(391)에 □ 건너와 백잔□□□라를 격파하고 신민으로 삼았다. 영락 6년(396)에 왕이 몸소 □군을 이끌고 백잔을 토벌했다.

일반적으로 위와 같이 해석하지만 언뜻 이해가 되지 않는 것은 왜가 신묘년(391)에 백잔(백제)과 신라를 신민으로 삼았는데 영락 6년(396)에 광개토왕이 왜를 토벌하지 않고 백제를 토벌한 점이다. 이것을 해결하기 위해 신묘년조를 영락 6년 기사와 직접 연결시키지 않고 비문에 자주 나오는 왜 토벌의 명분으로 삼는 대전치문으로 파악하기도 한다. 하지만 너무 복잡하게 비를 해석할 필요는 없다고 생각한다. 왕의 업적을 알리기 위한 것이 목적이라면 앞뒤 문맥이 확실한 게 우선이다.

따라서 앞 문장 가운데 적어도 '백잔□□□라를 격파하고 신민으로 삼았

<사진 21> 중국 집안 광개토왕릉비 비각

다'라는 구절은 백제가 주체가 되어 '백제가 □□하여 신라를 신민으로 삼았다'라는 내용으로 해석되어야 한다. 그래야 바로 뒤에 광개토왕이 백제를 토벌한 구절과 연결되기 때문이다.

이럴 경우 '파 破'의 생략된 목적어는 전고려(=고구려)나 왜가 될 것이다. '왜가 전고려를 쳤거나', '전고려가 왜를 쳤거나'. 물론 이것이 순리에 맞는 어법은 아니다. 하지만 당시 전고려 사람들은 전고려, 왜, 백제, 신라 사이의 관계를 잘 알고 있었으므로 주어와 목적어를 과감히 생략했다 하더라도 오해할 일은 없었을 것이다. 신묘년조의 '倭~破'는 '왜가 신묘년에 왔다. (전고려)가 건너가서 (왜를 쳤다)'라거나 '왜가 신묘년에 건너왔다. (고구려가) 쳤다.' 등으로 풀 수도 있다

■ 신묘년조의 새로운 해석, 능비에 보이는 '민'과 '전치문설' 비판

광개토왕의 업적은 '민 民'에 있다. 「광개토왕릉비문」에 "나라는 부유하고 민은 풍요로웠다. 國富民殷"라고 하였다. 민의 범주에는 고구려뿐만 아니라 백잔(백제), 신라, 동부여도 포함되었다. 백잔, 신라, 동부여는 '속민 屬民'이라고 하였고, 백잔과 신라는 '노객 奴客'이란 표현도 썼다. 비려(碑麗)와 왜는 민의 범주에 포함되지 않았다. 광개토왕릉비에 나오는 민의 용례는 여럿이지만 민을 거느릴 수 있는 자는 오직 고구려 광개토왕뿐이다.

<사진 22> 광개토왕릉비 1면

그런데 신묘년조에 보이는 '臣民'에 대해선 문제가 간단치 않다. '신묘년 전치문설'은 '왜가 백잔 신라를 신민으로 삼았다'라고 해석하고, 주체를 왜로 본다. 전치문설에 반대하는 입장에서는 '백잔이 신라를 신민으로 삼았다'라고 해석한다. 여기선 주체가 백잔이 된다. 또 신민을 거느리는 주체는 오직 광개토왕만이 될 수 있으므로, 주체를 왜 또는 백잔으로 보는 해석은 잘못이라고 주장하기도 한다. 정인보(鄭寅普 1893~?) 선생이 맨 처음 이를 지적했고 일부 연구자가 이를 따르고 있다.

하지만 민을 거느리는 주체가 고구려가 아닌 듯한 사례도 광개토왕릉비에 보인다. 영락 9년(399)에 왜가 신라를 침략하자, 신라는 "왜가 국경에 가득 차 성지를 부수고 노객을 민으로 삼으려 하니 왕께 귀의하여 구원을 청합니다. 倭人滿國境 潰破城池 以奴客爲民 歸王請命"라고 하였는데, 이때 민을 거느리는 주체는 왜처럼 보이기도 한다. 능비에 나오는 민을 거느리는 주체는 대부분 고구려인데, 신묘년조의 '신민'과 영락 9년조의 '노객-민'의 경우 고구려가 주체가 아닌 점은 이상하다. 그런데 영락 9년의 '以奴客爲民'을 '노객을 민으로 삼으려 하니'로 해석해 왔는데 이는 아직 일어나지 않은 일을 말하는 것이니 신라는 실제 왜의 민이 되지 않은 것이다.

마찬가지로 신묘년조의 '倭以辛卯年來度□破百殘□□□羅 以爲臣民'을 종래에는 '왜가 백잔 신라를 신민으로 삼았다' 또는 '백잔이 신라를 신민으로 삼았다'라고 하여 완료형으로 해석했는데, 이를 '왜가 백잔 신라를 신민으로 삼으려 하자' 또는 '백잔이 신라를 신민으로 삼으려 하자'라고 하여 진행의도형으로 해석하면 어떨까. 그렇게 되면 아직 왜나 백잔이 신라를 그들의 신민으로 삼기 이전이므로 여전히 민은 고구려의 범주를 벗어나지 않는 것이 된다. 고구려의 속민(노객)이었던 백잔과 신라를 감히 다른 나라(왜)가 신민으로 삼게 놔둘 수는 없는 일이다.

그런데 신묘년조를 '백잔이 신라를 신민으로 삼으려고 하자'라고 번역한다면 곧바로 고구려의 대응이 있어야 하는데 5년이 지난 영락 6년(396)에 가서야 백잔을 토벌한 건 너무 늦은 것이 아닌가라고 반문할지 모르겠다. 그러나 이러한 반문은 '왜가 신묘년에 백잔과 신라를 신민으로 삼았다'라고 번역해도 마찬가지다.

'신묘년 전치문설'에 의하면 '왜가 신묘년에 바다를 건너와 백잔과 신라를 쳐서 신민으로 삼았다'로 해석되는데 '민'을 거느리는 주체는 오직 광개토왕만 될 수 있으므로 이 해석 자체가 틀린 것이 된다. 물론 이 구절을 '왜가 신묘년에 바다를 건너와 백잔과 신라를 쳐서 신민으로 삼으려 하자'로 해석할 수도 있지만 이어지는 문장에서 광개토왕이 백잔을 토벌하고 있으므로 이 또한 전후문맥이 맞지 않는다.

왜가 백잔을 신민으로 삼으려 하는데 도의(道義)에 입각한 광개토왕이 위기에 빠진 백잔 백성을 구하지 않고 토벌했다는 것은 말이 되지 않는다. 따라서 신묘년의 '백잔□□□라 이위신민'은 '백잔이 신라를 신민으로 삼으려 하자'로 해석하여야 하고 이에 광개토왕이 불의한 백잔을 쳤다고 이해하는 것이 순리다.

광개토왕의 '영락연호'에서 '영락교회'까지

광개토왕 치세의 시작과 더불어 반포한 '영락 永樂' 연호는 광개토왕의 통치이념을 그대로 보여 준다. 연호는 중국 한나라 때부터 쓰이기 시작했다. 전통적으로 하늘 아래 한 국가만이 사용하는 게 원칙이었다. 4세기 중국은 남북으로 갈라져 남쪽 동진의 한족 국가와 북쪽의 5호 16국으로 대표되는 호족(胡族) 국가로 대립되어 있었다. 천하가 통일되지 않고 여러 나라로 분립됨에 따라 각국은 제각기 자신이 천하의 중심임을 천명하기 위해 각각 연호를 사용하기 시작하였다. 광개토왕 때 고려(=고구려)도 이러한 동아시아의 흐름 속에서 연호를 사용하게 된 것이다.

'영락'이란 연호는 문헌사료에서는 보이지 않고 「광개토왕릉비문」과 덕흥리고분의 묵서명에서 확인된다. 구체적인 의미는 알려진 바가 없으나 현재에도 '영락교회'란 이름으로 사용되고 있듯이 예나 지금이나 좋은 의미인 것은 확실하다. '영락'이란 연호는 광개토왕보다 먼저 5호 16국의 하나인 전량(前涼)의 장중화(張重華)가 346년부터 353년까지 사용하였다. 전량은 실크로드의 요지인 양주에 거점을 두고 서역과 활발하게 교류한 나라였다. 『위서』「석노지 釋老志」에 의하면 장궤(張軌)가 전량을 세운 이후 대대로 불교를 신봉했다고 한다.

전량이 사용한 '영락' 연호는 불교적 의미일 가능성이 높다. 3세기에 활약한 역경승 강승회(康僧會 ?~280)는 "악을 행하면 지옥의 오랜 고통이 있고, 선을 닦으면 천궁의 영원한 즐거움이 있다. 行惡則有地獄長苦 修善則有天宮永樂"라고 하였으며, 5세기 중반에 한역된 『현우경 賢愚經』에는 "일체 생사의 고통을 제도하여 열반영락의 곳에 안착하게 한다. 普度一切生死之苦 安著涅槃永樂之處"라고 했다. 따라서 광개토왕의 '영락' 연호에는 자의(字意)인 '길 영, 즐거울 락'의 일반적 의미는 물론, '천궁의 영원한 즐거움', '열반의 영원한 즐거움' 등 불교적 의미를 덧붙인 것으로 생각된다.

역사상 '영락' 연호는 전량과 전고려뿐만 아니라 명나라에서도 사용되었다. 명나라를 건국한 주원장이 한때 승려였던 점을 고려하면, 그의 아들인 주체(朱棣, 훗날 성조)도 불교에 호의적이었을 것으로 생각된다. 『명사 明史』에 의하면 1399년에 왕(주체)이 승려 도연과 대사를 모의하였고(王密與僧道衍謀), 황제가 된 이후 1404년(영락2)에 도연을 태자의 스승(소사)으로 삼았다(僧道衍為太子少師)고 한다. 당시 성조의 측근으로 있던 승려 도연의 역할을 볼 때 '영락'에 불교적 의미가 내포되었을 가능성이 높다.

고구려 고분벽화의 달 그림과 별주부전

<사진 23> 평남 대동 개마총 달 벽화모사도(출처:국립중앙박물관 e뮤지엄)

용왕의 병을 고치기 위해서 자라가 토끼 간을 구해 온다는 이야기가 「별주부전」의 내용이다. 토끼를 꼬드겨 용궁까지 데리고 가서 배를 갈라 간을 꺼내려고 하자 토끼가 손사래를 친다. "내 간은 신비한 효험이 있어 많은 이들이 탐을 냅니다. 그래서 간을 가지고 다니지 않고 아무도 모르는 깊은 곳에 숨겨 놓습니다. 용왕의 병이 위중하다 하니 내가 돌아가서 간을 가져 오겠습니다."

간을 몸속이 아닌 다른 곳에 둘 수 없다는 것을 알면서도 토끼 간이 그렇게 신비한 영약이라면 그럴 수 있다고 별주부는 생각했다. 무엇보다 용왕의 병을 고쳐야 하므로 이것저것 생각할 겨를이 없었다. 별주부가 다시 토끼를 육지로 데려다 주자 토끼는 깔깔대면서 말하기를 "내가 살다 살다 너같이 미련한 놈은 처음 보았다. 세상 천지에 어떤 동물이 간을 몸밖에 내놓고 다니냐. 하하 잘 가게나." 용왕의 병을 고쳐야 한다는 간절한 마음으로 왔다 갔다 했던 별주부는 멍하니 하늘만 쳐다볼 수밖에 없었다.

너무나 잘 알려진 「별주부전」의 간략 줄거리는 위와 같다. 「별주부전」의 두 주인공 별주부와 토끼는 다른 동화의 주인공으로도 많이 등장한다. 여기서 토끼, 특히 토끼 간에 대해서 이야기해 보려고 한다. 용왕의 불치병을 고치는 특효약으로 토끼 간이 등장하는데, 하필이면 그 많은 동물 가운데 왜 토끼 간일까?

어린이들은 "똑똑해 보여서요", "잘 달리니까요", "귀가 쫑긋해서요" 등등 토끼의 특성으로 대답하기도 한다. 그렇지만 아무리 생각해도 토끼 간이 특별한 이유를 찾기가 어렵다. 한번은 의대생인 제자에게 토끼 간을 분석해 오라고 했는데, 토끼 간이 영양가가 있기는 하지만, 다른 동물의 간에 비해서 특별히 약효가 뛰어나지는 않다고 한다.

매년 한가위가 되면 그날의 주인공은 밤하늘의 보름달이다. 사람들은 보름달을 바라보며 저마다의 소원을 빈다. 나도 중학교 때 이런 소원을 빌어본 적이 있다. 옥상에서 개를 키웠는데 개 이름은 당시 유행한 홍콩 무술배우 성룡(成龍)의 이름을 반쯤 따와 아룡(亞龍)이라고 했다. 아룡의 앞발을 잡고 들어 올려 보름달 안에 담고 소원을 빌었다. "우리 아룡이 내년에도 아프지 않고 건강하게 해 주세요"라고.

보름달하면 떠오르는 동물은 토끼다. 단박에 달에서 떡방아를 찧는 토끼를 떠올릴 것이다. 그런데 실은 토끼가 빻는 것은 떡이 아니라 늙지도 않고 모든 병을 고친다는 불로초(不老草)다. 토끼가 불로초를 빻고 있는 장면은 5세기 고구려인이 그린 '개마총 고분벽화'에도 보인다.<사진 23> 꽉 찬 달 안에 토끼가 불로초를 빻고 토끼 옆에 두꺼비가 지키고 있다. 두꺼비가 눈을 뜨고 지킬 때도 있겠지만, 언젠가 잠을 잘 것이고 그때 토끼가 불로초를 그냥 놔두지 않았을 것이니, 개마총의 토끼는 지금으로부터 1,500년 동안 불로초를 야금야금 먹었을 것이다. 그럼 토끼 간은 1,500년 된 불로초가 되는 셈이다.

오랜 옛날 사람들은 달을 바라보며 가족의 건강을 빌었다. 고구려 아니 그 이전 고조선시대부터 수많은 사람들이 달을 보며 소원을 빌었다. 「별주부전」이란 고전소설에서 만병통치 약으로 '토끼 간'이 뚝딱 만들어진 것은 아닐 것이다. 「별주부전」에 등장하는 토끼, 자라를 포함한 여러 요소들,

<사진 24> 고려 동경 중 토끼가 방아를 찧고 있는 모습
(출처 : 국립중앙박물관 e뮤지엄)

특히 토끼 간도 여러 동물 중의 하나로 등장한 게 아니라 달을 보며 사람들이 건강을 빌었던 시간이 100년, 500년, 1000년 이렇게 쌓이면서 자연스럽게 용왕의 병을 고치는 토끼 간으로 등장한 것은 아닐까?

이제 토끼를 놓친 우리 불쌍한 별주부는 올 한가위를 어떻게 보낼까 걱정이다. 그런데 잠깐 별주부가 이 글을 읽는다면 희망이 생겼을 것이다. 이제 토끼를 잡으러 달나라로 가면 된다. 여러분 모두에게 돌아오는 한가위 날 불로초가 한가득 담긴 보름달을 선사합니다. 온 가족의 건강을 기원합니다.

백제

칠지도
●●●

▚ 칠지도의 가지는 몇 개일까?

칠지도(七支刀)는 백제 근초고왕이 바다 건너 왜에 하사한 칼이다. 19세기 일본의 이소노카미신궁(石上神宮)에서 발견되었다. 칠지도의 모양은 매우 특이하다. 그런데 '일곱 개의 가지가 달린 칼'이라고 해서 '칠지도'라고 부르지만 칠지도의 가지 개수를 직접 세어보면 이상한 점을 발견할 수 있다. 칠지도의 가지는 몇 개일까?

당연히 7개다.
양옆으로 3개씩 6개가 달려있고 가운데 가지까지 더하면 7개다. 칼의 모양을 보면 전쟁 때 사용하는 칼은 아닌 것 같다. 나뭇가지가 뻗어나가는 것처럼 칠지도의 일곱 가지도 백제의 영토와 국력이 뻗어나가는 것을 의미한다. 백제는 남쪽 가야

<사진 25> 백제 칠지도 모조품(출처:국립중앙박물관 e뮤지엄)

지역의 일곱 나라를 정벌한 적도 있다. 일주일의 '화수목금토'와 '일월'을 칠정(七政)이라고 해서 중요시하기도 했다.

 아니다. 가지는 6개다.
 칼의 이름에 숫자 '칠'이 들어가서 일곱 개의 가지가 달린 칼이라고 부르고 있지만 가지 개수는 6개다. 양옆에 3개씩 6개의 가지가 있고 가운데는 줄기로 봐야 한다. 칠지도가 맨 처음 발견되었을 때 '육지도'라고 소개되기도 하였다. 만약 이 칼에 대해서 모르는 외국인들에게 가지가 몇 개냐고 물어보면 아마도 6개라고 대답할 것이다. 우리는 '칠지도'라고 배워왔기 때문에 당연히 가지가 7개일 거라고 생각했다. 가운데가 줄기임에도 '7'에 맞추기 위해 억지로 가지라고 생각했던 것은 아닐까.

 그래도 가지는 7개다.
 처음 칼이 발견되었을 때 '육지도'라고 했지만 곧 '칠지도'라고 정정했다. 칼의 표면 앞뒤에 칼을 만든 날짜, 목적과 함께 칼의 이름을 '칠지도 七支刀'라고 새겨 놓았다. 백제 사람들은 가지가 6개인 칼을 만들고 왜 이름을 '육지도'가 아닌 '칠지도'라고 지었을까. 어느 누구도 생각해 내지 못한 모양이다. 그래서 백제 사람들도 "역사 이래 이런 칼은 없었다. 先世以來 未有此刀"라고 칼에 새겨 놓은 것은 아닐까. 모양의 비밀은 아직도 수수께끼에 싸여있다.
 칠지도는 하나의 줄기에 6개의 가지가 달린 모양이다. 하나의 줄기와 여섯 개의 가지를 합해 칠지도라고 불렀을 수도 있다. 지(支)에는 '갈라져 나온 뾰족한 것'이라는 의미도 있다. 6개의 가지 모양은 6개의 잎이 달린 명협(蓂莢)이란 풀과 비슷하다. 한 달에 하나씩 피고 7개월째는 하나씩 진다. 1년을 상징하는 달력 풀이다. 명협의 가운데 줄기를 세우면 칠지도와 비슷한 모양이 된다. 달력은 옛날에 새해 첫날 윗사람이 아랫사람에게 하사하는 물건이기도 했다. 벼에는 한줄기에 6개의 이삭이 달려있는 것도 있다. 일경육수(一莖六穗)라고 한다. 농사가 잘된 풍년(豊年)의 '풍 豊'을 의미하는 '丰丰' 모양 기와도 칠지도와 형태가 비슷하다. 명협이나 일경육수 또는 풍자 기와 모두 풍년과 태평성대를 의미한다.

물어보고 또 물어본다.

칠지도의 가지 수가 그냥 '7'이라고만 생각해서는 칠지도의 비밀을 풀 수가 없다. 억지로 '7'에 맞추지만 말고 왜? 왜? 라고 끊임없이 물어봐야 한다. 그래야 비밀의 실타래가 풀린다. 우리는 지금까지 많은 걸 배워왔다. 그러나 배웠다고 해서 당연하다고 생각해서는 안 된다. 자신에게 한번 더 물어보고 자신이 대답할 수 있어야 한다. 그래야 온전히 자신의 지식이 되고, 누구도 생각해 내지 못한 새로운 것도 발견할 수 있다.

칠지도의 모양은 어디에서 유래했나?
명협(蓂莢)과 일경육수(一莖六穗)

명협은 상상 속의 풀 또는 나무로 태평성대에 궁궐의 섬돌에서 핀다고 한다. 달력을 상징하는 풀이라고 하여 '역협 曆莢' 또는 '역초 曆草'라고도 부른다. 명협에 대해서는 중국의 삼국시대와 진나라 때 황보밀(皇甫謐)이 남

<사진 26> 중국 산동성 무씨사당화상석 중 명협 6협과 15협.

긴 『제왕세기 帝王世紀』에 자세하다. 『제왕세기』는 현재 남아 있지 않지만 『설부 說郛』 등 여러 책에 그 내용이 실려 있다. 또한 명협은 『한서』와 『송서』뿐만 아니라 우리나라 최치원의 시나 이규보의 『동명왕편』 등에 언급되어 있다.

『제왕세기』에 의하면 명협은 잎 또는 가지가 6개인 6협이 있고 15개인 15협이 있다. 잎이 15개인 명협은 하루에 하나씩 피어 15일이면 다 피고 16일부터는 반대로 하루에 하나씩 시든다고 한다. 즉 한달을 상징한다. 잎이 6개인 명협은 한달에 하나씩 피어 6월이면 다 피고 7월부터는 하나씩 시든다고 한다. 즉 1년을 상징한다. 두 개의 명협이 나란히 있으면 몇월 며칠인지 알 수가 있다. 2세기 중국 산동성 가상현 무씨사당화상석의 명협을 기준으로 한다면 6월 15일이 된다. 칠지도는 잎이 6개인 명협에 줄기를 세운 형태라고 추정할 수 있다.

보는 사람에 따라서 명협에는 가운데 줄기가 없기 때문에 칠지도와 다르다고 할 수도 있겠다. 하지만 무씨사당화상석의 명협과는 다르게 생겼고 칠지도와 유사한 명협이 있을 가능성은 남아 있다. 중국의 고식 기와에는 '풍년 豐年'의 '풍 豐'자를 상단 부분만 간략히 그린 것도 전한다. 기와의 '풍'자도 잎 또는 가지가 6개인 명협을 따랐다고 볼 수도 있고 이 경우 칠지도와 형태가 매우 유사함을 알 수 있다.

이번에 새롭게 제기할 모양은 상서로운 벼의 일종인 '도 稌'이다. 사마천의 『사기』 사마상여열전에 "한 줄기에 이삭이 여섯 개 달린 벼를 부엌에서 가린다. 稌一莖六穗於庖"라고 하였다. '稌'의 사전적 의미는 '가리다' 또는 '가려서 얻은 벼'이다. 줄기에 이삭이 여섯 개인 일경육수 (一莖六穗)를 골라내거나 그렇게 해서 가려낸 일경육수를 말하는데,

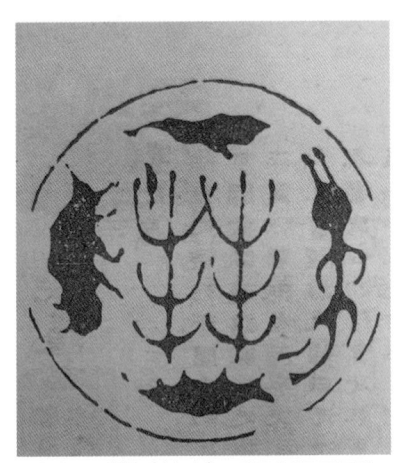

<사진 27> '豐'의 '丰丰' 모양을 본뜬 주풍관 와당문(周豐官瓦當文)

특히 이 일경육수는 제사에 쓰이는 벼라고 하였다.

일경육수가 특별히 제사에 쓰이는 이유는 알려져 있지 않지만 육수(六穗)는 잎이 6개인 명협 즉 육협(六莢)과 연관을 맺을 수 있다. 육협이 달력을 의미하는 풀이라면 농사와 달력은 불가분의 관계이다. 일경육수는 아마도 1년간 농사가 잘된 것을 의미하며 일경육수를 골라서 제물에 사용하는 것은 농사를 잘 되게 해준 하늘에 감사드리는 의미가 있다고 생각한다.

특히 '한줄기에 6개의 이삭이 달려있다'라는 표현은 한줄기에 6개의 가지

가 달려있는 칠지도의 형태와 매우 유사함을 알 수 있다. 문제는 왜 육지도가 아니라 칠지도라고 했는가이지만 6개의 잎이 12개월을 상징한다면 가운데 줄기는 1년을 상징한다고도 볼 수 있다. 하늘과 땅을 연결하는 우주 기둥이라고 볼 수도 있다. 또는 육지도에 가운데 줄기 하나를 추가하여 7을 만듦으로써 잎이 6개인 명협에 월화수목금토일의 '칠정 七政', 불교나 도교의 '칠(각)지 七(覺)支' 등 또 다른 의미가 부가되었을 수도 있다.

『일본서기』에만 보이던 칠지도가 눈앞에

칠지도에는 '七支刀'라는 칼의 이름과 함께 제작연대도 '연호+월+일+일간지'까지 모두 표기되어 있다. 그런데 글자 상태가 양호하지 않은 데다가 특히 연호와 월일 부분의 판독에 문제가 생겨 아직까지 제작연대에 대해 논란이 계속되고 있다. 현재 통설은 '태화 4년 5월 16일 병오 정양 泰和 四年 五月 十六日 丙午 正陽'이다. 5월을 11월로 보기도 하는데 아직까지 5월이 우세하다.

칠지도의 '연호+월+일+일간지'를 판독자에 따라 다르게 판독하더라도, 이를 판독할 때 맨 처음 참조가 되었던 자료는『일본서기』다.『일본서기』에만 보이던 칠지도란 칼이 실물로 눈앞에 등장하였으니『일본서기』에 관심을 두는 것은 당연한 일인지도 모른다. 신공기(神功紀) 52년조에는 "(백제에서) 칠지도 1자루·칠자경 1개·여러 종류의 보물을 바쳤다. 獻七枝刀一口 七子鏡一面 及種種重寶"라고 하였다. '지 支'와 '지 枝'는 한자는 다르지만 같은 뜻으로도 쓰이는 글자이므로 '七支刀'와『일본서기』의 '七

枝刀'를 어떻게 해서라도 연결시키려고 하였다.

신공 52년은 서기 252년에 해당되는데 칠지도를 맨 처음 발견한 관정우(菅政友)는 연호 '태화 泰和'를 서진의 '태시 泰始'로 보고 제작연대를 태시 4년, 즉 268년으로 보았다. 칠지도의 연호를 신공 52년과 가까운 때에서 찾은 결과이다. 한편 252년에 2주갑(周甲), 즉 120년을 더한 372년으로 보고 이에 맞추어 칠지도의 태화 연호를 동진의 태화 연호로 보기도 한다. 태화 4년은 369년이며, 대부분 이때 칠지도가 만들어졌다고 보고 있다.

칠지도의 '태화'는 중국 연호인가?

칠지도 명문

(앞면) 泰和四年五月十六日丙午正陽 造百鍊鐵七支刀出辟百兵宜供供侯王 □□□□作

(뒷면) 先世以來未有此刀百濟王世子寄生聖音故爲倭王旨造傳示後世

칠지도의 태화 연호를 중국 동진의 태화 연호로 보고, 이에 따라 제작연대를 369년으로 보는 것이 현재의 통설이다. 그런데 이 연대는 문제가 있는데, 바로 태화 4년(369)의 월+일+일간지가 일치하지 않는다는 점이다.

칠지도 명문에는 '5월 16일 병오'라고 하였으나, 현재 통설로 인정되는 369년 5월 16일은 병오일이 아니다. 따라서 369년으로 보았을 경우 월일과 일간지가 맞지 않는 이유를 설명할 수가 없다. 옛 유물의 연대를 추정할 때 월+일+일간지가 있다면 월일간지에 맞는 연대를 찾는 게 순리이기 때문이다. 충주고려비의 경우 비에 나오는 '12월 23일 갑인'에 맞는 연대인 449년을 건립연대와 연관시키고 있는 것도 같은 이유에서이다.

사정이 이러함에도 여전히 369년설이 힘을 얻게 된 이유는 일간지인 '병오 丙午'의 쓰임새를 특별하게 보았기 때문이다. 특히 이 '丙午'는 칠지도의 월을 '五月'로 판독하게 하는 역할도 하였다.

중국 한나라 때 학자 왕충(王充)이 쓴 『논형 論衡』에 의하면, 칼과 거울을 만드는 시기는 양(陽)의 불의 기운이 가장 성할 때를 골랐다고 한다. 바로 그때가 달로는 5월이고 날짜로는 병오일이라는 것이다.

그런데 사정상 5월 병오일에 맞추어 칼을 만들 수 없을 때에는 5월에 병오일이 없더라도 좋은 의미로 '병오'를 덧붙이거나 심지어 5월에 만들지 않았더라도 '5월 병오'를 덧붙인다는 것이다. 그리고 그러한 주장은 중국과 일본의 칼이나 거울에 새겨진 명문에 의해서 증명이 되었다. 즉 5월에 병오일이 없어도 '5월 병오'라고 쓴 사례가 많다. 아래 여섯 사례 모두 5월에 병오일이 없다.

예시

元興 元年 五月 丙午 후한 원흥(105.4~105.12) 원년(105) 5월 병오

永興 二年 五月 丙午 후한 영흥(153.6~154) 2년(154) 5월 병오

黃武 元年 五月 丙午 오 황무(222.10~229.4) 원년(222) 5월 병오

建興 二年 五月 丙午 오 건흥(252.4~253) 2년(253) 5월 병오

太平 元年 五月 丙午 오 태평(256.10~258.10) 원년(256) 5월 병오

寶鼎 三年 五月 丙午 오 보정(266.8~269.10) 3년(268) 5월 병오

칠지도의 '병오' 특히 '5월 병오'를 실제의 날이 아닌 좋은 의미로 붙였다는 설이 힘을 얻으면서 칠지도의 제작연대가 태화 4년(369)이 아니라고 비판할 수가 없게 되었다.

칼이나 거울에 새겨진 명문 검토 결과 5월 병오일 경우 그 달에 병오일이 없는 경우를 살펴보았는데, 날짜가 들어간 5월 OO일 병오의 경우에도 월일간지가 맞지 않는 경우가 많았다. 아래 예시처럼 164년 5월 15일 병오, 219년 5월 30일 병오라고 하였지만 모두 해당 월일이 병오일이 아니었다.

예시

延熹七年五月十五日丙午(후한 164년 5월 15일 丙午, 연희 158.6~167.6)
불일치(164년 5월 15일 을유, 5월 병오 없음)
建安卄四年五月丁巳朔卅日丙午(후한 219년 5월 30일 丙午, 건안 196~220.2) 불일치(219년 5월 30일 신사, 5월 병오 없음)

그러나 5월에 병오일이 있는데 그날을 제쳐두고 다른 날을 5월 OO일 병오라고 한 경우는 없었다. 칠지도의 태화 4년 5월 16일 병오의 경우 369년 5월 16일은 병오일이 아니다. 물론 월일간지가 맞지 않을 수도 있지만 369년 5월에는 병오일이 있기 때문에 문제가 발생한다. 369년 5월 27일이 병오일이기 때문이다. 369년 5월 27일 병오일이 있음에도 굳이 '5월 16일 병오'라고 쓸 이유가 없기 때문이다. 그냥 구체적인 날짜를 빼고 '태화 4년 5월 병오'라고 하면 될 것을 굳이 16일을 덧붙여 월일간지를 틀리게 하지는 않았을 것이다.

'5월 16일 병오'가 실제 연대를 반영했을 가능성을 높여주는 또 하나의 방증은 '병오' 다음에 덧붙여 있는 '정양 正陽'이란 문구다. 지금까지는 5월과 병오가 양(陽) 또는 불의 기운이 가장 성한 때를 말하므로 '정양'도 한낮의 의미로 태양의 기운이 가장 성한 때를 말한다고만 단순히 해석해 왔다.

그런데 문제는 왕충의 『논형』에는 '5월 병오' 다음에 '정양'이 나오는 것이 아니라 '일중 日中'이 나온다는 점이다. 그리고 중국의 칼이나 거울의 경우에도 '시가 時加'를 '일중 日中' 앞에 덧붙여 '오월병오시가일중 五月丙午時加日中'이라고 하였다. 백제에서 칠지도를 만들 때 『논형』이나 중국의 예를 참조했을 텐데, 굳이 '日中'을 사용하지 않고 '正陽'을 사용한 것으로 보아 '日中' 이상의 의미가 있었을 가능성이 높다.

예시

五月丙午□□日中(吳黃武元年)
五月丙午時加日中制作竟(吳建興二年)
五月丙午時加日中(吳太平元年)
五月丙午時加日中(吳寶鼎元年)
五月丙午時加日中(東晋(?)太和元年)

'정양'은 사마천의 『사기』 사마상여열전에 나오는데 '황룡 黃龍'을 의미하며 천자가 남쪽을 향해서 조회를 받는 '남면수조 南面受朝'로 풀기도 한다. 곧 '정양'은 한낮의 의미에 천하를 통치하는 이미지가 덧붙여진 것으로 보아야 한다. 『논형』의 '일중'을 일부러 '정양'으로 고쳐서 그 의미를 더 부각시키고자 했다면 '5월 16일 병오'도 실제의 날일 가능성이 그만큼 더 높아진다. 덧붙여 칠지도 양옆의 가지가 하늘로 뻗어 올라가는 모습은 마치 불길이 하늘로 치솟는 모습을 연상시킨다. '5월 병오 정양'의 본뜻에 어울리는 형태라고 볼 수 있다.

  칠지도의 제작연대를 알기 위해서는 '5월 16일 병오'에 맞는 연대를 찾는 게 순리이며, 가장 유력한 후보는 362년이다. 태화 4년이 362년이 되는 중국 연호는 없으므로 '태화'는 백제의 연호가 되는 셈이다.

<사진 28> 글쓴이가 칠지도의 '正陽'에서 이름을 따온 백제문화단지 '정양문'

▪ '태화'가 중국 연호라면 이해되지 않는 상황

  중국 당나라 『한원 翰苑』에 의하면 백제는 중국 연호든 백제 연호든 사용하지 않고 간지(干支)로 연대를 표시했다고 한다.

  태화가 통설대로 중국 동진의 연호라면 369년 당시 중국 연호를 사용한 것이 된다. 백제는 3년 뒤인 372년 중국 동진과 비로소 외교관계를 맺는다. 그런데 백제는 정식으로 외교관계를 맺은 후 더이상 동진 연호를 쓰지 않게 된다. 외교관계를 맺기 전에 사용한 연호를 정식 수교 후에 쓰지 않았다는 것은 이해하기 어렵다. 따라서 태화는 중국 연호일 수가 없다.

태화가 백제 연호라면 이렇게 이해할 수 있다. 362년 당시 백제는 자국 연호를 사용하고 있었는데 372년 중국 동진과 외교관계를 맺으면서 문제가 발생하였다. 이 경우 대부분 자국 연호 대신 중국 연호를 쓰는 게 보통이다. 신라의 경우 자국 연호를 사용하다가 당나라와의 우호 관계가 깊어지면서 중국 연호를 사용하였다. 그런데 백제는 다른 방식을 택하였다. 자국 연호를 사용하지 않는 대신 중국 연호도 사용하지 않은 것이다.

역사 이래 이런 칼은 없었다.

나는 강의를 처음 시작할 때 이번 강의 목표는 '역사 이래 이런 강의는 없었다'라는 말을 듣는 것이라고 말한다. 학생들의 표정은 제각각이다. 아마 속으로 비웃을지도 모른다. 내친 김에 그들에게 역으로 제안한다. '역사 이래 이런 학생은 없었다'라는 말을 들을 정도로 같이 열심히 공부해 보자고.

언제부턴가 이런 자신감이 사라졌다. 그러나 우리 역사는 그렇지 않았다. '역사 이래 이런 강의는 없었다'라는 말도 실은 내가 만든 말이 아니다. 우리 역사가 가르쳐 준 말이다. 칠지도에는 '선세이래미유차도 先世以來未有此刀'란 글귀가 새겨져 있다. '역사 이래 이런 칼은 없었다'라는 뜻이다. 역사를 공부하면서 수많은 글귀를 보아왔지만 이렇게 자신감 넘치는 글귀는 처음이다. 우리도 '칼'이란 자리에 뭔가를 넣도록 노력해 보자.

무령왕릉지석

▪ 무령왕비지석의 잘못된 12월

1971년 공주에서 무령왕릉이 발견되었다. 이 발견은 그동안 역사 속에 묻혀 있던 백제 문화가 빛을 발하는 계기가 되었다. 내년 2021년은 무령왕릉 발굴 50주년이 된다. 2018년도에는 무령왕릉지석을 주제로 학술발표가 열렸다. 이 발표에서 김영관 선생은 무령왕비지석의 판독과 해석을 다루었다. 판독 가운데 '十一月'을 '十二月'로 본 것은 1971~1972년 당시 단순한 오기 내지

<사진 29> 국립공주박물관 소장 무령왕비지석의 '十一月'

착오라고 하였다. 왜냐하면 왕비의 지석을 직접 보거나 탁본을 보면 누구나 11월로 판독할 수밖에 없기 때문이라고 하였다. 그러나 이는 단순한 착오나 오기가 아니었다. 같은 학술대회에서 또 다른 발표자는 여전히 이 부분을 12월로 판독했다.

그럼 1971년 이후 주요 무령왕릉 연구자가 펴낸 글을 살펴보도록 하자. 먼저 1995년(초판 1992)에 출판된 『역주한국고대금석문』

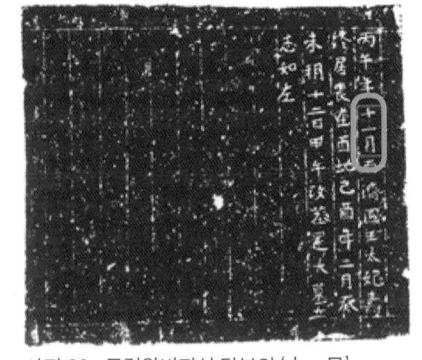

<사진 30> 무령왕비지석 탁본의 '十一月'

은 한국고대사를 공부하는 사람이라면 꼭 갖추어할 필독서이다. 총 3권으로 되어있는데 무령왕지석과 무령왕비지석은 김영심 선생이 담당하였다. 현재 일반인과 전문가가 많이 이용하고 있는 한국금석문영상정보시스템 사이트도 이 책을 따르고 있다. 이 책 1권 155쪽에 무령왕비지석을 다음과 같이 해석하였다.

> "병오년 12월 백제국 왕대비가 천명대로 살다가 돌아가셨다. 정서방에서 삼년상을 마치고 기유년 2월(계미일이 초하루인데) 갑오일인 12일에 다시 대묘로 옮겨서 정식 장례를 지내며 기록하기를 이와 같이 한다."

두 번째로 살펴볼 책은 2004년에 나온 『고대로부터의 통신』이다. 고대의 금석문을 일반인들도 읽을 수 있게 써서 상당히 많이 팔렸다. 이 책에서도 '무령왕과 왕비 지석'을 다루었다. 무령왕릉의 빈장이 정지산에서 치러졌다고 주장한 이한상 선생은 이 책 158쪽에서 무령왕비지석을 다음과 같이 해석하였다.

> "병오년 12월 백제국 왕대비께서 천명대로 살다 돌아가셨다. 서쪽의 땅에서 빈장을 치르고 기유년 2월 12일에 다시 대묘로 옮기어 장사지내며 기록한다."

마지막으로 살펴볼 책은 2005년에 나온 『고대 동아시아문명 교류사의 빛 무령왕릉』이다. 이 책은 백제사나 고대사를 공부하는 사람이라면 꼭 갖춰야 할 책이다. 저자 권오영 선생은 무령왕릉의 최고 권위자로 학계에서 인정받고 있다. 이 책 85쪽에 무령왕비지석을 다음과 같이 해석하였다.

> "병오년(526) 12월 백제 국왕태비가 수명이 끝나니 거상이 유지에 있었다. 기유년(529) 2월 12일에 개장하여 대묘로 돌아오니 그 뜻을 이렇게 기록한다."

백제사와 무령왕릉에 대해 권위를 갖고 있는 세 사람의 저술을 살펴보았다. 12월로 오독한 것을 1972년에 11월로 바로 잡았다고 2018년 발표문에서 주장하고 있지만, 정작 20~30년 뒤인 1990~2000년에도 여전히 12월로 판독하고 있음을 알 수 있다. 특히 2005년에 권오영 선생이 쓴 책은 지금까지 12월로 보게 할 정도로 큰 영향을 끼친 것으로 생각된다. 그럼 왜 11월인데도 한결같이 12월로 판독했을까. 12월로 판독해야만 했던 이유는 무엇일까. 2005년 『고대 동아시아문명 교류사의 빛 무령왕릉』의 227쪽을 보자.

> "백제의 물질문화가 양나라의 영향을 얼마나 강하게 받았는지는 송산리 6호분에서 발견된, '양관와위사의'란 글자가 새겨진 벽돌이 상징적으로 보여준다. 정신적인 측면에서의 영향은 대통 원년(527)에 무제를 위하여 대통사란 사찰을 웅진에 건립한 사실만으로도 충분하다."

무령왕릉에서 출토된 유물은 양나라 영향 일색이었다. 무덤 자체가 양나라식인 벽돌무덤이었다. 무령왕릉과 대통사가 보여준 양나라 영향은 가히 절대적이어서 중국 양나라의 27개월 3년상도 당연히 따랐을 것이라고 생각하였다. 그런데 무령왕의 3년상 개월 수는 523년 5월 7일 ~ 525년 8월

12일까지로 27개월이 아니고 28개월이었다. 그래서 '만'이라는 글자를 집어넣어 만 27개월로 양나라의 27개월에 맞추었다.

  무령왕은 그럭저럭 '만' 27개월에 맞추었지만 아무래도 '만'이 마음에 걸렸을 것이다. 왜냐하면 3년상은 만으로 계산하지 않기 때문이다. 그래서 주목한 것이 무령왕비의 3년상이다. 무령왕비의 3년상은 27개월이었으면 하는 바람이 있었다. 그래서 11월을 12월로 판독한 것은 아닐까. 12월로 판독하면 27개월이 되어 양나라의 3년상인 27개월과 맞아 떨어지기 때문이다. 12월로 판독한 2005년『무령왕릉』229쪽에

> "무령왕릉은 무덤의 입지, 구조, 머리방향 등은 물론이고 묘지와 매지권의 형식과 내용, 표기 방식까지 남조(양나라)의 관행을 충실히 따랐던 것이다. 심지어 왕과 왕비가 행한 삼년상의 내용은 오히려 중국보다도 교조적이었다."

라고 하였다. 무령왕릉이 중국의 영향을 받았고 백제가 중국의 영향을 받은 걸 부정하는 건 아니다. 그러나 11월을 12월로 바꾸어서 중국에 맞출 필요까진 없지 않은가. 중국에서는 27개월 3년상을 치렀지만 백제는 중국과 다른 자신들만의 장례풍습이 있었기 때문에 무령왕과 왕비는 백제식인 28개월 3년상으로 치렀다고 이해하면 된다. 2021년이면 무령왕릉 발굴 50주년이 된다. 2021년이 오기 전에 하루 빨리 12월을 11월로 바로 잡아야 한다.

[추기] 최근 무령왕의 28개월 빈상을 부정하는 논고가 발표되었다(이병호, 2018, 「웅진 사비기 백제 왕실의 조상 제사 변천」, 『선사와 고대』55). 그러나 28개월 3년 빈상의 전통은 일부 고려 시대에도 계승되었다. 「정근처묘지명」에 의하면 정근의 처 김씨가 정해년(1107) 11월 22일에 죽자 지장사(地藏寺)에 빈(殯)을 두었고 경인년(1110) 2월 임인일에 조양산에 장(葬)하였다(太君年甫

<사진 31> 정근 처 김씨묘지명(출처:국립중앙박물관 e뮤지엄)

七十二於丁亥十一月二十二日以疾 卒屬纊不亂殯于京北山地藏寺 後三年 太宋大觀四年 本朝乾統十年庚寅二月壬寅 葬于京東朝陽山南岳之南麓 東蓮寺之東原)고 하였다. 즉 1107년 2개월, 1108년 12개월, 1109년 12월, 1110년 2개월 총 28개월 3년 빈상을 치렀음을 알 수 있다.

<표 4> 백제와 고려의 28개월 3년 빈상

	빈상기간	개월 계산	개월수	비고
무령왕	523.5.7~525.8.12	523년 8개월 524년 12개월 525년 8개월	28개월	
무령왕비	526.11~529.2.12	526년 2개월 527년 12개월 528년 12개월 529년 2개월	28개월	
정근 처 김씨	1107.11.22.~1110.2	1107년 2개월 1108년 12개월 1109년 12개월 1110년 2개월	28개월	1110년 2월에는 壬寅일이 없다. 3월 4일이 임인일이다. 착오가 있는 듯함.

무령왕릉지석의 붕(崩)

무령왕릉지석 가운데 구멍 부근에 '붕 崩'자가 쓰여 있다. 죽는다는 표현은 황제, 왕, 관리, 일반인에 따라 '붕 崩', '훙 薨', '졸 卒', '사 死'로 달리 적는 게 예법이다. 그런데 지석에 '붕'이라고 써 있어서 당시 백제 무령왕이 황제의 지위에 있었다고 힘주어 말하곤 한다.

<사진 32> 국립공주박물관 소장 무릉왕릉지석 명문 중 '붕 崩'

하지만 지석의 처음은 '영동대장군백제사마왕 寧東大將軍百濟斯麻王'으로 시작된다. 무령왕은 백제왕보다도 중국 양나라가 내려 준 '영동대장군'이라는 작호를 더 자랑스럽게 생각한 것이다. 백제인이 남긴 모든 기록에 백제왕보다 다른 작호를 먼저 앞세운 적은 없다. 그런데 '영동대장군'을 더 자랑스럽게 생각하면서 죽음은 '붕'이라고 한 것은 아무래도 격이 맞지 않는다.

지석에는 무령왕의 정체성뿐만 아니라 왕릉과 지석을 만든 성왕의 정체성도 섞여 있는 것으로 보아야 한다. 성왕은 아버지 무령왕의 뜻을 받들어 '영동대장군'을 내세웠지만, 아버지의 죽음을 황제의 죽음인 '붕'으로 표현하여 자신도 황제의 위상임을 신하들에게 보여주려고 한 것은 아닐까?

내가 너를 천년동안 지키리라!

<사진 33> 진묘수(홍민석 제공) 및 도안

1971년에 발견된 무령왕릉은 백제의 역사를 다시 쓰게 할 정도로 획기적인 발굴이었다. 그러나 능에서 지석(땅에 묻는 비석)이 발견되지 않았더라면 중국 남조 양나라 사람의 무덤이라고 여길 만큼 중국적 색채가 짙었다.

그래서 무령왕과 무령왕비의 3년상 기간이 28개월임에도 중국의 27개월 3년상에 맞추기 위하여 만으로 계산하거나, 왕비가 죽은 달을 11월이 아닌 12월로 보거나, 달력을 원가력이 아닌 대명력으로 바꿔보았다.

하지만 이것은 백제의 장례절차가 중국과 다른 점을 간과한 것이다. 백제와 중국은 시신을 능에 묻기 전 일정 기간 빈에 모셔두는데 그 기간이 서로 달라, 백제는 중국의 27개월 3년상에 1개월을 더하여 28개월 3년상을 치른 것으로 보아야 한다. 중국의 영향이 아무리 크더라도 백제는 자신의 문화에 맞게 받아들였던 것이다.

무덤을 지키는 동물을 진묘수라고 한다. 무령왕릉에도 진묘수가 능을 지키고 있었다. 무령왕릉의 진묘수 뒷다리 하나가 부러져 있는데 이것조차 중국을 모방했다고 한다. 하지만 무덤에 진묘수를 둔다거나 의례상 정상적인 것을 훼손하여 의미를 부여하는 것은 딱히 다른 나라의 영향을 받지 않더라도 충분히 생각해 낼 수 있는 일이다.

설사 중국을 따라 뒷다리를 부러뜨렸다고 하자. 하지만 보다 중요한 것은 진묘수의 모습이다. 보통 사람은 진묘수의 모습을 기괴하고 무섭게 해야 무덤을 지킬 수 있다고 생각할 것이다. 중국의 진묘수가 그렇다. 그런데 백제인들은 귀엽고 친근한 모습의 진묘수를 만들었다. 백제인의 너그럽고 여유 있는 품성을 엿볼 수 있다. 그래서인지 모르지만 귀엽고 친근한 진묘수는 천년하고도 500년 동안 무령왕릉을 지켜왔다. 위 진묘수는 한국 문화를 사랑하는 권태영 님의 도움을 받아 디자인해 보았다. 옆에 보이는 글씨는 "내가 너를 천년동안 지키리라"이다. 여러분의 가정도 천년만년 지켜주길 바란다.

대통사

■ 대통사와 양무제의 잘못된 만남

가장 널리 읽히는 『법화경 法華經』에 다음과 같은 내용이 보인다. 전륜성왕(轉輪聖王)의 아들 대통은 왕위에는 관심이 없고 출가하여 깨달음을 얻어 대통지승여래(大通智勝如來)가 되었다. 대통지승여래는 줄여서 대통불(大通佛)이라고 하고 위덕불(威德佛)이라고 부르기도 한다. 대통불에게는 16명의 아들이 있었는데 큰아들이 지적(智積)이고 막내가 석가모니 곧 법왕(法王)이다. 16명의 아들도 출가하여 모두 부처가 되어 아버지 대통불의 나라를 팔방에서 지켰다. 지적은 동방의 아촉불(阿閦佛)이 되었다.

<사진 34> 공주 반죽동 당간지주

백제의 성왕(聖王)은 『법화경』의 전륜성왕에 해당한다. '성왕'은 전륜성왕에서 온 왕호다. 『법화경』에서 전륜성왕의 아들은 대통불이며 위덕불이라고도 하는데 백제 성왕의 아들은 위덕왕(威德王)이다. 대통불의 막내 아들은 석가모니이며, 위덕왕의 아들은 아니지만 조카는 석가모니를 의미하는 법왕이다. 대통불의 첫째 아들은 지적인데 백제에는 대좌평 사택지적(砂宅智積)이 있다. 결론적으로 대통사는 백제 성왕이 이 땅에 장차 대통불 - 석가모니로 이어지는 불국토를 건설하기 위해 세운 사찰이었다.

물론 반론도 있을 수 있다. 불경에는 석가모니가 대통불의 아들이라고 했지만 백제사에서는 위덕왕 다음 왕은 동생 혜왕이고 그 다음이 혜왕의 아들 법왕이라 정확히 맞아떨어지지 않는다. 또 불경에 지적이 위덕왕의 아들로 나오지만 사택지적은 위덕왕의 아들이 아닐뿐더러 왕자도 아니다. 하지만 100% 맞아떨어지지 않는다 해도 이 정도의 변수는 충분히 생길 수 있다고 생각한다.

<사진 35> 중국 북제 대통불의 16왕자상(소현숙 선생님 제공)

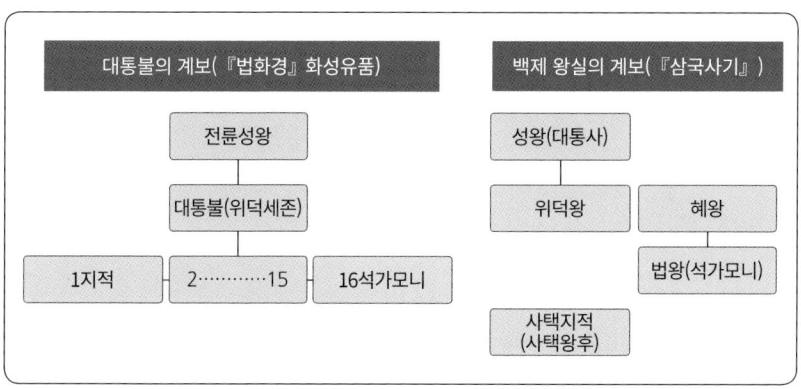

<그림 3> 대통불의 계보와 백제 왕실의 계보

한편 법왕의 계보는 좀 복잡한데 『수서』와 『한원』에 위덕왕의 아들이라는 언급이 있기는 하다. 또한 사택지적이 왕실 사람이 아니면서 지적이란

이름을 가진 이유를 혹시 왕실과 혼인관계를 맺었기 때문은 아닐까 추정은 해보았다. 2009년 익산 미륵사 서탑의 사리봉안기에서 사택왕후가 등장하여 사택씨가 왕실과 혼인관계를 맺었다는 것이 확인되었다. 그리고 굳이 혈연관계가 아니더라도 대통과 지적이 맺어진 경우는 많다. 중국 수나라 천태지의(天台智顗)의 제자 백지(伯智)는 자신을 지적이라 하고 천태를 (대통)지승불로 부르면서 마치 아들이 아버지를 공경하듯 하였다. 고려의 정종과 원융국사도 그렇다. 정종은 자신을 지적이라 하고 원융을 (대통)지승불이라고 부르면서 공경하였다.

성왕은 대통사를 통해 아버지 무령왕의 명복을 빌고 왕자의 건강을 기원하면서 백제 왕실을 석가모니의 가계와 일치시켜 왕실의 신성성을 고양시키고자 하였다. 장차 백제가 석가모니의 불국토가 되기를 기원하였다. 대통사는 백제불교의 위대한 출발이었다.

대통사가 창건되고 몇 년 뒤 중국 양무제가 527년 연호를 보통에서 대통으로 바꾸었다. 백제에 온 중국 사신은 대통사의 존재를 알고 놀라며 물었을 것이다. 아니 어떻게 우리 황제의 연호를 딴 절이 있냐고. 백제는 '대통 연호로 바뀌기 전 이미 절을 지었는데 지금은 양나라 황제를 위해서 불공을 드리고 있습니다.'라고 응대했을 것이다. 이후 대통사는 대내적으로는 대통불을 모신 절로, 대외적으로는 양무제를 위한 절로 알려졌다.

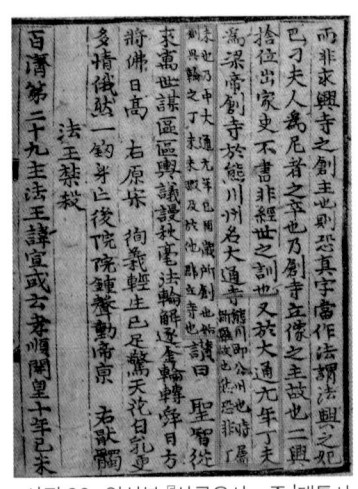

<사진 36> 임신본 『삼국유사』 중 '대통사大通寺' 관련기록(출처:문화재청 국가문화유산포털)

백제가 계속 살아남았다면 대통불국토의 대통사도 살아남았겠지만 백제 멸망과 함께 대통사의 운명도 갈라졌다. 백제 멸망과 함께 대통불도 사라지고 양무제의 대통을 의미하는 대통사로 남게 되었다. 대통사는 고려시대까지 존속하였지만 시간이 흐름에 따라 백제가 세웠다는 기억까지 망각되었다. 『삼국유사』「원종흥법염촉멸신」에 겨우 21글자와 일연이 덧붙인 설명 정도가 전부다.

> 又於大通元年丁未 爲梁帝創寺於熊川州 名大通寺<熊川卽公州也 時屬新羅故也 然恐非丁未也 乃中大通元年己酉歲所創也 始創興輪之丁未 未可及於他郡立寺也>(『三國遺事』「原宗興法厭觸滅身」)
>
> 대통 원년(527) 정미 양나라 무제를 위해서 웅천주에 절을 짓고 이름을 대통사라 하였다.<웅천은 곧 공주다. 당시 신라에 속하였다. 그런데 정미년(527)은 아닐 것이다. 중대통 원년(529)에 세웠을 것이다. 흥륜사를 세우던 정미년(527)에는 다른 군에 절을 세울 여력이 없었다.>(『삼국유사』「원종흥법염촉멸신」)

『삼국유사』「원종흥법염촉멸신」의 원종은 법흥왕을 말하고 염촉은 이차돈을 말한다. 멸신(滅身)은 순교와 같은 의미다. 법흥왕과 이차돈의 순교, 그리고 흥륜사 창건에 대한 이야기가 「원종흥법염촉멸신」의 주요내용이다. 여기에 덧붙여 대통 원년(527)에 신라 법흥왕이 양나라 무제를 위해서 웅진에 대통사를 창건했다고 하였다. 법흥왕이 이차돈과 함께 신라에 불교를 받아들이는데 큰 공을 세운 것을 칭찬한 것까지는 좋은데 웅진에 대통사까지 창건했다고 덧붙인 것이다.

그런데 좀 이상하다. 당시 웅진은 백제의 도읍이었다. 따라서 법흥왕이 이곳에 절을 세울 수는 없다. 일연도 자기가 인용해 놓고 이상했던지 자기의 개인적인 의견을 덧붙였다. 하지만 전혀 초점을 맞추지 못하고 있다. 그는 '당시 웅진은 신라 땅이 맞지만 527년은 흥륜사를 세우는 문제를 놓고 이차돈이 순교하는 등 복잡한 시기라 같은 해 웅진에 대통사를 세울 겨를이 없었을 것'이라고 하면서 대통사의 창건연대를 중대통 원년(529)으로 보았다.

아니 일연은 법흥왕 때 웅진이 백제의 영토라는 것도 몰랐단 말인가? 일연의 대통사와 웅진에 대한 인식이 이 정도라면 그가 주장한 529년 창건설도 당연히 믿을 수가 없다. 현 공주박물관 연표에도 일연의 설을 따라 529년 대통사 창건이라고 써 놓았는데 이는 잘못이다. 당시 웅진이 어느 나라에 속했는지 알지도 못하면서 웅진에 있는 대통사가 언제 누구를 위해 세

<사진 37> 국립공주박물관 연표 중 '성왕 7년(529) 대통사 창건'

워졌는지 어쩌면 그렇게 정확히 알고 있었을까? 아마도 '대통 大通'이란 글자에서 양무제의 연호를 떠올리고 대통 원년이 527년이라 527년을 떠올린 것으로 추정된다.

하지만 현 학계는 『삼국유사』에 '대통 원년(527) 정미 양나라 무제를 위해서 웅천주에 절을 짓고 이름을 대통사라 하였다'라고 한 부분을 아무런 의심없이 받아들이고 있다. 다만 신라 법흥왕을 백제 성왕으로 바꾸어 백제 성왕이 대통 원년 양나라 무제를 위해서 지은 절이 대통사라고 하였다. 백제 성왕이 백제 중흥을 위해 지은 대통사는 우리나라 역사상 처음으로

중국 황제를 위해 지은 절이 되어버렸고 중국 연호를 따서 지은 최초의 절이 되어버렸다.

▌ '대통' 연호와 대통 오수전

신라 법흥왕이 대통 원년(527)에 양나라 황제 무제를 위해서 웅진(공주)에 절을 지었다는 『삼국유사』의 기록은 527년 당시 웅진이 백제의 수도였으므로 성립되기 어렵다. 그래서 학계에서는 법흥왕을 백제 성왕으로 보고 성왕이 527년에 양나라 무제를 위해서 웅진에 대통사를 지었다고 이해하고 있다.

<사진 38> 2019년 공주 반죽동 출토 '대통 大通' 명 기와조각과 탁본

이후 대통사는 백제가 정신적으로 중국 양나라의 영향을 받았다는 것을 단적으로 보여주는 사찰로 각인되어 왔다. 만약 서울 한복판에 미국 트럼프를 위한 교회를 세워 주었다면 후대의 역사가가 21세기 한국사를 연구할 때 한국과 미국의 관계를 규정하는 것처럼.

대통은 양나라 무제가 527년 3월부터 사용한 연호이다. 따라서 '대통'이란 단어가 함축하고 있는 의미는 '양무제'와 '527년'이다. 그런데 과연 '대통'이 들어갔다고 해서 그것이 항상 연호이고 '대통 원년 527년'일까?

　무령왕릉 지석 위에는 저승에 갈 때 노잣돈으로 사용한 오수전이란 화폐가 놓여져 있다. 양나라에서 보내 준 철전(鐵錢)이다. 양나라 때 많은 철전을 주조하였는데 그때 주조한 여러 철전들을 그림과 함께 기록해 둔 명나라의 『삼재도회 三才圖會』란 책이 있다. 이 책에는 대길오수(大吉五銖), 대통오수(大通五銖), 대부오수(大富五銖) 등 여러 이름의 오수전이 수록되어 있는데, '대길', '대통', '대부' 등은 모두 돈 이름에는 적격이다. 특히 돈이 세상 모든 것을 통하게 한다는 의미에서 '대통오수'란 이름은 참 잘 지었다.

　이 오수전들은 언제 만들어졌을까? 대통오수전의 경우 대통 연호가 쓰였으므로 당연히 대통 원년(527)부터 대통 3년(529) 사이에 만들어졌을 것으로 생각하기 쉽다. 그러나 『삼재도회』에는 "보통 4년에 대통 철전을 주조하였다. 보통4년 주대통철전 普通四年 鑄大通鐵錢"이라고 하였는데, 보통 4년은 523년이다. 즉 대통이라고 해서 모두 대통 원년인 것은 아니다. 대통사에 '대통'이란 말이 들어갔다고 해서 창건 연대를 대통 원년 527년으로 못 박고 창건목적을 양나라 무제와 연관시킨 『삼국유사』의 기록은 다시 검토되어야 한다. 그 긴 여정이 바로 나의 박사학위논문이었다.

■ 마법의 숫자 '527'

양나라에서 대통으로 연호를 바꾼 시기가 527년 3월이므로 백제에서 이 소식을 듣고 527년에 대통사를 창건하기는 시간

<사진 39> 일제저항기 수습 '대통 大通'명 기와조각(출처:국립중앙박물관 e뮤지엄)과 부여 부소산성 출토 '대통'명 기와(오른쪽)

적으로 어렵다. 대통사와 관련된 유물은 몇 개 안되는데 그중에 하나가 '대통'이란 도장이 찍혀있는 기와다. 공주 반죽동과 중동 인근에서 이 기와가 출토되었다고 하여 현재 이 부근을 대통사지로 추정하고 있다. 그리고 이 대통이란 기와는 공주가 아닌 부여에서도 발견되었다. 부소산성 동문지에서 이 기와가 발견된 것이다. 이 기와의 발견은 부소산성의 축조시기를 추정하는 결정적인 계기가 되었다. 백제 성왕의 사비천도는 538년이지만 부소산성 동문지에서 대통기와가 발견되었으므로 부소산성은 적어도 대통 원년(527)에 조성되기 시작하였다는 것이다.

그런데 과연 그럴까? 대통이 양무제의 연호이고 527년에 지었다는 것을 인정하더라도 대통사란 절을 세운 이후에 대통이란 글이 찍힌 기와가 나왔다면 이것은 절 이름을 말할 뿐이지 527년 대통 원년을 말하는 게 아니다. 예를 들어 600년에 대통사 건물을 수리할 때 대통이란 글자가 찍힌 기와를 만들었는데 이것을 527년 대통 원년 기와라고 볼 수 없다는 것이다. 523년에 만든 대통오수전처럼 대통이 보인다고 해서 이를 무조건 527년 대통 원년과 맞추어서는 안 되는 이유가 여기에 있다.

말장난으로 만들어진 '대통' 연호

중국 양나라 무제가 사용한 '大通'이란 연호가 불교와 관련있다고 보는 사람도 있는데 그럴 가능성은 매우 적다. 양무제는 유교, 불교, 도교에 고루 관심을 가지고 있었지만 특히 불교에 심취했다. 한번은 왕위를 내던지고 동태사란 절로 들어간 적도 있었다. 이걸 사신(捨身)이라고 한다. 물론 절 안에 편성(便省) 또는 사성(寺省)이란 방을 두고 중요한 일을 보았지만 나랏일은 말이 아니었다.

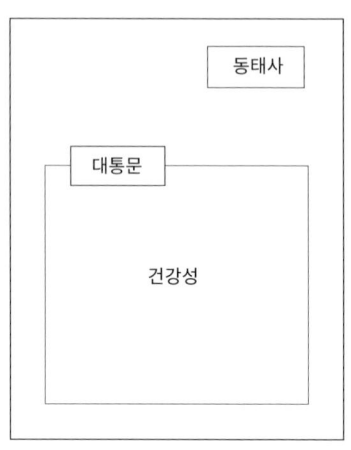

<그림 4> 남조 양나라 건강성

신하들은 양무제를 환속시켜 궁궐로 돌아오게 하기 위해 1억만전을 절에 바쳐야 했다. 양무제는 이러한 방법으로 절에 시주를 했다. 그런데 양무제가 절로 들어가 버린 게 한두 번이 아니었다. 또한 새벽에 직접 강의를 하러 동태사에 가기도 했다. 동태사를 드나들던 양무제는 아예 전용 문을 도성 북쪽에 새로 내고 문 이름도 지었다. 양무제는 동태사에 사신(捨身)했다 돌아온 걸 기념하기 위해 문 이름을 대통이라 하고 대통을 새 연호로 삼았다.

그럼 왜 하필 '대통'이라 이름을 지었을까? 중국의 『남사』와 『자치통감』에 따르면 동태사의 '동'에서 'ㄷ'을 따고 '태'에서 'ㅐ'를 따서 '대'를 만들었다고 한다. 이번에는 반대로 '태'에서 'ㅌ'을 따고 '동'에서 'ㅗㅇ'을 따서

'통'을 만들었다. 즉 동태사의 '동태'란 글자에서 '대통'을 만들어 낸 것이다. 일종의 말장난이다. 남북조의 귀족사회에서는 이런 말장난이 성행했는데 이것을 '남북조반어 南北朝反語'라고 한다.

대통사와 정림사

웅진 대통사(大通寺)가 양무제의 연호를 따서 지은 절이듯 사비 정림사(定林寺)는 양나라의 정림사란 절 이름에서 따왔다고 한다. 이 모두 양나라의 환심을 사서 문화교류를 하고 싶은 '불교적 조공'의 하나라고 한다. 그러나 대통사는 양무제의 연호를 따서 지은 절이 아니다. 정림사도 백제 때 절 이름이 정림사인지는 알 수 없다. 절터에서 '대평팔년무진 정림사대장당초 大平八年戊辰 定林寺大藏當草'라는 글귀가 새겨진 기와가 발견되었는데, 대평은 요나라의 연호로 '대평 8년'은 1028년(고려 현종19)이다. 이 명문와를 통해 고려시대 절 이름은 정림사였음을 알 수 있지만 백제 때 절 이름도 정림사였는지는 확인할 수 없다. 거기에다 백제 때 절 이름도 정림사로 추정하고, 다시 양나라의 정림사를 연결시킨 다음 이를 양나라가 백제에 끼친 불교문화의 영향으로 연결시키는 것은 문제라고 생각한다.

백제금동대향로

▪ 위덕왕은 왜 3년 동안 왕위에 오르지 않았을까?

 백제는 개로왕의 전사 이후 또 한번 최대 위기를 맞았다. 백제 성왕이 554년 관산성에서 신라의 매복에 걸려 비참한 죽임을 당한 것이다. 신라는 성왕의 목까지 가지고 갔다. 전선의 최일선에서 진두지휘한 태자 창(昌: 위덕왕)에게 모든 책임이 돌아간 것은 당연하다. 성왕의 전사 이후 전개된 백제 조정의 움직임에 대한 이해는 이후 전개될 6세기 중반 이후 백제 정치사를 좌우할 정도로 매우 중요하다.

 『삼국사기』는 성왕의 전사를 7월로 기록하고 있는데 반해, 성왕 전사에 대해 비교적 자세한 기록을 싣고 있는 『일본서기』는 12월로 보고 있다. 덧붙여 태자 창이 3년 동안 왕위에 오르지 못한 것으로 되어 있다. 학계는 창이 성왕 전사의 책임을 지고 귀족들에게 휘둘려 전혀 힘을 쓰지 못한 결과로 이해해 왔다.

 과연 그럴까?『일본서기』의 성왕이 전사한 554년 12월부터 위덕왕이 즉위한 557년 3월 1일까지의 기간을 계산해 보았더니 정확히 27개월이었다. 27개월은 유교의 3년상 기간이다. 『일본서기』의 12월은 7월에 뺏긴 성왕의 목을 찾아온 때로 이때부터 위덕왕은 정식 장례절차에 들어간 것이다.

 절대절명의 위기에 처한 백제의 창이 내건 카드는 3년상이었다. 창은 아버지를 잃은 비통한 마음으로 왕위에 오르지 않을 정도로 결연한 의지를 보여주었다. 왕위에 올랐지만 정식으로 취임식을 하지 않은 걸로 생각된다. 백성들도 아비를 잃은 창을 격려해 주었을 것이다. 창이 왕위에 오르지 않은 그 기간에 백제는 백제를 대표하는 금동대향로를 만들어 성왕의 명복을 빌었다.

역사 이래 이런 향로는 없었다.

향로하면 무엇이 먼저 떠오르는가? 문상 갔을 때 죽은 사람 앞에 피워놓은 향로가 맨 처음 떠오를 것이다. 백제에서도 죽은 왕의 빈소에 향로를 피웠다. 그때 사용했던 향로가 바로 백제금동대향로다. 부여에 가면 왕들이 묻혀있는 능산리고분군이 있다. 1993년 이곳의 주차장을 확장하는 과정에서 백제가 망할 때 급하게 묻어 둔 향로가 1천4백 년의 세월을 훌쩍 뛰어넘어 우리 앞에 나타났다.

능산리고분군에 묻힌 최초의 왕은 사비천도를 단행한 성왕이다. 성왕은 신라와 싸우고 있는 아들 창을 응원하기 위해 관산성으로 가던 도중 매복에 걸려 죽임을 당하였다. 창왕은 성왕의 3년상을 능 옆에서 치렀다. 백제금동대향로는 성왕의 명복을 빌기 위해서 이때 만들어졌다. 한편 창왕이 3년상을 치른 곳은 성왕과 백제 왕실의 명복을 비는 절이 되었는데, 절 이름을 알 수 없어 능사(陵寺)라고 부르고 있다. 아버지를 위하는

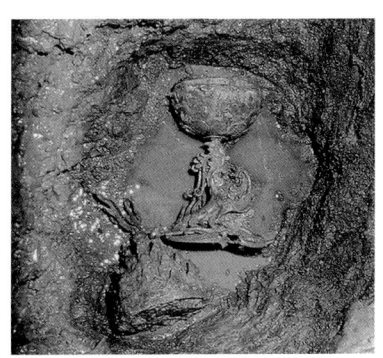

<사진 40> 백제금동대향로 발견 당시 모습
(출처: 국립부여박물관)

창왕의 간절한 마음이 오늘날의 백제
금동대향로를 만들어낸 것이다.

처음 발견된 향로는 놀라움 그 자체
였다. 전체적인 균형미와 세부적인
조형미가 일품이다. 용은 용대로, 연
꽃은 연꽃대로, 산은 산대로, 봉황은
봉황대로 완벽 그 자체였다. 그런데
어떤이는 백제가 만든 게 아니고 중
국에서 보내주었다고 의심하기도 한
다. 향로는 누가 만들었을까. 백제가

<사진 41> 백제금동대향로(출처:국립중앙
박물관 e뮤지엄)

만들었을까. 중국이 만들었을까. 백제금동대향로의 전체적인 구도와 일치
하는 중국 향로가 없는 것은 아니다. 향로의 원산지도 중국이다. 중국인들
은 상상 속의 산, 박산(博山) 모양을 따라 향로를 만들었다. 백제금동대향
로도 중국 박산향로의 영향을 받았다는 것이다. 대향로가 박산향로를 모
방했다고 하더라도 대향로의 예술적 가치는 그냥 그대로다. 그만큼 조각
솜씨와 균형미가 완벽하다는 의미다.

그럼 대향로를 백제에서 만들었다는 것을 어떻게 증명할 수 있을까. 백제
금동대향로의 '용-연꽃-산-봉황'의 구도는 중국 향로에서도 보인다. 그러나
중국 향로에 없는 게 대향로에 있다. 바로 악기를 연주하는 5악사의 존재
다. 중국 향로에 악사가 배치된 사례는 없다. 5악사에 주목해야 향로의 독
창성과 더불어 진정한 아름다움을 보고 역동성을 느낄 수 있다.

향로의 역동성은 힘찬 용의 입에서 출발한다. 단순히 물고 있는 게 아니
다. 입에서 뿜어 나오는 연줄기는 연꽃을 활짝 피운다. 연꽃은 새 생명을

창조하는 힘이 있다. 이를 연화생(蓮花生)이라고 한다. 연꽃 속에서 신선의 산이 솟아 나온다. 산 위에 봉황이 앉아있는데 그 사이에 5악사가 배치되었다. 봉황이 이 산에 어떻게 날아왔을까. 바로 5악사의 음악을 듣고 날아 온 것은 아닐까. 봉황은 5음의 소리를 듣고 날아오는 상상 속의 새로 알려져 있다. 용의 입에서 시작된 향로의 역동성이 봉황으로 마무리되는데 클라이맥스를 맞이하는 결정적인 역할을 5악사의 음악이 연출하고 있다.

<사진 42> 백제금동대향로 하단 용

용에서 봉황까지 이어지는 조형미는 백제인이 생각한 이상적인 세계를 바탕으로 한 것이다. 보통 연꽃과 선산(仙山)을 강조해 대향로의 사상적 배경을 불교와 도교의 조화로 보는데 이는 좁게 본 것이다. 향로의 역동적인 조형미의 시작은 용이다. 힘차게 땅을 딛고 하늘을 향해 내뿜는 용의 기세는 바로 백제 전통의 저력이다. 역동적인 조형미를 완성하는 결정적인 역할을 한 5악사는 예악정치의 반영이다. 유교는 법이 아니라

<사진 43> 백제금동대향로 중 악사

예악으로 사람을 다스린다. 백제금동대향로는 전통과 유교, 불교, 도교 등 유불도를 하나로 어울러 만든 백제예술과 사상의 총체라 할 수 있다.

아버지를 위한 딸의 기도,
창왕 이름이 새겨진 사리감

● ● ●

　백제금동대향로가 발굴된 능사에서 2년 뒤인 1995년에 국보급 유물이 또 발굴되었다. 능사의 목탑지에서 발굴된 창왕명사리감(昌王銘舍利龕)이 바로 그것이다. 창왕은 성왕의 아들이고 위덕왕이라고도 한다. 창은 위덕왕의 이름인데 사마왕(무령왕)처럼 이름 뒤에 왕을 붙여 창왕이라 했다. 사리감은 부처님의 사리를 봉안한 사리함을 안치하는 석조물로 감실 모양으로 생겼다.

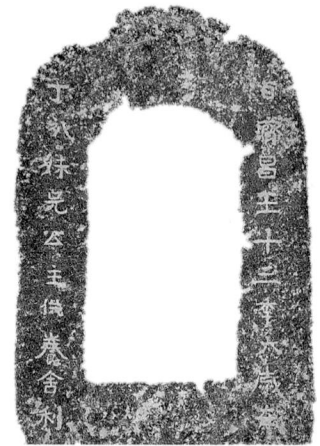

<사진 44> 부여 능산리사지 석조사리감(창왕명사리감)과 탁본(출처:국립중앙박물관 e뮤지엄)

　신라와 달리 백제는 왕실 여성의 이름이 많이 알려져 있지 않다. 왕비는 팔수부인(八須夫人) 등 손꼽을 정도이며, 공주의 경우는 한명도 없었다. 그런데 바로 이 창왕명사리감에 백제 매형공주가 등장하였다. 사리감에 쓰

인 글의 내용은 다음과 같다.

> "백제 창왕 13년 정해(567) 매형공주가 사리를 공양하였다. 百濟昌王十三季太歲在丁亥妹兄公主供養舍利"

사리감에 등장하는 매형공주의 '매형'은 엄밀하게 말하면 공주의 이름은 아니다. 매(妹)는 누이이므로, '매형'은 창왕의 누이 가운데 맏누이를 뜻하는 말인 것 같다. 편의상 이름처럼 매형공주로 부르고 있다. 『삼국사기』에는 정해년이 창왕 13년이 아니라 창왕 14년으로 나와 있어 1년의 차이가 난다. 『삼국사기』는 창왕 1년을 554년이라 했고, 반면 창왕명사리감은 창왕 1년을 555년으로 본 것이다. 학계에서는 『삼국사기』는 즉위년칭원법, 곧 전왕이 죽은 해에 즉위하는 즉위원년 방식을 취했지만 당시 백제에서는 유년칭원법, 곧 전왕이 죽은 다음 해를 원년으로 삼는 방식을 취한 것으로 파악하기도 한다. 하지만 글쓴이의 생각은 좀 다르다. 성왕이 관산성 싸움에서 전사한 해를 『삼국사기』는 554년 7월로 보고 있지만 『일본서기』는 12월로 보고 있다. 만약 성왕이 장례 예법상 554년 12월에 죽은 것으로 이해했다면 즉위년칭원법이라도 그 다음해에 즉위하게 된다. 즉위년칭원법이라고 해도 적어도 한 달의 여유를 두기 때문이다. 사리감의 명문만으로 즉위년칭원법인지 유년칭원법인지 확인할 수는 없다.

매형공주는 창왕의 누이이기도 하지만 성왕의 딸이기도 하다. 성왕의 관산성 전사는 창왕뿐만 아니라 매형공주를 비롯한 여러 공주들에게도 커다란 충격이었다. 오빠(또는 동생)인 창왕이 성왕의 명복을 빌러 절에 들어간다고 말할 정도니, 공주 또한 그런 심정이지 않았을까. 아버지의 갑작스런 죽음으로 인한 슬픔을 함께 나누며 창왕과 누이 남매들의 우애는 더욱

남달랐을 것이다.

　창왕은 아버지의 명복을 빌기 위해 대향로를 만들고 3년상을 치렀던 빈전을 확장하여 절을 창건하였다. 현재 절 이름을 알지 못하여 편의상 능 옆에 있으므로 능사라고 부르고 있다.

　아버지가 돌아가신 554년 이후 10여년이 지난 567년에 능사가 완성되었고 그 절의 목탑에 사리를 봉안하였다. 아버지의 명복을 빌기 위해서인지 모르지만 사리감의 모양도 능의 모양을 본떠 아치형으로 만들었다. 발견될 당시 아쉽게도 사리가 들어있는 사리병과 사리병을 보관한 사리함 등은 사라지고 없었다.

　창왕이 후원도 많이 했겠지만 매형공주가 사리를 공양하였다고 쓰여 있는 걸 보면 능사와 목탑의 건립에 매형공주가 얼마나 많은 애를 썼는지 알 수 있다. 국립부여박물관의 한 전시실에 아버지를 위해 아들이 만든 금동대향로와 딸이 공양한 창왕명사리감이 나란히 전시되어 있다. 아버지를 그리는 아들과 딸의 애틋한 마음이 가득찬 전시실이다.

손자가 할아버지에게 드리는 선물, 자기사 목간

역사는 기록을 통해서 알 수 있다. 한국 고대사를 알기 위해서 『삼국사기』와 『삼국유사』는 필수적이다. 그러나 이 책들은 12세기와 13세기에 찬술되어, 기원 전후부터 7세기에 걸치는 삼국 당대의 역사를 얼마만큼 잘 전하고 있는지는 항상 의문으로 남아있다. 이런 의문을 보완해 주는 것이 당대인들이 남긴 문자자료다. 대표적인 것이 돌이나 금속에 새긴 금석문이지만 실용적인 필요성에서 더 많이 사용했던 것은 나무에 글을 남긴 목간(木簡)이다.

근래 성왕의 명복을 빌기 위해서 세운 능사를 발굴하는 과정에서 많은 목간들이 출토되었다. 이들 목간들은 주로 성왕과 창왕(위덕왕) 때 만들어진

<사진 45> 국립부여박물관 소장 '자기사 子基寺' 목간

것들이다. 목간에는 "오랜 세월 인연의 업을 맺어 같이 같은 곳에 태어났으니 서로 시비를 물을 것인가? 宿世結業 同生一處 是非相問"라고 적은 것도 있고, "4월 7일 보희사에서 소금 1석을 보내다. 四月七日 寶憙寺 送塩一石"라고 적은 것도 있다.

이 가운데 주목을 끄는 목간은 창왕 때 만들어진 '자기사 子基寺' 목간이다. 어느 해 4월 초파일 부처님 오신 날을 맞이하여 인근 절에서 성왕의 능

옆에 있는 능사에 여러 가지 물건들을 보내왔다. 보희사에서는 소금을 보내왔다. 자기사에서도 무언가를 보냈을 것 같은데 목간에는 절 이름만 새겨져 있다. 무엇보다 절 이름이 특이하다. 직역하면 '아들의 터가 되는 절'이다. 아마도 왕실의 죽은 아들, 곧 창왕의 왕자를 위해서 지은 절 같다.

죽은 왕자는 창왕의 아들이기도 하지만 성왕의 손자이기도 하다. 성왕이 관산성에서 전사했을 때 손자가 있었는지는 모른다. 아들 창이 30세였으므로 성왕의 손자가 있었어도 아주 어렸을 것이다. 성왕은 관산성에서 전사하여 능사에 영혼이 머물고, 성왕의 손자는 어려서 죽어 자기사에 영혼을 담았다. 그렇게 유명을 달리한 할아버지와 손자의 두 영혼이 초파일에 능사에서 만났다. 자기사에서 보낸 선물은 손자의 영혼이 들고 왔고, 그 선물을 능사에 머물고 있는 할아버지의 영혼이 받았을 것이다.

지금이야 핵가족이라 할아버지와 손주가 만날 기회가 적어 정붙이기도 어렵지만 난 어릴 적 방학 때마다 할아버지 댁에서 줄곧 지냈기 때문에 할아버지에 대한 정이 애틋하다. 걸어갈 때 뒷짐을 지는 습관은 외할아버지 뒤를 졸졸 따라다니면서 생긴 습관이다. 예전에 외할아버지 묘를 이장할 때 나도 도와드린 적이 있다. 유골을 씻기도 했는데 유골 씻은 바가지를 집에 가지고 가겠다고 했다. 외숙모가 무섭지 않냐고 물었다. 나는 그 바가지가 무섭게 느껴지지 않고 마치 할아버지 유품처럼 생각되어 집에 가져와 책상 위에 놓아두었다. 부여박물관에 가면 '자기사'란 목간을 보기 바란다. 세 글자에 불과하지만 거기에 숨겨진 할아버지와 손자의 애틋한 사랑을 느낄 수 있다.

예산 사방불

사방불은 동서남북에 부처님이 조각된 불상을 말한다. 사방불은 부처님의 자비가 동서남북 사방에 가득하기를 바라는 기원을 담고 있다. 왕의 권위와 나라의 기운이 사방으로 뻗어 나가기를 기원한다.

<사진 46> 예산 사방불

백제에 유포된 『금광명경』이란 경전에는 '동 아촉불, 서 아미타불, 남 보상불, 북 미묘성불'로 나와있다. 아미타불은 들어봤지만 아촉불이나 특히 보상불, 미묘성불은 처음 들어보는 부처님이름일 것이다. 당시 사람들도 낯설었는지 이후 사방불은 사람들이 좋아하는 '동 약사불, 서 아미타불, 남 석가불, 북 미륵불' 등으로 바뀐다.

예산 사방불은 우리나라에서 처음 시도된 가장 오래된 사방불이다. 애석하게 온전한 모습으로 남아 있지 않아 구체적으로 어떤 부처님인지 알 수는 없다. 보통 일반적인 사방불의 명칭일 거라고 보기도 하지만 백제에 『금광명경』이 유포되었고 초기 작품이라는 점을 감안하면 경전에 근거한 사방불을 배치했다고 여겨진다.

서산 마애삼존불과 반가사유상

■ 서산 마애삼존불의 보살은 왜 앉아있나?

<사진 47> 서산 마애삼존불(송선례 제공). 협시보살이 앉아있는 특이한 구도이다.

충청남도 서산에 유명한 마애삼존불이 있다. 백제를 대표하는 불상 가운데 하나로 불상의 얼굴은 '백제의 미소'로 불리기도 한다. 마애삼존불의 마애(磨崖)는 바위에 조각했다는 뜻이고 삼존불은 가운데 부처, 양옆이 보살인 구도를 이르는 말이다. 부처와 보살을 한 구도에 묶을 때 가장 많이 등장하는 기본적인 구도이다.

일반적으로 서산 마애삼존불의 본존은 석가불로 보고, 보는 쪽 오른편에 앉아있는 협시보살은 미륵보살, 왼쪽에 보주를 두 손으로 감싸고 있는 보살은 관세음보살로 보고 있다. 당시 가장 잘 알려진 석가, 미륵, 관음의 삼존불을 모셨다고 본 것이다.

그런데 서산 마애삼존불의 구도에는 특이한 점이 있다. 삼존불의 경우 가운데 부처가 서 있든 앉아 있든 양옆의 두 보살은 보통 서 있기 마련이다. 그런데 서산 마애삼존불의 경우 한쪽 보살이 앉아있는 형태를 취하고 있다. 부처의 오른쪽에 있는 보살은 서 있는데 왼쪽에 있는 보살은 앉아있는 반가사유상 형태를 취하고 있다. 한쪽 다리를 다른 한쪽 무릎 위에 올려놓고 한 손을 뺨에 대고 생각에 잠겨있는 모습이다.

<사진 48> 국립중앙박물관 소장 삼국시대 삼산관 금동반가사유상(양영호 제공)

반가사유상하면 우리는 국립중앙박물관 3층에 전시하고 있는 국보 반가사유상을 떠올릴 것이다. 바로 국보 반가사유상과 같은 모양의 반가사유상이 서산 마애삼존불에 새겨져 있다. 수많은 삼존불이 있지만 양옆 협시보살을 반가사유상 형태로 배치한 것은 서산 마애삼존불이 유일하다.

반가사유상은 보통 우리나라에서 미륵보살반가사유상이라 불린다. 반가사유상은 석가모니가 태자 시절에 생각에 잠겨있는 모습에서 연유한 것이라고 하여 태자반가사유상으로도 불린다. 반가사유상이 미륵보살상인지 싯다르타 태자상인지 확정할 수가 없어 지금은 그냥 '반가사유상'으로만 불리기도 한다. 국립중앙박물관 설명에도 그냥 '반가사유상'이라고 되어있다. 그러나 서산 마애삼존불의 반가사유상은 미륵보살반가사유상이 틀림없다. 태자반가사유상이 부처의 옆에 협시로 있기가 어렵기 때문이다.

미륵보살반가사유상은 미륵보살이 생각에 잠겨있는 모습을 형상화한 것이다. 미륵은 56억 7천만년 뒤에 중생을 제도할 부처님이며, 이 땅에 내려오기 전에 미륵보살로 도솔천에 머물러 있다고 한다. 도솔천에서 어떻게 하면 미래의 중생을 깨달음의 길로 이끌 수 있을까 생각하고 있다. 이 모습이 바로 미륵보살반가사유상의 모습이다.

 백제인들이 삼존불을 조성하면서 역사상 처음으로 반가사유상을 부처의 옆에 조각했을 때는 그만한 이유가 있었을 것이다. 하지만 지금 우리는 그 이유를 알 수가 없다. 다만 미래에 중생을 제도할 미륵보살을 부처의 옆에 조각한 이유는 무엇일까 유추해 볼 뿐이다.

 반가사유상이 미륵보살반가사유상으로 미래를 의미한다면 나머지 둘, 부처와 보살은 현재와 과거를 의미한다고 생각하는 것은 자연스러운 가능성 가운데 하나다. 부처는 현재가 되고 다른 보살은 과거가 된다. 현재의 부처는 미륵에게 부처가 되리란 약속을 준 석가모니다. 석가모니는 기원전 수백 년 전에 열반에 들었지만 미륵이 하생하기 전까지는 현재의 부처님이라고 볼 수 있다. 석가모니가 미륵에게 부처가 될 것이라는 약속을 준 이야기는 여러 경전에서 언급되고 있다. 불교에서는 이 유명한 약속을 '수기 授記'라고 한다.

 현재의 석가모니가 미래의 미륵에게 수기를 내렸듯이 과거의 누군가가 석가모니에게도 부처가 되리란 수기를 내려주었다. 바로 제화갈라보살이다. 서산 마애삼존불의 왼쪽은 미륵보살(반가사유상)이고 오른쪽은 제화갈라보살이 된다. 미륵은 미륵보살이기도 하고 미륵불이기도 한데, 제화갈라보살도 부처일 때는 정광불(연등불)이라 불리기도 한다.

 이야기는 정광불이 한 마을에 찾아오면서 벌어진다. 석가모니가 아주 오래전 전생 때 선혜동자로 있을 때다. 마을 사람들은 꽃이며 향이며 온갖 것들을 들고 정광불을 맞이하러 간다. 그런데 선혜동자는 특별히 드릴 것이 없었다. 동자는 어제 비가 와서 땅이 젖어있는 것을 보고 정광불 앞에 나아가 무릎을 꿇고 머리를 풀어 펼치며, "부처님이시여, 제 머리를 밟고 가시

옵소서"라고 하였다. 정광불은 동자의 정성에 감복하여 "너는 머리를 펼친 공덕으로 나중에 부처가 될 것이다"라는 수기를 준다. 불국사 대웅전 석가삼존불의 협시도 미륵보살과 제화갈라보살이다. 이 또한 정광불과 선혜동자의 이야기를 담고 있다.

　서산 마애삼존불의 제화갈라보살, 석가모니, 미륵보살의 구도는 바로 과거, 현재, 미래에 걸친 불교의 '수기사상 授記思想'을 표현한 것으로 볼 수 있다. 미래에 부처가 되리란 수기는 과거, 현재, 미래에 걸쳐 중단된 적이 없었듯이, 부처가 과거, 현재, 미래를 거쳐 중생을 제도하리란 약속도 변함없음을 보여준다. 그 변함없는 약속을 백제인은 천년이 지나고 만년이 지나도 없어지지 않는 돌에다 새겨 놓았다. 그러한 간절한 바람을 담기 위하여 백제인은 그 누구도 시도하지 않은 삼존불을 만들었다. 바로 부처의 옆에 그 누구도 생각하지 못한 앉아있는 반가사유상을 새겨 놓은 것이다.

▄세상에서 가장 아름다운 얼굴

　세상에서 가장 아름다운 얼굴은 어떤 얼굴일까. 사랑하는 사람이 날 기다리는 얼굴이 아닐까. 반가사유상이 바로 그런 얼굴이다. 천년이 넘도록 당신을 생각하며 기다려온 얼굴. 혹시 사랑하는 사람이 있다면 약속시간에 숨어서 당신을 기다리는 사람의 얼굴을 몰래 훔쳐보라. 바로 세상에서 가장 아름다운 얼굴이다.

　혹시 지금 외국여행 중이라면 외국인 누군가 "한국에 볼 만한 게 있습니까?"라고 묻거든 "서울 용산국립중앙박물관 3층에 천년 동안 당신을 기다리며 미소 짓는 조각상이 있으니 꼭 가보라!"고 답해주자.

태안 마애삼존불

▪ 태안 마애삼존불은 왜 독특한가?

<사진 49> 태안 마애삼존불입상(출처:문화재청 국가문화유산포털)

충청남도 태안의 마애삼존불상은 독특한 구도로 유명하다. 보통 삼존불은 중앙에 부처를 모시고 양옆에 보살을 배치한다. 그런데 태안 마애삼존불은 중앙에 보살을, 양옆에 부처를 배치한 형태다. 이러한 배치형태는 유일한 것으로 칠지도에 새겨진 '역사 이래 이런 칼은 없었다. 先世以來 未有此刀'라는 구절처럼 백제의 창조성을 여실히 보여주고 있다. 이처럼 독특한 도상형식을 갖고 있다면 그 도상배치의 목적도 매우 특별하였다고 생각한다.

두 불상과 보살상의 이름은 알 수 없지만 보통 가운데 보살은 구슬 모양의 보주를 들고 있어 봉보주보살(捧寶珠菩薩)이라 부르며 관세음보살의 한 형태로 보기도 한다. 보살을 중심으로 왼쪽의 부처는 한 손에 약그릇을 들고 있어 약사불로 보기도 한다. 오른쪽 부처는 석가불 혹은 아미타불로 보기도 한다.

하지만 위와 같은 불상과 보살상의 명칭은 하나하나의 도상에 대한 설명은 가능할지 모르지만 두 분의 부처와 한 분 보살상을 전체적인 구도로 설명하지는 못하고 있다. 한 분의 부처가 약사불처럼 보일지 모르지만 그보다 더 중요한 건 두 분 부처가 나란히 서 있다는 점이다.

두 분 부처가 나란히 앉아있는 경우 대부분 다보불과 석가불인 경우가 많다. 나란히 서 있을 경우도 마찬가지라고 생각한다. 중앙 보살상의 이름도 다보불과 석가불의 관계 속에서 찾아야 한다. 문명대 선생은 이를 과거, 현재, 미래로 풀었다. 다보를 과거, 석가를 현재, 미륵보살을 미래로 비정했다. 한편 『법화경』에는 미륵보살이 석가모니불과 다보불, 두 분 부처님을 향하여 합장하고 게송으로 찬탄하는 내용이 나온다.

<사진 50> 운강17굴 태화13년명 상하삼존불(고혜련, 2011, 『미륵과 도솔천의 도상학』, 일조각, 92쪽 재인용)

태안 마애삼존불과 같은 형태는 아니지만 중국 불상 가운데, 앞쪽에 부처님 두 분이 나란히 있고 뒤쪽에 미륵보살이 있는 경우와 상단은 미륵(보살)이고 하단에 부처님 두 분이 나란히 있는 경우가 있다. 나는 후자를 상하삼존불(上下三尊佛)이라고 부르고 있다. 위의 미륵을 아래로 내리면 부처님 두 분 사이에 미륵(보살)이 배치되는 형상이 된다.

태안 마애삼존불과 상하삼존불의 형태는 익산 미륵사의 3금당에 각각 어떤 부처님이 모셔져 있었는지 유추하는데 하나의 시사점을 준다. 결론만 말한다면 미륵사의 가운데 금당에는 미륵, 서쪽 금당에는 석가불, 동쪽 금당에는 다보불을 모신 것으로 추정된다.

태안 마애삼존불의 독특한 도상양식은 『법화경』에서 도출된 것이며, 두 분의 부처가 가운데 보살을 보호하는 형태는 마치 왕과 왕비가 왕자를 보호하는 모습을 담은 것으로 여겨진다. 먼저 죽은 아들에 대한 간절한 바람이 역사 이래 존재하지 않았던 중앙 보살의 삼존불을 만든 것은 아닐까.

죽은 자식을 위한 애절한 마음을 담아

사실 태안 마애삼존불에 대해서는 두 분 부처님이 어떤 부처이고 중앙의 보살이 어떤 보살인지가 중요한 것이 아니고 왜 가운데에 보살을 배치했느냐가 더 중요하다. 삼존불의 경우, 당연히 중앙의 부처를 강조하기 위하여 양옆에 보살을 세우는 구도로 이해가 되지만 반대로 중앙의 보살을 강조하기 위하여 양옆에 부처를 세운다고 생각되지는 않기 때문이다. 왜 굳이 보살을 중앙에 놓고 부처를 양옆에 두는 구도를 택했느냐가 태안 마애삼존불을 이해하는 핵심 포인트가 될 것이다.

돌아가신 부모님 또는 죽은 남편의 명복을 빌고 자신의 건강을 기원하면서 부처님 두 분을 조성한 사례가 있다. 부처님 두 분이 부모를 상징하는 경우가 많다면 부처님 두 분 사이에 있는 보살을 아이로 추정하는 것도 자연스럽다. 부모가 자식의 건강을 위해, 혹은 자식이 먼저 죽었을 경우 자식의 명복을 빌기 위해 중앙에 보살을 배치하는 삼존불을 만들었을 가능성도 있다. 특히 나라의 왕자가 죽었을 경우 왕과 왕비가 국가적 차원에서 이러한 불상을 만들었을 수도 있다.

 죽은 왕자를 위해서 지은 절도 있다. 2007년 부여 왕흥사 터에서 '백제 창왕이 577년에 죽은 왕자를 위해 탑과 절을 세웠다'는 기록이 발견되었다. 다음 왕위를 이어 갈 왕자의 죽음은 왕과 왕비, 온 나라의 슬픔이겠지만 먼저 간 자식을 잊지 못하는 부모의 마음은 예나 지금이나 마찬가지다. 위덕왕(창왕)은 왕비와 함께 절을 세워 아들의 명복을 빌었고, 아마도 다른 곳에 아들의 명복을 비는 불상도 만들었을 것이다. 그 가운데 하나가 태안 마애삼존불일 수도 있다.

 성왕의 명복을 빌기 위해 세운 능사에서 유명한 금동대향로도 발견되었지만 많은 목간자료도 출토되었다. 목간 가운데 그동안 알려지지 않았던 백제 사찰 이름도 몇 개 나왔다. 그 가운데 하나가 '자기사 子基寺'와 '보희사 寶憙寺'이다. 보희사는 능사에 소금을 보낸 절이다. 자기사는 절 이름을 통해 아들을 위해 세운 절이라는 것을 알 수 있지만 절의 위치나 조영 시점 등은 정확히 알 수 없다. 다만 자기사에서 불상을 만들었다면 태안 마애삼존불처럼 마치 부모가 자식을 보호해주는 듯한 형상으로 만들었을 것이다.

 태안은 서해안 태안반도에 위치하고 있다. 한강 유역을 빼앗긴 백제 입장에서는 새로운 중국과의 교통로를 모색해야만 했다. 그래서 태안은 웅진·사비도읍기 중국과의 교통로를 담당하는 중요한 지역이 되었다. 이 지역을 오가는 사람들은 모두 누구의 자식이며 누구의 부모였다. 멀리 백화산 산마루에 조각되어 있는 태안 마애삼존불을 바라보면서 항해의 안전과 무사귀환을 빌었을 것이다.

아버지의 아들에 대한 그리움, 왕흥사

백제의 부여하면 맨 처음 떠오르는 곳은 낙화암이다. 백마강의 아름다움에 백제 멸망의 아픔이 더해져 더 아름다운 것일까? 낙화암에 올라 백마강을 바라보면 건너편에 절터가 하나 있는데 이곳에 대해선 잘 알려져 있지 않다. 『삼국사기』와 『삼국유사』에 의하면 백제 법왕 때 창건하고 무왕 때 완공했다고 하는 왕흥사가 있었고, 이 근처에서 '왕흥 王興'이란 글자가 새겨진 고려시대 기와가 발견된 적이 있었다. 2007년 이곳 절터에서 한 유물이 발견되었다. 목탑 자리에서 발견된 이 유물은 부처님의 사리를 담은 사리함이었다. 사리함 표면에는 이런 글도 새겨져 있다.

<사진 51> 부여 왕흥사지 출토 사리기

> "정유년 2월 15일 백제왕 창은 죽은 왕자를 위하여 입찰(立刹, 탑을 세움)하였다. 본래 사리가 2매였는데 사리를 안치할 때 신령스러운 조화로 3매가 되었다. 丁酉年二月十五日 百濟王昌爲亡王子立刹 本舍利二枚 葬時神化爲三"

정유년은 577년으로 백제 창왕(위덕왕, 재위 554~598) 때다. 창왕이 죽은 아들을 위해 탑을 세우고 사리를 봉안했다는 내용이다. 사리가 2매에서 3매로 늘어났다고 하는데 수많은 탑에 사리를 안치할 수 있었던 것도 이와 같이 사리가 늘어났기 때문이다. 부모가 죽으면 땅 속에 묻지만 자식이 죽으면 가슴에 묻는다고 하니, 창왕의 상심이 어떠했을지 짐작이 가고도 남는다.

『삼국사기』에는 왕흥사가 법왕(재위 599~600)과 무왕(재위 600~641) 때 창건되었다고 했는데 사리함 명문에는 위덕왕 때 창건되었다고 하여 학계에서는 많은 논란이 되고 있다. 『삼국사기』의 법왕 때로 보지 않고 그 이전 창왕 때 창건된 절로 보기도 하지만, 글쓴이는 절 이름이 많이 바뀐 사례를 참조하여 창왕 때 창건된 절이 법왕 때 중건되면서 왕흥사로 바뀌고 무왕 때 완공된 것으로 이해하고 있다.

이에 대한 논의는 다음에 기회가 있으면 자세히 살펴보기로 하고 여기서 제기하고 싶은 문제는 절의 위치다. 삼국시대 절은 대부분 평지에 세워지는데 이 절은 백마강 변에 세워졌다. 백마강을 사이에 두고 부소산성은 세속의 인간세계인 이 언덕(此岸)을, 강 건너편은 부처의 깨달음의 세계인 저 언덕(彼岸)을 상징한다. 배를 타고 차안에서 피안으로 건너가는 자체가 번뇌에서 깨달음으로 가는 길이 된다.

또 다른 이유는 아마도 아들에 대한 창왕의 그리움이었을 것이다. 부모가 죽으면 날이 감에 따라 잊혀지지만 자식이 죽으면 날이 갈수록 그리움이 더해간다. 아들 생각에 잠을 이루지 못한 창왕은 새벽녘 부소산성에 올라 백마강 건너편 아들을 위해 세운 탑을 바라보았을 것이다. 새벽 물안개가 이리저리 움직일 때마다 사라졌다 나타나기를 반복하는 탑의 모습이 마치 그토록 애타게 보고 싶었던 아들의 얼굴처럼 보이지 않았을까.

<사진 52> 아버지의 마음을 담아 부소산성에서 왕흥사로 날아가는 새일까?(이윤석 제공)

무왕과 익산천도

■ 무왕은 왜 먼 익산에 미륵의 도시를 건설했나?

고대의 국가사찰은 특별한 경우를 제외하고 그 나라의 도읍에 세워졌다. 백제의 정림사가 그렇고 신라의 황룡사가 그렇다. 그런데 왜 미륵사는 사비(부여)가 아닌 익산에 세워졌을까? 여러 가지 이유를 들고 있지만 근본적인 이유는 단순하다. 세 명의 왕이 해마다 연달아 죽어나간 것이다. 위덕왕이 598년에 죽고 혜왕이 그 뒤를 이었지만 바로 다음 해인 599년에 죽는다. 그 뒤를 이어 법왕이 즉위하였지만 법왕도 600년에 죽는다. 만약 어떤 집에 할아버지, 아버지, 아들이 해마다 죽어나간다면 그 집안이 어떻게 되었을지 생각해보라. 백제 사람들이 "이제 백제는 끝났구나!", "사비의 기운도 다했구나!"라고 하면서 자포자기 상태에 빠져있었을 것은 당연하다.

혹시 무왕도 죽는 거 아니야 라는 불안감이 팽배했을 것이다. 법왕의 뒤를 이어 왕위에 오른 무왕의 급선무는 무엇보다 국면전환이었다. 무왕은 새로운 땅의 기운을 찾아 나섰다. 무왕은 사비 남쪽 저 익산에 새 세상을 열 미륵이 하생하는 새로운 도시를 건설하여 백성들에게 희망을 던져주고자 하였다.

<사진 53> 익산 미륵사 서탑 해체 복원이전(출처: 문화재청 국가문화유산포털)

무왕은 익산으로 천도했는가?

첫째, 천도(遷都)했다고 보는 설이다. 10~11세기에 편찬된 『관세음응험기 觀世音應驗記』에 '지모밀지 枳慕蜜地'로 천도했다고 나온다. 지모밀지는 익산을 말한다. 둘째, 별도(別都)설이다. 궁궐에 정궁이 있고 별궁이 있듯이 도읍도 수도가 있고 별도가 있다는 것이다. 근거는 『대동여지도』를 만든 김정호의 『대동지지 大東地志』다. 셋째, 신도(神都)설이며, 글쓴이가 주장하는 설이다. 익산은 정치, 경제, 군사의 중심지라기보다 미륵사, 제석사라는 절이 있는 종교 중심의 신성도시라는 점을 강조한 설이다. 미륵사의 '미륵', 제석사의 '제석'과 '사천왕' 등 불교의 신들이 머무는 도시로 보았다.

'신도 神都'라는 용어는 중국 측천무후가 처음 사용하였다. '미륵'을 자처하였으며 자신이 머물고 있는 도시 '낙양'을 '神都'라고 불렀다. 물론 우리나라에도 종교적 의미가 강한 도시 전통이 있었다. 환웅이 태백산 밑에 세운 도시도 '신시 神市'였다. 도시의 종교적 성격은 삼한의 '소도 蘇塗'를 거쳐 익산의 '신도 神都'로 재탄생하였다.

새로 제기된 익산 천도설의 타당성

> 『삼국유사』「법왕금살 法王禁殺」
>
> 百濟第二十九主法王諱宣 或云孝順 開皇十九年己未即位 是年冬 下詔禁殺生 放民家所養鷹鷂之類 焚漁獵之具 一切禁止 明年庚申 度僧三十人 創王興寺於時都泗沘城<今扶餘> 始立栽而升遐 武王繼統 父基子構 歷數紀而畢成 其寺亦名彌勒寺 附山臨水 花木秀麗 四時之美具焉 王每命舟 沿河入寺 賞其形勝壯麗<與古記所載小異 武王是貧母與池龍通交而所生 小名薯蕷 即位後諡號武王 初與王妃草創也>
>
> 백제 제29대 법왕의 이름은 선인데, 혹은 효순이라고도 한다. 개황 19년 기미(599)에 즉위하였다. 이해 겨울에 조서를 내려 살생을 금하고 민가에서 기르던 매 등을 놓아주게 하고 고기잡이나 사냥하는 도구를 불사르게 하여 일체(살생을) 금지시켰다. 이듬해 경신(600)에는 승려 30명을 득도케 하고, 당시의 서울인 사비성<지금의 부여>에 왕흥사를 세우게 하여 겨우 (그) 기초를 세우다가 승하하였다. 무왕이 왕위를 계승하여 아버지가 닦은 터에 아들은 집을 지어 수십 년을 지나서 완성했는데, 그 절 또한 미륵사라고도 한다. 산을 등지고 물에 임하며 꽃나무가 수려하여 사시의 아름다움을 구비하였다. 왕은 항상 배를 타고 물을 따라 절에 가서 그 경치의 장려함을 구경하였다.<『고기』의 기록과는 조금 다르다. 무왕은 가난한 어머니가 못의 용과 관계하여 낳았는데, 어릴 때의 이름은 서여이고, 즉위한 후 시호를 무왕이라고 하였다. (절은) 처음에 왕비와 함께 창건하였다>.(한국학중앙연구원 번역 『삼국유사』)

『관세음응험기』에 지모밀지, 즉 익산 천도 기록이 나와 있지만 2009년에 최완규 선생이 강력히 익산 천도설을 들고 나왔다. 그 근거는 누구도 주목하지 못한 『삼국유사』「법왕금살」의 한 구절이다. 문제의 구절은 "創王興

寺於時都泗沘城<今扶餘>"이며, 일반적인 해석은 "당시의 서울인 사비성<지금의 부여>에 왕흥사를 세웠다"인데, 이를 "왕흥사를 창건할 당시의 도읍은 사비성<지금의 부여>이다"라고 번역했다. 왕흥사 창건과 완공 당시 도읍이 사비라면 굳이 '그때의 도읍은 사비성 於時都泗沘城'이란 말을 붙일 필요가 없다는 것이다. 왕흥사를 창건할 때의 도읍과 완성했을 때의 도읍이 달라서 특별히 '於時都泗沘城'을 덧붙였다고 하였다.

즉 왕흥사를 창건할 당시의 도읍은 사비성이었지만 완성했을 때의 도읍은 익산이었음을 보여주는 결정적인 자료라고 하였다. 그리고 왕흥사도 지금 부여에 있던 왕흥사가 아니라 익산 미륵사를 왕흥사라 불렀다고 하였다. 만약 '어시도사비성'을 생략하면 완공된 왕흥사가 사비에 있는 것으로 착각할 염려가 있어 덧붙인 것이라고도 하였다.

그런데 최완규 선생의 신설에는 몇 가지 문제점이 있다. 첫째, 해석의 문제다. '創王興寺'와 '於時都泗沘城<今扶餘>'은 두 구절을 이어서 '왕흥사를 당시 도읍인 사비성에 창건했다'로 해석하는 게 순리이다. 이를 '왕흥사를 창건할 때 당시의 도읍은 사비성이다'로 해석하는 건 무리다. 위 구절은 왕흥사를 어디에 세운다는 것을 알리고 싶은 것이지, 왕흥사를 창건할 때의 도읍이 사비성이라는 것을 알려주기 위한 문맥이 아니다.

둘째, 굳이 필요 없는 '於時都泗沘城<今扶餘>'이란 구절을 덧붙인 이유를 왕흥사 창건 때 도읍이 사비성이었고 완공 때 도읍이 익산이었기 때문에 혼란을 방지하기 위한 목적이라고 하였지만, '於時都泗沘城<今扶餘>'이란 구절이 들어간 이유를 풀기 위해선「법왕금살」전체 문장을 봐야 한다.

「법왕금살」에는 왕흥사를 법왕 때 창건하고 무왕 때 완성하였으며, 완성할 때의 이름은 미륵사라고 하였다. 그리고 왕흥사에 불공드리러 갈 때의 정황을 말한 다음, 분주(分註)에서 '무왕은 가난한 어머니와 연못용 사이에서 태어난 아들이고, 왕과 왕비가 절을 지었다'는 본문과 다른 내용이 담긴 기록을 덧붙였다. 곧 본문에서는 법왕의 아들이 무왕이라고 했는데 『고기』에서는 연못용의 아들이라 했고, 본문에서는 왕이 지었다고 했는데 『고기』에서는 왕과 왕비가 처음 지었다고 했다.

만약 '於時都泗沘城<今扶餘>'이란 구절이 없다면 독자는 각주의 설명을 보고 법왕이 세운 왕흥사를 왕과 왕비(서동과 선화공주)가 익산에 세운 미륵사란 절로 오해할 수도 있다. 왕흥사가 익산에 있는 절이 아님을 확실히 하기 위해 '왕흥사를 당시의 도읍인 사비성에 세웠다'라고 설명한 것이다. 왕흥사도 당연히 익산이 아닌 부여에 있는 절로 봐야 한다. 따라서 '於時都泗沘城<今扶餘>'란 구절에 근거해서 익산 천도를 주장하기엔 미흡하다. 익산에 천도했느냐 하지 않았느냐의 문제보다 익산 도시의 성격-예를 들어 신도(神都) 등-을 규명하는 게 더 중요하다고 생각한다.

■ 무령왕, 무강왕, 무광왕, 무왕은 같은 왕인가? 다른 왕인가?

『관세음응험기』에는 '백제 무광왕(武廣王)이 지모밀지에 천도하였다'라고 하였으나, 무광왕은 백제에 없는 왕이다. '武'자가 들어간 백제의 왕은 '武寧王', '武王' 등이 있다. 서동과 선화공주 이야기를 싣고 있는 『삼국유사』의 항목은 '무왕'조이지만, 세주(細註)에서 일연은 '고본에는 무강이라고 되어 있으나, 이는 잘못된 것이다. 백제에는 무강왕이 없다. 古本作武康 非也 百濟無武康'라고 하였다. 그런데 정작 『삼국유사』「왕력」에는 무왕을 '武康'이라고도 했다.

　사실 왕의 이름만 놓고 본다면 무령왕=무강왕=무광왕 3명이 같은 왕일 가능성이 높다. 무령왕의 '편안할 령 寧'과 뜻이 같은 '편안할 강 康'을 취하여 무강왕이 되었고, 무강왕의 '강'과 음이 비슷한 '광 廣'을 취하여 무광왕이 되었다고 볼 수 있기 때문이다. 그래서 『관세음응험기』의 무광왕에 대해선 무령왕인지 아니면 무왕인지 논란이 있었다.

　그러나 2009년 미륵사 서탑에서 사리봉안기가 발견됨에 따라 『관세음응험기』의 무광왕은 무령왕이 아닌 무왕으로 귀착되었다. 사리봉안기에 의하면 미륵사는 기해년 즉 639년에 완공되었기 때문이다. 만약 무령왕이 미륵사를 세웠다고 한다면 2주갑을 당겨 519년이 되어야 한다. 하지만 미륵사에서 출토된 유물을 보았을 때 519년으로 추정하는 건 무리다. 무왕은 무광왕 또는 무강왕으로 불렸는데 후대에 무령왕과 혼동되었던 것 같다.

미륵사

■ 선화공주는 실존인물인가?

마를 캐던 백제 서동과 신라 공주 선화(善花)의 사랑이야기는 너무나 유명한 이야기다. 둘은 처음 사랑을 나누었던 익산에 행차하였다가 연못에서 미륵 삼존이 솟아나온 것을 기념하여 탑과 금당을 각각 세 곳에 배치한 미륵사(彌勒寺)를 세웠다. 이곳 미륵사는 둘의 사랑의 징표이기도 하지만 백제 백성들에게는 새로운 미륵의 세상을 맞이한다는 희망의 메시지이기도 했다.

그런데 2009년 미륵사 서탑 해체과정에서 발견된 사리봉안기에 의하면 이 미륵사는 선화공주가 아니고 사택왕후(沙宅王后)가 세운 것으로 밝혀졌다. 이후 『삼국유사』에 전하는 선화공주의 실존여부를 두고 논쟁이 가열되었다. 과연 선화공주는 가공의 인물일까?

사비가 아닌 익산에 미륵사를 세우고, 미륵의 3번 설법을 상징하는 3개의 탑(塔)과 3개의 금당(金堂)을 세운데서 백제 사람들이 얼마나 간절히 미륵의 하생을 기다렸던지 알 수 있다. 사정이 이러함에도 한가지 이상한 일은 사택왕후가 미륵사를 창건한 내력을 적으면서 미륵에 대해서는 전혀 언급을 하고 있지 않다는 것이다. 사리봉안기의 첫 문단은 법왕(法王)의 일대기를 간략히 적고 있다. 법왕은 석가모니를 말한다.

미륵을 절 이름으로 앞세운 미륵사에 미륵이 아닌 법왕을 언급했다고 하는 것은 미륵사란 사찰이 하나의 사상이나 한 명의 발원자에 의해 건립되

<사진 54> 익산 미륵사 석탑 심주 해체광경(출처:문화재청)

지 않았음을 의미한다. 사택왕후와 다른 불교신앙을 가진 누군가가 미륵사의 창건에 관여했을 수도 있다. 바로 그 누군가가 미륵신앙을 믿었던 선화공주일 가능성은 여전히 열려있다.

사리봉안기의 법왕과 대왕폐하(大王陛下)

백제 무왕의 왕비인 사택왕후가 미륵사를 창건한 내력을 적은 사리봉안기의 처음은 석가의 간략한 일대기로 시작한다. 그런데 사리봉안기에는 석가모니의 칭호를 '법왕'이라고 하였다. 깨달음의 법을 널리 펼친 왕이란 뜻이다. 그런데 백제에도 법왕이 있다. 무왕의 아버지가 법왕이다. 예전에 법왕의 법(法)을 예법으로 해석하여 법왕을 유교적 시호로 본 적이 있었지만 나는 처음부터 석가모니라고 주장했다. 이번 사리봉안기를 통해서 법왕이 불교식 시호임이 다시금 확인되었다. 무왕 때 '법왕'이란 용어는 두 번 사용되었는데 사리봉안기의 법왕이 석가모니가 확실하므로 부왕의 시호인 법왕도 석가모니를 뜻함은 물론이다.

예전부터 백제에서는 법왕처럼 왕의 이름이나 시호를 불교식으로 지은 적이 있다. 백제 성왕은 정법(正法)으로 나라를 다스리는 불교의 전륜성왕, 위덕왕은 불교의 위덕왕, 법왕은 석가모니의 다른 이름인 법왕에서 왕호를 따왔다.

무왕은 왜 부왕의 시호를 법왕이라고 했을까. 단지 부왕을 석가모니처럼 떠받들기 위한 목적이었을까. 무왕이 부왕을 법왕이라 한 것은 법왕(석가모

<사진 55> 익산 미륵사 서탑 출토 사리봉안기 중 '법왕 法王'(출처:문화재청)

니) 뒤에 뒤따르는 미륵을 염두에 둔 것으로 보인다. 미륵은 석가모니 이후 세상을 구할 부처이다. 절망에 빠진 백제의 백성들에게 새로운 세상 미륵의 희망을 보여주기 위해 부왕의 시호를 법왕으로 정하지 않았을까. 백제 법왕의 뒤를 이은 백제 무왕은 자연스럽게 법왕인 석가모니의 뒤를 이은 미륵이 되기 때문이다.

미륵사 사리봉안기에는 백제 사택왕후에 대하여 즉신성불(卽身成佛)할 고귀한 존재라는 의미의 '즉신'이란 극존칭을 써서 '왕후즉신 王后卽身'이라고 하였듯이 백제 무왕에 대해서도 '대왕폐하 大王陛下'란 극존칭을 쓰고 있다. 지금까지 발견된 삼국시대 자료에서 왕에 대한 호칭을 '폐하'라고 한 것은 미륵사에서 발견된 사리봉안기가 처음이다. 무령왕릉에서 발견된 무령왕의 지석에 왕의 죽음을 뜻하는 '훙 薨'이 아니라 황제의 죽음을 뜻하는 '붕 崩'이라고 적고 있는 것도 참조가 된다.

백제 무령왕은 중국 양나라로부터 받은 '영동대장군'이란 작호를 지석의 맨 앞에 내세울 정도로 중국 문화에 심취해 있었다. 그의 아들 성왕은 부왕의 문화수용을 발판으로 부왕의 죽음을 '붕'으로 표현하면서 백제 나름의

정치제도와 불교문화를 이끌어 가고자 하였다. 이러한 성왕의 노력은 백제 무왕 때 세상에 유래 없는 미륵사를 익산에 건립하면서 '대왕폐하'로 이어졌다.

미륵사의 3금당에는 어떤 부처님을 모셨을까?

미륵사에 3탑 3금당, 즉 3개의 탑과 3개의 금당을 지은 내력은 이렇다.

> "하루는 왕(무왕)이 부인(선화공주)과 함께 사자사로 가려고 용화산 아래 큰 못가에 이르렀는데 미륵삼존이 못 가운데서 나타나므로 수레를 멈추고 경배하였다. 부인이 왕께 이르기를, '이곳에 큰 가람을 세우는 것이 저의 소원입니다'라고 하니 왕이 이를 허락하였다. …(중략)… 이에 미륵삼회를 본받아 전, 탑, 낭무(회랑)를 각각 세 곳에 세우고 절 이름을 미륵사라고 하였다"(『삼국유사』「무왕」)

서동과 선화공주가 용화산 아래를 지나가다 연못에서 미륵삼존이 솟아나와 지은 절이 미륵사이다. 미륵삼존이 솟아나와 3탑 3금당을 지었으므로 3금당 모두 미륵을 안치했다고 보는 것이 가장 무난하다. 하지만 똑같은 미륵불상을 3구씩이나 나란히 모신 사례가 없다. 물론 3금당에 모두 미륵을 안치하긴 하는데 가운데 금당에 두 다리를 교차한 교각미륵(交脚彌勒)을 안치하고 양옆 금당에 미륵반가사유상을 모시는 방법이 있다. 그런데 이와 같은 양식은 중국에는 있지만, 우리나라에는 없다.

미륵삼존이 연못에서 솟아나와 절 이름을 미륵사라 했으므로 가운데 금

<사진 56> 미륵사 가람배치(출처:문화재청)

당에 미륵을 안치한 것은 확실하다. 양옆 금당에 미륵반가사유상을 안치했을 수도 있는데, 미륵반가사유상이 아니고 다른 부처가 모셔졌을 수도 있는 상황이 발생하였다.

 2009년 미륵사 서금당 앞 서탑을 해체하는 과정에서 백제인들이 남긴 사리봉안기가 발견되었다. 이 봉안기에는 미륵사의 창건주를 선화공주가 아닌 백제 사택왕후라고 하였다. 그런데 미륵사에서 나온 봉안기인데도 미륵에 대한 언급은 없고 법왕(석가모니)에 대한 내용만 있었다. 봉안기 193자 가운데 1/4가량인 54자를 차지하고 있다. 서탑의 봉안기에 법왕에 대한 언급이 이 정도라면 서금당에 석가모니가 안치되었을 가능성이 높다.

 가운데 금당(중금당)에 미륵, 서금당에 석가모니라면 동금당에는 누구를 모셨을까? 미륵, 석가와 짝이 되는 제3의 부처는 누구일까? 백제에서 유행한 『법화경』을 살펴보자.

> "그때 미륵보살마하살은 부처님께 합장하고 물었다. '양족존(석가와 다보)은 설해주소서. 어디에서 오셨으며, 어떤 인연으로 모이셨는지요'"
> (『법화경』 종지용출품)

미륵이 석가와 다보에게 설법을 청하고 있다. 석가와 다보는 석가탑 다보탑에서와 같이 쌍으로 다니는 부처다. 석가와 미륵도 밀접하다. 석가는 미륵에게 장차 성불하리란 수기(授記: 약속)를 준다. 미륵사의 중금당이 미륵이고 서금당이 석가라면 동금당은 다보일 가능성이 높다. 중국에도 혜정비구가 조성한 불상의 명문에 석가, 다보, 미륵 3구를 조성했다는 기록이 보인다. 불상도 상단에 미륵교각, 하단에 석가와 다보의 이불병좌상이 조각되어 있다. 상하삼존불(上下三尊佛)의 구도다.<사진 57 참고> 상단의 미륵을 석가와 다보 사이로 내리면 미륵사의 3금당에 모셔진 부처의 형식이 된다.

<사진 57> 운강17굴 태화13년명 상하삼존불(고혜련, 2011, 『미륵과 도솔천의 도상학』, 일조각, 92쪽 재인용)

한국 쌍탑의 기원은 백제 미륵사 쌍석탑

한국 쌍탑의 기원은 통일신라시대라고 한다. 679년에 건립된 사천왕사에서 목탑의 쌍탑이 기원했고 남아있는 가장 오래된 쌍탑은 682년에 건립한 감은사 쌍석탑이다. 하지만 한국 쌍탑의 기원은 백제일 가능성이 높고 백제의 쌍탑이 통일신라 쌍석탑에 영향을 준 것으로 생각된다.

백제 익산 미륵사는 3탑 3금당의 3원 1가람양식으로 유명한 절이다. 3

<사진 58> 경주 감은사 쌍석탑(출처: 문화재청 국가문화유산포털)

탑은 가운데가 목탑이고 나머지 동서탑은 석탑이다. 3탑이지만 미륵사의 두 석탑은 쌍탑으로 볼 수 있다. 2009년 서석탑에서 발견된 사리봉안기에 의하면 미륵사는 639년 사택왕후가 창건한 것으로 나와 있지만 사택왕후의 불교신앙은 미륵신앙보다는 석가신앙(법화신앙)에 가까웠다.

<사진 59> 미륵사지 전경(김충현 제공). 원래는 3탑이 있었으나, 중앙의 목탑이 없어 쌍탑처럼 보인다.

미륵사의 3탑 3금당, 즉 3원은 미륵의 3회 설법을 상징한다고 한다. 그런데 『미륵하생경 彌勒下生經』에는 탑에 대한 언급이 없다. 미륵하생신앙의 미륵사 3탑은 직접적으로 미륵신앙과 연결되지 않는다. 따라서 미륵사의 두 석탑은 사택왕후의 법화신앙을 고려하면 『법화경』의 석가-다보의 쌍탑에서 연유했을 가능성이 높다.

따라서 미륵사의 목탑을 포함한 중원(中院)은 미륵신앙자인 선화공주가 세웠고 동서원(東西院)의 두 석탑은 법화신앙자인 사택왕후가 세운 것으로 생각한다. 중원과 동서원이 시간적 격차를 두고 세워졌다는 고고학적 결과가 나오길 기대해 본다.

우리나라에서 가장 오래된 석탑은?

<사진 60> 미륵사 서탑 해체 복원 이후

우리나라에서 가장 오래된 석탑은 어느 석탑일까? 2019년 20년 만에 수리 복원된 미륵사 석탑이 그 모습을 드러냈다. 우리나라 탑 가운데 남아있는 삼국시대 석탑은 3개다. 백제 미륵사 석탑, 정림사 석탑, 그리고 신라 분황사 석탑이다. 분황사 석탑은 634년 선덕여왕 때 세워졌다는 기록이 남아 있다. 백제 미륵사 석탑은 서동과 선화공주가 무왕 재위(600~641) 초반에 세웠다는 설화가 있다. 미륵사 석탑

이 분황사 석탑보다 먼저 세워진 것으로 추정되어 왔다.

<사진 61> 부여 정림사 오층석탑

다음 문제는 익산 미륵사 석탑과 부여 정림사 석탑의 선후관계다. 정림사 석탑은 사비 도성의 남북 중심축 중앙에 서 있다. 정림사는 위치로 보아 백제 성왕이 538년 사비로 천도할 때 세운 절로 추정된다. 이때 석탑도 세워졌다면 정림사 석탑이 가장 오래된 석탑이 된다. 그런데 발굴조사에 의하면 석탑 이전에 목탑이 존재했었다고 보기도 한다. 목탑의 존재를 부정하는 입장에서는 처음에 절만 세웠다가 나중에 석탑을 세운 것으로 보기도 한다. 그렇다면 목탑의 존재 여부와 관계없이 정림사 석탑의 창건연대는 알 수 없게 된다.

이제 창건 연대를 가지고 두 탑의 선후 관계를 살피는 것은 어렵게 되었다. 일찍이 고유섭(高裕燮 1905~1944) 선생은 석탑의 양식 비교를 통해서 이 문제를 해결하였다. 탑은 목탑에서 석탑으로 바뀌어 갔다. 처음 석탑을 만들 때는 되도록 목탑 양식에 가깝게 만들려고 했다. 돌을 목재처럼 다듬어 목조 건축양식으로 지었다. 이 경우 미륵사 석탑은 재료만 돌이지 목탑 양식을 그대로 재현해 놓은 것이다.

미륵사 석탑은 탑의 기둥인 우주(隅柱)와 탱주(撑柱) 사이를 연결하는 창방, 모든 기둥의 균형을 잡아 주고 지지대 역할을 하는 평방을 두고 있다. 창방과 평방은 목조 건축에서 사용하는 대표적인 부재이다. 정림사 석탑

<사진 62> 경주 분황사 모전석탑(출처:문화재청 국가문화유산포털)

도 여러 돌을 이어 맞추거나 날렵한 지붕에서 목탑적 요소를 찾을 수 있지만 석탑적 요소를 더 많이 갖고 있다. 따라서 목탑에서 석탑으로의 이행과정을 보았을 때 미륵사 석탑이 정림사 석탑보다 먼저 세워졌다고 보았다. 삼국시대 탑의 건립 순서는 미륵사 석탑, 정림사 석탑, 분황사 석탑의 순으로 여겨졌다.

그런데 2009년 미륵사 서탑의 수리복원 과정에서 백제가 남긴 기록인 사리봉안기가 발견되었다. 이 기록에 의하면 사택왕후가 639년 미륵사를 창건하고 사리를 봉안했다고 한다. 600년대 초반에 세워진 것으로 알았던 미륵사 석탑이 무왕 말기에 세워진 것이다. 신라 분황사 석탑보다 더 늦게 세워진 셈이다. 미륵사 석탑이 639년에 세워졌다면 정림사 석탑도 미륵사 석탑 이후인 640~660년 사이에 세워졌다고 봐야 한다.

정림사 석탑의 건립연대도 범위가 매우 좁혀졌다. 또 과연 미륵사 석탑을 세운 이후 곧바로 정림사 석탑을 세웠다고 보아야 하는가라는 의문도 생겨났다. 하지만 이전에 목탑양식을 기준으로 미륵사 석탑이 먼저 세워진 것으로 이해했기 때문에 탑의 건립 순서는 여전히 미륵사 석탑 – 정림사 석탑 순서로 보고 있다.

그렇다면 우리나라 최초의 석탑은 이제 미륵사 석탑이 아니고 분황사 석탑이 된다. 분황사 석탑은 634년에 세워졌고 미륵사 석탑은 639년에 세워졌기 때문이다. 물론 분황사 석탑은 모전석탑으로 돌을 벽돌 모양으로 깎아 만들었다. 재료만 돌이지 탑 양식으로 보았을 땐 전탑(塼塔)이다. 그러나 우리나라의 석탑은 분황사 석탑을 계승하지는 않았다.

그나마 '석탑' 양식을 기준으로 본다면 여전히 미륵사 석탑이 가장 오래된 석탑이라고 볼 수 있다. 다만 미륵사 석탑은 목탑 양식을 충실히 따랐기 때문에 미륵사 석탑 양식이 우리나라 석탑의 대표적인 양식으로 계승되지는 않았다. 석탑 양식의 계승적인 측면에서 본다면 정림사 석탑이 우리나라 석탑의 시원일 가능성이 높다.

목탑에서 석탑으로 옮겨가는 과정에서 한번은 분황사 석탑처럼 전탑같이 만들어보고, 한번은 미륵사 석탑처럼 목탑같이 만들어보는 과정을 거쳐서 정림사 석탑과 같은 전형적인 석탑이 만들어진 것으로 보인다. 목탑에서 석탑으로 옮겨가는 지난한 과정을 엿볼 수 있다.

지금부턴 다른 관점에서 미륵사 석탑을 보고자 한다. 첫째, 미륵사 석탑의 양식을 목탑 양식의 관점에서만 보고 정림사 석탑과의 선후관계를 따지는 것은 한계가 있다. 예를 들어 정림사 석탑이 640~660년의 가운데 쯤인 650년에 세워졌다면 639년에 세워진 미륵사 석탑과 10년 밖에 차이가 나지 않는다. 두 탑의 선후관계를 과연 양식적인 차이로 가릴 수 있을까.

더구나 고고학적으로 미륵사 동탑은 미륵사 서탑보다 나중에 만들었다고 하는데 그럼 미륵사 동탑과 정림사 석탑의 건립 연대는 5년 전후로 더 가까워진다. 어쩌면 동탑이 정림사 석탑보다 나중에 세워졌을 수도 있다. 양식적인 차이를 거슬러 목탑 형식의 미륵사 동탑이 나중에 세워진 셈이다. 따라서 양식으로 선후관계를 규정하는 건 한계가 있다. 목적이 앞선다면 양식을 거슬러 올라갈 수 있다고 생각한다. 양식 흐름과는 별개로 복고

풍이 유행할 수도 있다.

 둘째, 왜 돌을 사용하면서 굳이 목탑처럼 만들었을까? 미륵사 석탑은 일단 크다. 목탑처럼 크다. 목탑이나 석탑 모두 사리를 봉안하지만 예배 방법은 다르다. 석탑은 탑 밖에서 예배를 드린다. 목탑도 탑 밖에서 예배를 드리지만 탑 안으로 들어가서 보다 가깝게 사리에 예배할 수도 있다. 미륵사 석탑도 1층 탑신에 탑 안으로 들어갈 수 있는 문이 있고 안에는 찰주(刹柱)를 돌 수 있는 공간이 마련되어 있다. 미륵사 석탑의 경우 찰주 심초석(心礎石)에 사리가 봉안되어 있었다.

 미륵사의 크기, 특히 미륵사 가운데 목탑의 크기를 감안할 때 양옆의 석탑도 어느 정도 규모가 있어야 했다. 이 정도 규모라면 정림사 석탑처럼 지을 수는 없고 목탑처럼 지을 수밖에 없었을 것이다. 미륵사 석탑에서 사리봉안기와 사리함 그리고 사리도 발견되었다. 사리봉안기에는 법왕(석가모니)의 일대기를 간단히 언급하고 석가모니 사리의 신비함을 강조하였다.

 탑에 사리를 봉안하는 것은 당연하지만 미륵사 석탑의 경우 사리가 특히 강조되었다. "사라쌍수 아래서 열반에 드시어 8곡의 사리를 남겨 온 세상을 이롭게 하셨습니다. 그래서 오색으로 빛나는 사리를 7번 돌면 그 신통 변화는 불가사의 하옵니다."라고 봉안기에 기록되어 있다. 미륵사 석탑의 양식은 적극적인 사리신앙의 연장선상에서 살펴봐야 한다. 목탑을 따랐다는 형태적인 측면보다 목탑처럼 만든 목적과 그에 따른 기능적인 측면에 관심을 두어야 하지 않을까.

 목탑 속에 사리를 봉안하기보다는 세월이 흘러도 변함없는 돌 속에 사리를 봉안해야겠다는 마음에서 석탑이 생겨났다고 볼 수 있다. 또한 미륵사 석탑은 돌 속에 사리를 봉안했지만 목탑처럼 탑 안으로 직접 들어가서 사리에 예배할 수 있는 형태의 석탑으로 만들었다. 사리봉안기에도 사리를 7번 돈다고 언급하고 있다.

그렇다면 석탑의 순서도 달리 볼 수 있다. 기존에는 목탑 양식만을 기준으로 미륵사 석탑이 정림사 석탑보다 오래되었다고 보아왔지만 목적과 기능적인 측면에서 본다면 정림사 석탑이 미륵사 석탑보다 더 먼저 세워졌다고 볼 수도 있다. 634년에 세워진 분황사 석탑보다 정림사 석탑이 더 먼저 세워진 탑이 된다. 이에 근거하여 탑의 순서를 추정하면, 정림사 석탑 – 분황사 석탑(634) – 미륵사 석탑(639)이 된다.

백제 유일의 비석 사택지적비, 슬플 悲와 자비로울 悲

● ● ●

고구려와 신라의 비석은 여러 개 발견되었는데 백제는 그렇지 못하다. 현재까지 발견된 백제의 비석은 사택지적비(砂宅智積碑) 1기뿐이다. 사택지적비는 국가에서 치르는 시험문제에 자주 나왔다. 주로 사택지적비의 내용과 사상적 경향을 묻는 문제였으며, 답은 인생무상 또는 도교적 성격이었다.

그러나 이 비석은 인생무상이나 도교적 성격이 주가 아니다. 비석의 내용에 탑과 금당을 세웠다고 하니 당연히 불교신자인 사택지적이 절을 세우면서 남긴 글로 봐야 한다. 사택지적의 '지적 智積'이란 이름은 석가모니 맏형의 이름인 지적과 같다. 사택지적이 불교신앙자이면서 도교적 성격을 가지고 있을 수는 있지만 불교를 언급하지 않으면서 도교적 성격을 앞세워 사택

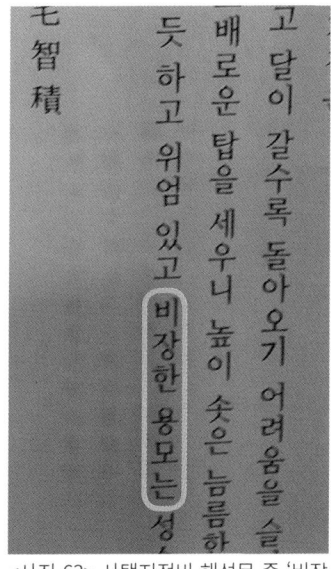

<사진 63> 사택지적비 해석문 중 '비장한 용모'

지적비의 내용을 설명하는 건 잘못된 것이다.

사택지적비의 사상적 경향과 내용을 도교적 성격이나 인생무상으로 보게 된 이유 가운데 하나가 비문의 '비 悲'에 대한 해석이었다. 비문에 나오는 '비모 悲貌'를 '슬플 비, 모습 모'로 풀어 '슬픈 모습' 또는 '비장한 용모'로 해석한 것이다. 물론 글자의 뜻을 따져 보면 맞는 해석이다. 그러나 사택지적비에서는 이렇게 해석하면 안된다. 왜냐하면 사택지적비는 사륙변려체(四六騈儷體)로 쓰였기 때문이다. 비의 원문을 사륙변려체에 맞게 배열하면 다음과 같다. 행 앞의 숫자는 설명의 편의상 붙였다.

1 甲寅年 正月九日(갑인년 정월구일)
2 柰祇城 砂宅智積(나지성 사택지적)
3 慷身日之易往(강신일지이왕)
4 慨體月之難還(개체월지난환)
5 穿金以建珎堂(천금이건진당)
6 鑿玉以立寶塔(착옥이립보탑)
7 巍巍慈容 吐神光以送雲(외외자용 토신광이송운)
8 峩峩悲貌 含聖明以□□(아아비모 함성명이□□)

<사진 64> 국립부여박물관 소장 사택지적비

149

비문을 자세히 살펴보면 재미난 현상이 보인다. 3행의 '강, 신, 일, 이, 왕'은 4행의 '개, 체, 월, 난, 환'과 대비된다. 곧 '강개 慷慨, 일월 日月, 이난 易難, 왕환 往還'이란 단어를 3행과 4행으로 분리해 놓았다. '易'는 '쉬울 이', '난'은 '어려울 난'이다. 5행과 6행도 마찬가지다. 5행의 '천, 금, 건, 진, 당'은 6행의 '착, 옥, 립, 보, 탑'과 대비된다. 곧 '천착 穿鑿, 금옥 金玉, 건립 建立, 진보 珍寶, 당탑 堂塔'을 5행과 6행으로 분리해 놓았다. 7행과 8행도 마찬가지다. '자비 慈悲, 용모 容貌, 토함 吐含, 신성 神聖, 광명 光明'을 '자와 비', '용과 모', '토와 함', '신과 성', '광과 명'으로 분리해 놓았다.

사륙변려체는 4마리나 6마리 말이 나란히 짝하여 가듯 대구(對句)를 쓰는 문체로, 운율이나 형식을 중요시한다. 흔히 쓰는 단어를 나누어 배열하여 서로 대구를 만드는 형식을 취한다. 사택지적비는 의도적으로 과도하게 사륙변려체를 구사하고 있다. 따라서 사택지적비의 해석은 한 글자에 집착하지 않고 한 글자와 한 글자가 서로 대구가 되어 만드는 단어에 유의해야 한다.

앞서 언급하였듯이 3행의 '易'의 경우 '바꿀 역'과 '쉬울 이' 두 가지로 해석하는데 여기선 '쉬울 이'가 맞다. 왜냐하면 4행의 '難'이 '어려울 난'이기 때문이다. '쉽고 어렵다'는 뜻의 '이난 易難'을 '이'와 '난'으로 분리해 놓았다.

마찬가지로 8행의 '비모 悲貌'도 '슬픈 모습' 또는 '비장한 용모'로 해석해선 안된다. 지금까지 '비모'를 '슬픈 모습'으로 해석하여, 사택지적의 '인생무상'과 연결시키기도 했는데 이 또한 잘못이다. '비모'는 7행의 '자용'을 참조해야 한다. 곧 '자비'와 '용모'를 사륙변려체에 맞추기 위하여 '자'와 '비', '용'과 '모'로 분리하고 '자용'과 '비모'란 새 말을 만들어낸 것이다. 따라서 7행의 '자용'을 '자비로운 얼굴'이라 해석하듯 '비모'도 '자비로운 모습'이라고 해석해야 한다.

'悲'를 '슬플 비'로 해석할 것인가 아니면 '자비로울 비'로 해석할 것인가의 문제는 한 글자의 해석이지만 사택지적비의 성격을 규정하는 매우 중요한 부분이다. '자비로운'으로 해석해야 사택지적의 불교적 성격과도 잘 들어맞는다. 아직도 박물관에는 '비장한 용모'로 번역해 놓은 경우가 있는데 '자비로운 모습'으로 바로 잡아야 한다.

7행과 8행의 자비로운 용모는 아마도 금당에 모신 부처님의 모습을 표현한 것으로 보인다. 9행 이하는 잘려나가 알 수 없지만 사륙변려체를 감안한다면 아마도 금당 앞에 세운 탑의 모습을 표현했을 것으로 생각한다. 사륙변려체에 입각해 사택지적비를 해석해 보았다.

갑인년 정월 9일
나지성 사택지적은
몸이 날로 쉬이 감을 강개하고
몸이 달로 되돌리기 어려움을 강개하네
금 뚫어 진당(金堂) 세우고
옥 깎아 보탑(寶塔) 세우네
높고 높은 <u>자애로운 얼굴</u> 신광을 뿜어 구름을 보내고
높고 높은 <u>자비로운 모습</u> 성명을 머금어 □□ 하네

가장 귀한 황금은 그대

 익산 보석박물관에는 어떤 보석들이 전시되어 있을까. 혹시 선화가 서동에게 건넨 황금이나 서동이 쌓아둔 황금이 전시되어 있는 건 아닐까. 둘도 없는 절세미인 선화공주에 대해 『삼국유사』에는 '짝할 수 없는 아름다움과 요염함(미염무쌍) 美艶無雙'이라고 했다. 또 마를 캐는 한 소년이 한 나라의 공주를 아내로 맞이했으니 그 소년의 총명함을 미루어 짐작할 수 있다. 기록에는 '마음과 생각의 깊이를 측정하기 어려웠다(기량난측). 器量難測'라고 했다.

 선화를 꾀어낸 서동이 짐짓 앞으로의 호구책을 걱정하자 선화는 어머니 마야부인이 건네준 황금을 보여준다. 이것이면 평생 지낼 만하다고 하자 서동은 깜짝 놀란다. 이런 거라면 내가 마를 캐던 곳에 산더미처럼 쌓여 있다고 했다. 서동과 선화공주는 많은 황금을 신라 진평왕에게 보내 인정을 받았다. 서동은 나중에 백제의 인심을 얻어 왕이 되었고 둘은 옛일을 회상하며 익산에 미륵사를 창건하였다.

 사람들은 서동이 왕위에 오를 수 있었던 정치 경제적 배경으로 익산의 황금을 들곤 한다. 그래도 똑똑한 서동이 어떻게 사람들이 몹시 좋아하는 황금을 옆에 두고도 몰랐다는 구조로 이야기를 이끌어 갔는지는 의문이다. 나는 예전에 황금을 불성(佛性)으로 이해했다. 중생은 누구나 깨달을 수 있는 불성을 갖고 있으면서도 헛되이 다른 곳만 찾아다닌다는 비유가 아닐까라고 생각했다. 서동은 선화라는 미륵선화를 만나 자신이 잊고 있던 불성을 찾은 것으로 해석했다. 오늘은 달리 생각해본다. 서동이 황금도 알았다면 그는 모든 걸 얻게 된다. 모든 걸 얻은 자리에 사랑이란 자리가 들어갈 수 있을까? 대신 서동은 산처럼 쌓인 황금보다 더 귀한 그녀를 얻었다.

신라

알영과 첨성대

알영의 탄생신화

<사진 65> 경주 첨성대(출처:문화재청 국가문화유산포털)

알영(閼英)이란 이름은 알영정이란 우물의 이름에서 유래하였다. 알영은 알영정에 사는 용의 배를 가르고 태어났다고 하고 용의 오른쪽 옆구리에서 태어났다고도 한다. 석가모니가 마야부인의 오른쪽 옆구리에서 태어난 것을 생각나게 한다. 박혁거세 탄생신화에는 불교적 윤색이 없는 반면 알영 탄생신화에는 불교적 윤색이 들어가 있는 것으로 보아 두 탄생신화의 완벽한 이야기가 만들어진 시기는 다르다고 생각된다. 알영의 탄생신화는 불교 수용 이후 만들어졌고 '여성'의 탄생신화인 점을 고려하면 신라 최초의 여왕인 선덕여왕 때나 선덕여왕의 아버지인 진평왕 때 만들어진 것으로 추정된다.

알영의 탄생신화는 처음 우물에서 태어났다는 이야기에서 나중에 용의 배를 가르고 태어났다거나 용의 오른쪽 옆구리에서 태어났다고 하는 이야기로 재편되었다고 한다. 고구려, 백제와 달리 유일하게 신라에서만 여왕이 나올 수 있었던 배경을 '골품제도'로 보고 있지만 여성의 탄생신화를 갖고 있었던 신라의 여성 존중 전통도 큰 역할을 했던 것으로 보인다.

선덕여왕의 '성스러운 조상을 가진 황제 고모'란 뜻의 '성조황고 聖祖皇姑'란 존호의 '성조'는 가깝게는 선덕여왕의 아버지 진평왕, 멀게는 신라 시조 박혁거세를 말할 수도 있지만, 박혁거세와 더불어 두 성인(二聖)으로 추앙받았던 알영의 후손이라는 의미도 담고있다.

■ 한국의 대표적인 신전은 무엇일까?

세계의 대표적인 신전으로 뭐가 생각나냐고 물으면 '타지마할', '파르테논' 등등이라고 답한다. 다시 물었다. 그럼 우리나라의 대표적인 신전은 무엇인가? 답이 없다. 잠잠하다. 조용하다. 물어보는 나도 '우리나라의 대표적인 신전'이란 주제로 곰곰이 생각해 본 적이 없다. 경주 석불사(석굴암), 서울 종묘, 강화 참성단 등일까?

<사진 66> 종묘 정전에서 필자

첨성대는 별을 바라보는 관측대다. 천문대로 보지 않는 견해도 있지만 적어도 나라의 중요한 일을 앞두고 여기서 하늘의 별을 관측했다고 생각한다. 내가 주목한 것은 첨성대의 생김새다. 선덕여왕이 세운 첨성대의 생김새는 마치 땅에서 솟은 우물 모양으로 옆구리에 해당하는 곳에 구멍이 뚫려있다.

알영은 우물에서 나온 용의 오른쪽 옆구리에서 태어났다. 석가의 옆구리 탄생신화와 여성을 신비화한 알영신화는 전후사정을 보았을 때 남성 왕보다는 여왕이 최종 형태의 알영신화를 만들었을 가능성이 높다. 그리고 여왕은 최초의 여왕인 선덕여왕일 가능성이 높다.

알영신화와 첨성대는 선덕여왕 때 만들었다. 알영신화와 첨성대는 관련성이 없을까. 알영신화를 건축물로 형상화한 게 첨성대라고 생각해 봤다. 첨성대의 모양은 우물모양이고, 우물에는 용이 살고, 첨성대의 옆구리 구멍은 용의 옆구리로 생각해 봤다.

첨성대는 알영의 탄생신화를 건축물로 형상화한 신전이다. 신전하면 남성 신전을 떠올리기 쉽지만 첨성대는 알영신화를 담고 있는 여성신전이다. 여성신전이 천년 전 신라의 수도 경주 한복판에 세워졌다. 그동안 박혁거세의 신화에 묻혀 알영신화는 관심을 받지 못했다. 세상은 균형이다. 새에게 두 날개가 있듯이 세상의 반도 여성이다. 신화도 마찬가지다.

오른쪽 옆구리? 왼쪽 옆구리?

여왕은 신라에만 있었다. 모두가 알고 있는 사실이지만 신라에만 여자의

<사진 67> 붓다의 탄생 프리어 새클러 갤러리 3세기

탄생신화가 있다는 건 잘 모른다. 알영의 탄생신화가 그것이다. 신라에만 여왕이 있었던 여러 이유 가운데 알영의 탄생신화가 가장 큰 역할을 했다고 본다. 알영의 탄생신화는 『삼국사기』와 『삼국유사』에 실려 있지만 내용은 약간 다르다.

『삼국사기』에서는 '알영이 우물에 나타난 용의 오른쪽 옆구리에서 태어났다'라고 했고, 『삼국유사』에서는 '알영이 왼쪽 옆구리에서 태어났다'라고 하였다. 옆구리 탄생설화는 석가모니의 탄생신화로 널리 알려져 있는데 석가모니는 마야부인의 오른쪽 옆구리에서 태어났다. 그런데 왜 승려 일연이 쓴 『삼국유사』에서는 '왼쪽 옆구리'라고 했을까? 대부분의 연구자는 옆구리가 중요하지 오른쪽이든 왼쪽이든 상관없다고 보고 이 문제에 별달리 주목하지 않았다.

중국에 외래종교로 들어간 불교는 전해주는 사람이나 받아들이는 사람이나 불교가 중국과 인연이 깊다는 걸 강조하고 싶었다. 그래서 널리 퍼진 경전이 『노자화호경 老子化胡經』이다. 노자가 인도로 가서 다시 석가모니로 태어나 불교를 창시했다는 내용을 담은 경전이다. 노자도 '오른쪽 옆구리'에서 태어났다고 했다가 나중에는 석가모니와 다른 '왼쪽 옆구리'에서 태어난 것으로 정착되었다. 알영의 '왼쪽 옆구리' 신화는 불교와 도교적 요소가 혼합된 형태다.

한국과 중국의 여왕

▣ 신라에 여왕이 있었던 이유

선덕여왕이 왕위에 오른 이유를 흔히 '성골남진 聖骨男盡', 즉 성골 남성이 모두 없어졌기 때문이라고 보지만 진성여왕의 경우 진골이 많은데도 왕위에 오른 것을 보면 골품제도가 가장 큰 원인인 것 같지는 않다. 그래서 진성여왕은 소위 '아버지와 오빠들의 뒷배경'으로 여왕이 되었다고 한다.

진성여왕의 아버지는 경문왕이었고 오빠는 헌강왕과 정강왕이었기 때문이다. 그러나 아무리 뒷배경이 좋아도 고려나 조선시대에는 감히 여자가 왕이 될 수 없었으니 소위 '뒷배경'만 가지고 여왕을 설명할 수는 없을 것 같다. 여왕의 즉위를 골품제도나 '뒷배경'으로 보는 것은 여왕 자신의 의지보다 모두 어떻게 하다 보니 여왕이 되었다는 식의 남성적 시각이 반영되어 있는 것으로 보인다.

신라에 여왕이 등장한 근본적인 배경은 불교에 있다. 불교에는 여성도 성불할 수 있다는 여성성불론이 있다. 여자도 부처가 될 수 있다는 논리다. 진덕여왕의 이름 승만은 『승만경 勝鬘經』의 주인공 이름에서 따온 것이다. 여자도 부처가 될 수 있다는 가능성은 정법으로 나라를 다스리는 왕도 될 수 있다는 것을 의미한다.

선덕여왕은 정치다운 정치는 못해보고 절만 짓다가 끝났다고 비판받기도 한다. 그러나 고대 불교 국가에서 절의 창건은 정치와 관련되지 않은 것이 없다. 선덕여왕은 김춘추, 김유신 등 새로운 세력을 중용하고, 황룡사구

층탑을 만들어 백성들의 마음을 하나로 모았다. 새로운 인재와 하나 된 마음은 신라가 삼국을 통일하는 원동력이 되었다.

동아시아 여왕시대와 원측

　일체평등을 주장하는 불교에서 일천제(一闡提)는 성불할 수 없다는 오성각별설(五性各別說)과 여인은 성불할 수 없다는 여인성불불가설을 주장한 적이 있었다는 것은 쉽게 이해가 되지 않는다. 불교는 모두의 깨달음을 추구하는 종교이지만 그것을 담당하는 자들은 신분제와 여성차별을 당연히 여기는 세속의 사람들이었다. 물론 이것은 불교 본래의 가르침은 아니었으며, 남성이 지배하는 사회에서 자연스럽게 생성된 이론 중의 하나였다.

　신라의 선덕(재위 632~647)과 진덕(재위 647~654), 중국의 측천(재위 690~705) 등 여성이 지배하는 사회가 오랫동안 지속되었다면 여인성불불가설은 불교에서 사라졌을 것이다. 원측(圓測)이 살았던 시대는 바로 여성이 통치하는 시대였다. 원측은 15세에 중국으로 건너가 일생을 중국에서 마쳤지만 신라의 두 여왕의 존재를 알았고 진덕여왕의 어머니는 원측과 같은 모량부 출신이기도 했다.

　동아시아 최초의 여왕은 일본의 추고천황(재위 572~585)이었다. 일본에서 시작된 여왕 바람은 신라에 전해졌다. 신라에서 여왕의 시대가 끝나자 무대를 중국으로 옮겨 측천 여황(女皇)의 시대가 시작되었다. 원측은 측천 소생의 황태자를 위해 세운 서명사에 머물렀고 측천의 측근이 세운 불수

기사에서 입적하였다.

　원측의 『해심밀경소 解深密經疏』에서 인용한 신도(神都)가 684년 9월 낙양을 달리 부른 말이라는 점에서 『해심밀경소』의 저술 시기는 684년 9월 이후라고 할 수 있다. 이때는 법상종(法相宗)의 규기(窺基)가 죽은 지 2년 뒤이며 측천이 미륵과 전륜성왕을 자처하고 명당을 세우는 등 신정통치가 본 궤도에 오르는 시기였다.

　『서유기 西遊記』의 주인공이기도 한 삼장법사 현장이 인도에서 새로운 불교경전을 가져오자 당나라 불교계는 소위 신유식(新唯識)의 열풍에 휩싸였다. 이와 더불어 모든 중생이 성불할 수 있는가 없는가에 대한 논쟁이 다시 촉발되었다. 대세는 선천적으로 성불할 수 없는 일천제가 존재한다는 '오성각별'의 성불불가론이었다. 이에 대해 원측은 모두가 성불할 수 있다는 일체성불(一切成佛)의 입장에 서서 소위 '서명학파'를 이끌었다. 물론 근래에는 원측도 오성각별이었다는 주장이 힘을 얻고 있지만 나는 생각이 좀 다르다.

　원측은 『해심밀경』이 법상종의 오성각별을 주장하는 소의경전임에도 진제(眞諦)의 일체개성(一切皆性)의 입장을 자세하게 언급하면서 둘 사이의 균형적인 서술을 하고 있다. 이러한 원측의 서술태도는 원측이 오성각별의 입장에만 있었던 것이 아님을 보여주고 있다.

　원측은 693년 보리류지(菩提流志)가 측천을 위해 일부를 날조했다고 여겨지는 『보우경 寶雨經』의 역경에 참여하기도 했다. 『보우경』에는 여성도 전륜성왕이 되어 염부제(閻浮提)를 다스릴 수 있다는 내용이 들어있다. 불경의 역사에서 『인왕경 仁王經』을 포함한 여러 위경이 어떤 경우에는 정본 불경보다 큰 영향력을 끼쳤다는 것은 모두가 인정하고 있다. 위경이라

해서 폄하할 것이 아니며, 오히려 그 시대를 반영한 긍정적인 의미도 들어 있다.

『보우경』에 나오는 일부의 내용이 원전에는 없는 내용이라 하더라도 일체평등을 주장하는 부처의 가르침에 부합하는 것이라면 적극적인 평가를 해야 한다. 동아시아에서 일체성불의 입장은 이를 반대하는 법상종의 한때 흥기에도 불구하고 그 전통을 유지해왔다. 그러나 여성 성불에 대한 긍정적인 인식은 신라의 두 여왕과 중국의 측천의 시대를 마감하면서 그 맥이 끊어졌다. 원측은 오성각별의 법상종의 흐름 속에서 일체개성의 입장을 견지하고 동아시아 여왕시대를 대변한 대표적인 인물이다

중국의 달마에 끼워 맞춘 이차돈의 순교연대

현재 유통되고 있는 한국고대사 연표는 『삼국사기』에 근거하고 있다. 다만 2가지 경우만 예외인데, 하나는 광개토왕의 즉위연대다. 『삼국사기』에 392년 즉위라고 되어 있지만 광개토왕릉비에 근거해 391년을 즉위연대로 바로 잡고 있다. 또 하나는 이차돈의 순교연대이다. 『삼국사기』에 528년으로 나와 있지만 대부분의 연표가 『삼국유사』의 527년 설을 따르고 있

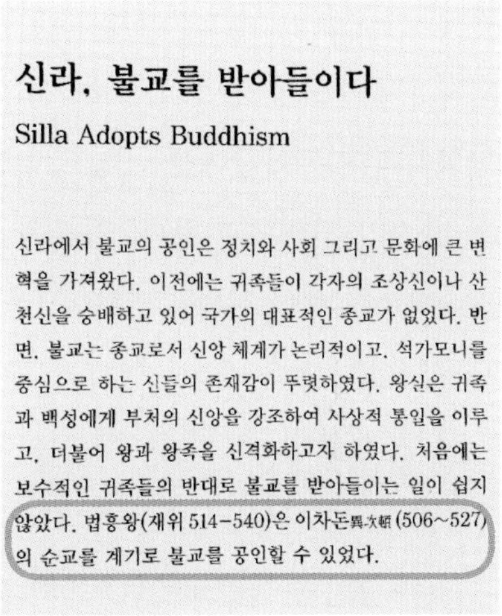

신라, 불교를 받아들이다
Silla Adopts Buddhism

신라에서 불교의 공인은 정치와 사회 그리고 문화에 큰 변혁을 가져왔다. 이전에는 귀족들이 각자의 조상신이나 산천신을 숭배하고 있어 국가의 대표적인 종교가 없었다. 반면, 불교는 종교로서 신앙 체계가 논리적이고, 석가모니를 중심으로 하는 신들의 존재감이 뚜렷하였다. 왕실은 귀족과 백성에게 부처의 신앙을 강조하여 사상적 통일을 이루고, 더불어 왕과 왕족을 신격화하고자 하였다. 처음에는 보수적인 귀족들의 반대로 불교를 받아들이는 일이 쉽지 않았다. 법흥왕(재위 514~540)은 이차돈異次頓(506~527)의 순교를 계기로 불교를 공인할 수 있었다.

<사진 68> 국립중앙박물관 신라실 안내판 중 '527년 이차돈 순교'

다. 『삼국유사』의 527년 설이 통설이 된 것은 동경제국대학을 나오고 경성제국대학 교수를 지낸 일본학자 말송보화(末松保和 1904~1992)에서 비롯되었다.

1954년에 말송은 『삼국사기』 신라본기 법흥왕조의 몇몇 기사를 『삼국사기』 직관지 및 지리지와 비교해 보았다. 그는 병부의 설치를 신라본기에서는 법흥왕 4년이라고 했고 직관지에서는 법흥왕 3년이라 했으며, 대아찬 이등의 사벌주 군주 임명을 신라본기에서는 법흥왕 12년이라고 했고 지리지에서는 법흥왕 11년이라고 한 것에서 알 수 있듯이 신라본기와 여러 지(직관지, 지리지 등)가 서로 1년의 차이가 난다고 하였다.

따라서 『삼국사기』 신라본기 법흥왕 15년(528)의 이차돈 순교기사도, 다른 지에 이와 관련된 기사가 보이지 않지만, 마찬가지로 1년을 앞당겨 법흥왕 14년(527)으로 고쳐보아야 한다고 주장했다. 이후 한국사학계를 이끌어간 이병도, 이기백도 말송의 견해를 따랐다. 지금은 모두 말송과 이기백의 견해를 취하여 『삼국유사』의 527년 설을 따르고 있다.

<사진 69> 국립경주박물관 소장 이차돈 순교비

"이차돈이 순교한 해는 『삼국사기』에는 법흥왕 15년(528), 『해동고승전』에는 16년(529), 『삼국유사』에는 14년(527)으로 되어 있어 서로 다르다. 여기에 관하여 말송보화는 『삼국사기』 신라본기 법흥왕대의 연대가 지리지나 직관지의 연대보다 1년씩 뒤떨어지고 있으며(병부를 둔 것은 본기에는 4년인데 지에는 3년이요, 사벌주군주를 둔 것은 본기에는 12년인데 지에는 11년이다), 또 김부식의 「대각국사비」에 "佛法以梁大通元年丁未 肇入新羅"라 하고, 또 『해동고승전』에는 "梁大通元年 丁未" 즉 법흥왕 14년(527)으로 잡고 있다는 이유로 14년설을 주장하고 있는데(末松保和, 「新羅佛敎傳來傳說考」, 『新羅史の諸問題』, 東洋文庫, 1954, pp.212~216) 이는 옳은 견해이다"(이기백, 1987(중판), 『신라사상사연구』, 일조각, 12쪽 각주 14번)

그러나 신라본기 법흥왕조의 기사 모두가 1년의 차이가 나는 것은 아니다. 말송보화도 언급했듯이 신라본기에는 법흥왕 18년에 상대등을 처음 설치했다고 하였는데 직관지에도 법흥왕 18년에 상대등을 설치했다고 하였다. 또 신라본기에는 법흥왕 19년에 금관국 구해왕(구형왕)이 항복했다고 하였는데 지리지에도 법흥왕 19년이라고 했다. 위 사례를 통해 신라본기 법흥왕 기사가 다른 지와 일치하는 경우도 많음을 알 수 있다.

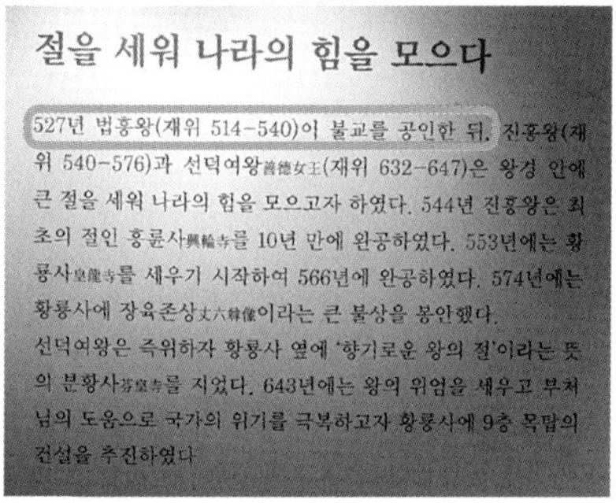

<사진 70> 국립중앙박물관 신라실 안내판 중 '527년 법흥왕 불교 공인'

더구나 법흥왕 15년의 이차돈 순교 기사는 『삼국사기』의 직관지와 지리지는 물론 다른 곳에서 비교할 수 있는 기사가 없다. 따라서 『삼국사기』 신라본기 법흥왕 15년(528)을 14년(527)으로 바꾸어 이해하는 말송보화의 견해는 좀더 신중한 검토가 필요하다.

물론 말송은 다른 근거를 제시하기도 했다. 그것은 신라 최치원이 쓴 「봉암사지증대사비문」이다. 최치원의 「지증대사비문」에서 이차돈의 순교연대를 양무제와 법흥왕의 행적과 연관하여 언급하고 있다.

a. 梁菩薩帝反同泰一春 양나라의 보살제가 동태사에서 돌아온 지 1춘.
b. 我法興王剏律條八載 우리 법흥왕께서 율령을 제정한 지 8년.

이차돈이 순교한 연도가 양보살제(양무제)가 동태사에서 돌아온 1춘에 해당되는 해이며 법흥왕이 율령을 반포한 지 8년이 되는 해라는 것이다. 말송은 『삼국사기』의 528년에 대해 부정적인 입장을 가지고 있었으므로 위 비문을 해석하는 것도 이에 맞추려는 의도가 없지 않았다. 말송은 a에 대해선 따로 언급하지 않고 b는 법흥왕이 율령을 반포한 520년을 포함하여 8년이라고 보고 527년으로 보았다. 그 후 말송의 견해를 따르는 한 연구자는 a를 '양보살제가 동태사에서 돌아온 그 해 봄'으로 보고 527년으로 보았다. 즉 일춘(一春)을 1년이 아닌 '그 해 봄'으로 해석한 것이다. 과연 그럴까. 위 a b 구절을 다시 한 번 주목해 보자.

법흥왕이 율령을 반포한 해는 520년이다. b의 '법흥왕이 율령을 반포한 지 8년'은 520년을 1년으로 계산하여 8년을 세면 527년이다. 520년을 포함하지 않고 521년부터 1년으로 계산하여 8년을 세면 528년이 된다. 둘 다 가능성이 있다. 그런데 말송은 신라본기와 여러 지의 비교를 통해 이미 연대를 527년으로 정해놓았고, b도 520년을 1년으로 계산하여 527년이라 해석한 것이다.

<사진 71> 문경 봉암사 지증대사탑비(출처:문화재청 국가문화유산포털)

그런데 a와 b를 자세히 보면 '양'과 '아', '보살제'와 '법흥왕', '반동태'와 '단율조', '일춘'과 '팔재'가 엄격한 대구를 이루고 있다. '일춘 一春'과 '팔재 八載'는 다시 '일'과 '팔', '춘'과 '재'로 대구다. '재'가 '년'이란 뜻이므로 '춘'도 '년'이란 뜻이다. 따라서 '팔재'가 '8년'이므로, '일춘'도 '그 해 봄'이 아니라 '1년'이 된다. a의 양무제가 동태사에서 돌아온 해가 527년이므로 '돌아온 1년'은 528년을 말하는 게 된다. 따라서 b도 율령을 반포한 520년 다음

해부터 1년으로 계산해서 527년이 아니고 528년이 되어야 한다.

 이처럼 신라인 최치원은 이차돈의 순교연대를 528년으로 보았다. 그런데 선종이 유행한 고려시대에 들어와 변화가 생겼다. 이차돈의 순교를 527년 중국에 선종을 전파한 달마의 박해와 연관시키기 시작한 것이다. 낭지(朗智)는 영축산에서 『법화경』을 강의하였는데, 용삭 연간(661~663)에 지통(智通)이 와서 이곳에 얼마동안 머물렀는지를 물었다. 이에 법흥왕 정미년(527)에 처음 발을 들여 135년이 지났다고 하였는데, 이 또한 527년에 맞춘 것이다.

 특히 『삼국유사』는 "큰 가르침의 흥쇠는 원근이 반드시 서로 감응한다는 것을 여기에서 믿을 수 있다. 大教興衰必遠近相感一時於此可信"라고 하면서 이차돈의 순교가 있었던 해에 달마가 중국에 들어왔다고 하여 적극적으로 이차돈과 달마를 연관시켰다.

 지금은 전하지 않지만 신라 김대문(金大問)이 지은 『계림잡전 鷄林雜傳』에도 이차돈이 순교한 해가 528년이라고 하였다. 김부식

<사진 72> 김명국 필 달마도(출처:국립중앙박물관 e뮤지엄)

의 『삼국사기』도 실은 『계림잡전』을 인용하고 있다. 그러나 고려시대 선종의 보급으로 이차돈의 순교를 중국의 달마와 연관시키면서 527년으로 변화된 것이다.

165

나는 말송보화가 527년을 주장했다고 해서 그를 비난할 생각은 추호도 없다. 그는 당시로서는 나름대로 근거를 대고 자신의 주장을 뒷받침했다. 문제는 말송보화의 견해가 하나의 주장이라는 점을 잊고 마치 그게 정설인 것처럼 60여년이 넘게 그냥 지나쳐 온 우리의 자세를 비판하고 싶은 것이다. 대가(大家)의 주장이라면 그에 대한 비판적 검토 없이 그대로 믿어 온 우리 학계의 반성이 필요하다.

한국불교의 모태는 신라불교다. 이차돈의 순교는 바로 한국불교의 출발을 의미한다. 이차돈의 순교연대는 한국불교사의 기념비적 연대다. 그러나 중국불교의 영향으로 한국불교의 기념비적 연대는 달마의 중국 입국 연대로 대체된다. 한국불교는 첫 단추부터 잘못 끼워진 셈이다.

문무왕과 경덕왕

<사진 73> 경주 대왕암에서 필자(신동훈 제공)

문무왕(재위 661~681)은 신라 31대 왕으로 삼국통일의 대업을 이루었다. 『삼국사기』와 『삼국유사』에는 다음과 같은 이야기가 전한다. 문무왕의 아버지는 태종무열왕(김춘추)이고, 어머니는 김유신의 누이동생인 '문희'다. 문무왕은 삼국을 통일하였지만 마음이 놓이지 않았다. 당나라와 일본, 특히 일본의 침략이 정말 걱정이었다. 그래서 무너진 성벽을 수리하고 새로 쌓아서 이를 대비해야 한다고 생각했다. 그러나 긴 전쟁을 치른 백성들에게 다시 일을 시키는 건 쉬운 일이 아니었기 때문에, 백성들이 존경하는 의상을 불러서 백성들을 설득하려고 했다. 왕의 부탁을 받은 의상은 왕에게 되물었다. "역사상 무너지지 않은 성이 있는지요?" 왕은 말이 없었다. 다시 의상이 말했다. "성을 높이 쌓아 나라를 지키는 건 한계가 있습니다. 인(仁)과 덕(德)으로 나라를 다스린다면 풀로 경계를 삼아도 넘어올 사람이

없습니다." 문무왕은 의상의 말을 듣고 성 쌓는 일을 그만두고 인과 덕으로 나라를 다스렸다.

이러던 문무왕도 죽음이 가까워지자 지의 스님을 불렀다. "내가 죽으면 어떻게 되겠는가?" 스님이 대답했다. "대왕께선 삼국을 통일하시고, 인덕으로 백성을 다스리고, 불법을 중흥시키셨으니 당연히 윤회의 세계를 벗어나 부처님 나라로 가실 겁니다." 왕이 말했다. "난 아무래도 일본이 걱정되니 죽어서 동해바다를 지키는 용이 되고 싶소." 스님이 대답하여 말했다. "무슨 말씀을, 용이 신령스럽긴 하지만 윤회의 고통을 반복하는 동물에 불과하옵니다." 왕이 다시 다짐하며 말하였다. "아닐세. 나에게는 윤회를 벗어나는 일보다도 나라와 백성을 지키는 게 더 큰 일일세." 그래서 문무왕은 죽어서 신라를 지키는 용이 되려고 바다에 뼈를 뿌렸다.

그 후 경덕왕은 신라 35대 왕으로 불국사와 석불사를 건립하였다. 왕에게는 한 가지 고민이 있었는데, 자신의 뒤를 이을 왕자가 없다는 것이었다. 그래서 그는 왕비와 이혼하고 새 왕비를 맞아들였지만 새 왕비에게도 아들이 태어나지 않았다. 그래서 의상의 제자인 표훈 스님을 불렀다. 왕이 "나에게 아들이 없는데 어떻게 방법이 없겠소?"라고 묻자, 스님이 "저에게 방법이 있습니다."라고 대답하였다. 왕이 "무엇이오?"라고 질문하자, "딸을 아들로 바꾸는 방법이 있습니다."라고 대답했다. "아니 그런 방법이 있었소? 빨리 알려주시오."라고 왕이 말하자, "이는 운명을 바꾸는 일이라 하늘에 뜻을 물어봐야 합니다. 하늘에 올라가 알아 보겠습니다."라고 대답했다.

일주일 뒤 표훈이 다시 왕을 찾았을 때에 왕이 다급히 물었다. "그래 어떻게 되었소?" 표훈이 "딸을 아들로 바꿀 수 있습니다. 그런데…"라고 말을 머뭇거리자 왕은 "빨리 말하시오."라고 다그쳤다. "딸을 아들로 바꾸면 나라가 위태로워집니다."라는 대답이 돌아왔다. 그러자 왕은 "괜찮소. 빨리 그대로 시행하시오."라고 하였다. 드디어 경덕왕은 아들을 얻었는데, 이 사람이 바로 혜공왕이다.

여자를 남자로 바꾸어서 그런지 모르겠지만 혜공왕은 태어나서 여자들의 노리개를 갖고 놀았고 물론 후사도 없었다. 혜공왕에게 후사가 없자 여기저기에서 서로 왕이 되려고 반란을 일으켰다. 그 와중에 혜공왕도 죽었고 소위 어지러운 신라 하대가 시작되었다. 점점 쇠퇴해진 신라는 이렇게 해서 천년의 사직을 마감하게 되었다.

<사진 74> 경주 불국사 청운교 및 백운교(출처 : 문화재청 국가문화유산포털)

나라를 다스리는 최고 통치자의 덕목 가운데 가장 중요한 건 '다른 사람, 특히 아랫사람의 말을 듣는 것'이라고 생각한다. 문무왕은 성을 쌓으려고 의상을 불렀지만, 스님은 반대로 성을 쌓지 말고 인과 덕으로 나라를 다스리라고 했다. 문무왕은 기꺼이 이를 받아들였을 뿐만 아니라 죽어서도 축

생인 용이 되어 자신보다는 나라와 백성을 걱정하였다. 이런 문무왕 덕분에 신라 황금기의 토대가 마련되었다. 반면 경덕왕은 불국사와 석불사를 짓는 등 신라 문화의 전성기를 이루었지만 유교적 사고에 집착하여 나라의 위태로움은 생각하지 않고 아들만이 왕위를 계승해야 한다고 생각하고 무리한 방법을 택했다. 경덕왕이 물었을 때 표훈은 이렇게 답했어야 한다. "우리나라엔 선덕여왕과 진덕여왕이 있었습니다. 남자 여자의 문제가 아니라 어떻게 다스리는가가 더 중요합니다." 표훈은 권력의 비위를 맞추었고, 경덕왕은 나라가 어떻게 되든지 오직 아들만 얻기를 바랐던 것이다.

아직도 나와 가족의 이익을 챙기는 것이 나라를 다스리는 일보다 우선한다고 생각하는 사람이 나라를 경영하고 있다면 정말 큰일이다. 모름지기 최고 통치자는 다른 사람의 말에 귀를 기울이고 자신보다는 나라와 국민을 우선시해야 하는 것이 아닐까?

불국사와 석불사

▪ 잘못된 이름 석굴암, 석불사로 바꿔야

불국사(佛國寺)와 석굴암(石窟庵)은 신라가 아니라 우리나라의 사상과 예술의 총체라고 해도 손색없는 우리의 대표적인 문화유산이다. 우리나라의 문화유산 가운데 가장 먼저 세계문화유산에 등재된 것도 불국사와 석굴암이다. 둘은 하나이면서 둘이고 둘이면서 하나이다. 그런데 석굴암이

<사진 75> 경주 석불사 본존불(출처:문화재청 국가문화유산포털)

란 이름은 이것을 부정하는 치명적인 이름이다. 마치 불국사에 부속된 암자처럼 여겨지기 때문이다.『삼국유사』에는 '석불사 石佛寺'로 기록되어 있으나, 이후 석굴암이라 불리게 된 결정적인 계기는 조선총독부에서 펴낸『불국사와 석굴암』이란 책이다.

불국사는 말 그대로 '불국 佛國', 즉 '부처님 나라를 그대로 펼친 절'이다. 그럼 석굴암은 무슨 뜻일까? 말 그대로 옮기면 '석굴+암'으로 '굴처럼 생긴 암자'란 뜻이다. 암자는 절보다 규모와 격식이 떨어진다. 암자에는 탑 또는 강당이 없는 경우가 대부분이다. 불국사는 지금 같이 살고 있는 현생의 부모를 위해 세운 절이고 석불사는 전생의 부모를 위해 세운 절이다. 그런데 석굴암이란 이름은 현생과 전생의 부모를 대등하게 모신 뜻에 어긋난다. 따라서 위계가 차이나는 사-암(寺-庵)의 관계로 설정되어서는 안 된다.

김대성이 세웠을 때 절 이름은 불국사와 석불사였다. 불국사와 석불사이어야지 둘의 관계가 더 명백해지고 김대성이 두 절을 세운 뜻이 살아난다. 불국사와 석굴암이라 하면 둘의 관계에서 불국사가 우월한 지위를 갖는다. 그러나 불국사와 석불사는 대등한 관계다. 어떤 측면에서는 석불사가 불국사보다 우월한 지위를 가졌다고도 볼 수 있다.

조선시대에 불교가 국가로부터 홀대를 받은 것도 석불사가 석굴암으로 이름이 바뀐 원인 중 하나이다. 관리가 잘 되지 않은 석불사는 절이라기보다는 굴처럼 생긴 암자와 같이 퇴락해 갔을 것이다. 조선 후기 경주를 다녀간 사람들은 자신들의 글에서 석불사 대신 '석굴' 또는 '석굴암'이라 쓰고 있다. 석굴 안의 석불이 중요한 게 아니라 외형적 측면인 석굴이 주 관심사였다.

불국사와 석불사는 철학, 종교, 미술, 조각, 건축 등 인간이 행위로 나타내는 문화행위의 총 집합체라고 할 수 있다. 한국의 사상과 문화, 예술이 한 곳에 녹아있다. 더 놀라운 건 불국사와 석불사가 따로 존재하는 게 아니라 둘이면서 하나로, 하나이면서 둘로 서로 상승작용을 이끌어내고 있다는 점이다. 그런데 석굴암이란 이름은 이러한 둘의 관계를 원천적으로 막아버린다. '안압지 雁鴨池'도 '월지 月池'로 이름을 바꾸었는데 석굴암을 석불사로 바꾸지 못할 이유가 없다.

학생들과 이 문제에 대해 토론했다. 석불사로 이름을 바꾸는데 모두 동의는 했지만 당장 바꾸기는 어렵다고 한다. 언젠가 바뀌겠지만 나서지는 않겠다는 분위기다. 나는 오늘부터 당장 바꾸겠다고 했다. 이러한 노력이 적어도 바뀌는 기간을 하루라도 앞당길 거라고 하면서. 내가 1년을 노력하면 1년이 앞당겨진다고. 나서도 바뀌지 않는다고 생각하지 말고 하루라도 앞당긴다 생각하고 실천에 옮겨보자고 했다.

불국사의 석가탑과 다보탑은 왜 비대칭일까?

연애편지, 어떤 편지가 잘 쓴 연애편지일까. 처음 만난 대학 1학년 때 편지하고 4학년 때 편지는 어떻게 다를까. 가장 큰 차이점은 '사랑'이란 용어의 빈도수다. 1학년 때 편지에는 '사랑'이란 단어가 없다. 비가 오면 오는 대로, 비가 그치면 그치는 대로 그냥 보이는 모든 것이 사랑이다. 그런데 학년이 높아질수록 감정이 무뎌진다. 이때 등장하는 단어가 사랑이다. 잘 쓴 연애편지에는 사랑이란 단어가 없다. 그런데 행간에 사랑이 한가득이다.

불국사는 '화엄불국사 華嚴佛國寺'라고도 한다. 김대성이 처음 불국사를 지었을 때는 대웅전과 극락전만 있었다. 대웅전 뒤 강당(무설전) 뒤에 화엄의 비로자나불을 모신 비로전이 있지만 비로전은 김대성 당대의 건물은 아니다. 비로전이 김대성 당대의 건물이라 하더라도 불국사의 중심 전각은 비로전이 아니라 대웅전이다. 그럼에도 왜 '화엄' 불국사라고 했을까? 불국사도 연애편지의 '사랑'처럼 화엄불국사의 '화엄'을 겉으로 표현하지

<사진 76> 경주 불국사 대웅전 앞 석가탑과 다보탑(한형기 제공)

173

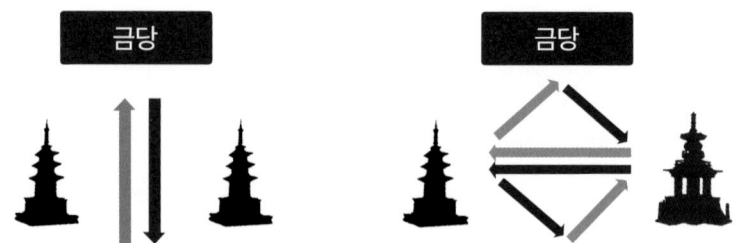

<그림 5> 대칭 쌍탑의 시선   <그림 6> 비대칭 쌍탑의 시선 : 사방으로 퍼져
                                               가는 불국의 세계

않은 것일까?. 불국사의 화엄은 어디에 숨어있는 것일까? 나는 그것을 다보탑에서부터 찾아보았다.

왜 불국사의 석가탑과 다보탑은 대칭으로 세우지 않았을까. 석가탑은 일반적인 3층 석탑의 양식인데 다보탑은 지금까지 보이지 않던 새로운 양식이다. 다보탑은 여러 나라에서 여러 개가 만들어졌지만 모두 일반적인 탑의 양식을 따르고 이름만 다보탑이라고 하고 있다. 불국사의 다보탑처럼 생긴 다보탑은 다른 곳에 없다. 왜 불국사의 다보탑을 전혀 새로운 양식으로 만들었을까? 석가탑과 대칭으로 만들지 않고 비대칭으로 만든 이유는 무엇일까?

나는 대칭과 비대칭의 시선에 주목해 보았다. 대칭 쌍탑은 관찰자의 시선을 가운데 금당으로 모은다. 탑보다 금당의 중요도가 더 높아지면서 나타난 게 쌍탑이다. 그래서 모든 쌍탑은 대칭이다.

그러나 유독 불국사만 비대칭 쌍탑이다. 그 이유는 관찰자의 시선을 금당이 아닌 비대칭 쌍탑으로 이끌기 위한 시도는 아니었을까. 불국사의 쌍탑은 시선을 중앙으로 모으는 것이 아니라 먼저 다보탑으로 이끈다. 그 다음은 다보탑과 반대 방향에 있는 석가탑으로 이끈다. 다음은 중앙의 금당이다. 금당에서 되돌아 나올 때도 다보탑과 석가탑을 순서대로 한번씩 보고

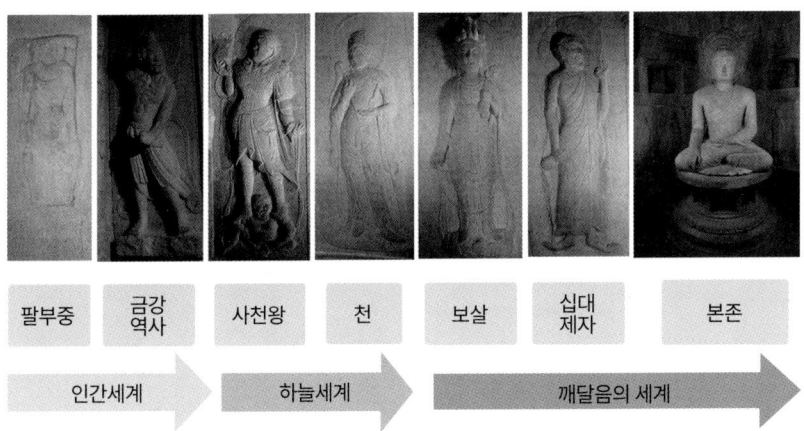

<그림 7> 석불사의 하나로 모아지는 구도(출처:문화재청 국가문화유산포털)

나오게 된다. 즉 비대칭인 다보탑은 입구 - 다보탑 – 석가탑 – 금당 – 다보탑 – 석가탑 – 입구로 동선이 짜인다. 불국사는 다보탑을 통해 사방 곳곳 옆으로 옆으로 무한히 퍼져나가는 부처님 나라 즉 불국을 표현하고 있다.

석불사는 반대다. 석불사는 40여 개의 조각상이 어우러진 석굴이다. 팔부중, 금강역사, 사천왕, 범천과 제석천, 문수보살과 보현보살과 십일면관세음보살, 십대제자, 본존불 등으로 구성되어 있다. 팔부중과 금강역사는 인간세계, 사천왕과 범천과 제석천은 하늘세계, 보살과 제자는 깨달음의 세계, 본존불은 깨달음의 세계 그 자체이다. 석불사는 인간세계→ 하늘세계 → 깨달음의 세계로 나아가는 과정을 나타냈고 그 중심에는 석불이 있다. 모든 조각상들이 가운데 석불을 향해서 안으로 안으로 모아지는 분위기를 연출하며, 하나의 세계를 표현하고 있다.

이와 반대로 불국사는 비대칭인 다보탑을 기점으로 시선이 밖으로 밖으로 향하는 구도를 취하고 있다. 즉 석불사가 '一'의 세계라면 불국사는 '多'의 세계라고 볼 수 있다.

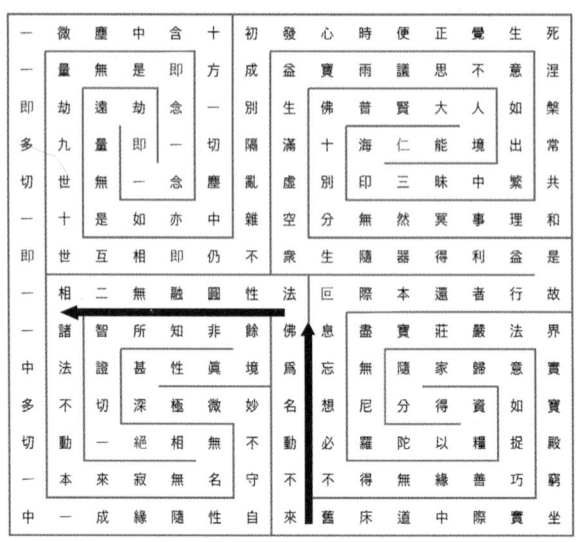

<그림 8> 의상의 화엄일승법계도(⇐ 법성원융무이상, ⇧ 구래부동명위불)

一의 석불사와 多의 불국사는 서로 만날 수 있을까? 화엄은 연기법(緣起法)이다. 서로 서로 관계를 맺고 있다. 석불사처럼 안으로 안으로 모아지는 세계와 불국사처럼 밖으로 밖으로 퍼지는 정반대의 두 세계조차도 연결되어 있다고 보는 게 화엄이다. 두 절은 토함산(吐含山)이라는 한 공간에 공존하고 있다. 토함산의 '토 吐'는 '밖으로 밖으로', '함 含'은 '안으로 안으로'란 뜻이다. '하나가 곧 여럿이고 여럿이 곧 하나'라는 '일즉다 다즉일 一卽多 多卽一'이다.

불국사의 다보탑에서 끝없이 펼쳐진 세계가 세계의 중심인 석불사 본존불을 만날 수 있을까? 답은 의상의 화엄일승법계도(華嚴一乘法界圖)에서 찾을 수 있다. '법성원융무이상 法性圓融無二相'의 '법'으로 시작하여 '구래부동명위불 舊來不動名爲佛'의 '불'로 끝난다. '법'으로 시작하여 천하사방을 돌다가 마지막에 '법' 바로 옆인 '불'로 돌아오고 있다.

비 속에서 춤추고 노래하며

비가 오면 우산 장수가 웃고 짚신 장수는 운다. 우리나라 역사에서 비의 은혜를 가장 많이 입은 사람은 누구일까? 비 속에서 춤추며 노래한 사람은 누구일까? 신라 제37대 선덕왕(宣德王)은 후사가 없었다. 신라 하대를 연 선덕왕이 죽자 다음 왕위 계승자로 무열왕계인 김주원(金周元)이 추대되었다. 그런데 왕궁으로 오는 도중 심한 비가 내려 북천이 불어났다. 김주원이 북천을 건너지 못하는 동안 왕궁에선 다른 얘기들이 오갔다.

> "인군(人君)의 대위(大位)는 사람이 어떻게 할 수 있는 것이 아니다. 오늘 폭우는 하늘이 주원을 왕으로 삼지 않으려고 하는 것이 아닌가? 대등 경신은 덕망이 높고 인군의 체모를 갖추고 있다"

그래서 내물왕계인 김경신(金敬信)이 왕위에 올랐는데, 이가 바로 신라 제38대 원성왕(재위 785~798)이다. 비가 억수같이 내릴 때 김주원은 발을 동동 굴렀고 김경신은 비를 맞으며 콧노래를 부르고 싶은 심정이지 않았을까? 뮤지컬 'Singing in the rain'처럼

김경신은 왕위에 오르기 전 이상한 꿈을 꾸었다. 복두를 벗고 흰 갓을 쓰고, 12현금을 들고 천관사의 우물 속으로 들어가는 꿈이었다. 어떤 사람이 해몽하길, '관직에서 쫓겨나서 칼을 쓰고 감옥에 들어갈 징조'라고 하였다. 김경신이 실의에 빠졌을 때 여삼(餘三)이란 사람이 찾아와서 다시 해몽을 하였다. '복두를 벗고 흰 갓을 쓴 것'은 '관모를 벗고 면류관을 쓴다', '12현

<사진 77> 국립중앙박물관 야외전시 고달사 쌍사자석등

금'은 '왕의 후손이 12대를 간다', '천관사 우물'은 '왕궁으로 들어간다'는 의미라고 하였다. 꿈의 은덕을 받았는지 비 덕분에 김경신은 왕위에 올랐고 여삼의 후손도 상을 받았다.

반면 왕위를 놓친 김주원은 명주(지금의 강릉)에 은거할 수밖에 없었다. 김주원은 참았지만 웅천주도독이었던 아들 김헌창은 참지 못하고 822년에 난을 일으켰다. 나라이름을 장안(長安), 연호를 경운(慶雲)이라 하였다. 9주 중 4개 주와 5소경 중 3개 소경이 호응할 만큼 위세를 떨쳤으나 결국 진압되었다. 그러나 여기서 끝나지 않았다. 김헌창의 아들 김범문이 여주 고달산을 근거지로 해서 또다시 난을 일으켰다. 물론 실패했다. 그렇다고 이것이 끝은 아니었다. 김주원-김헌창-김범문의 먼 후손으로 여겨지는 명주의 김순식은 후삼국시대 왕건에 귀부(歸附)하였고 왕건으로부터 왕씨 성을 하사받아 왕순식으로 이름을 바꾸었다. 785년에 내린 비로 시작된 김주원과 김경신의 악연이 935년 신라 멸망까지 이어진 셈이다.

현재 국립중앙박물관 야외에는 갈항사 쌍탑과 고달사 쌍사자석등이 전시되어 있다. 갈항사는 경북 김천에 있던 절이고 고달사는 경기 여주에 있던 절이다. 두 절이 폐사되어 탑과 석등이 박물관 야외에 전시되어 있다. 갈항사는 후기신라 초에 세워졌고 쌍탑은 785년에 김경신의 어머니, 외삼촌, 이모가 세웠다. 갈항사에 쌍탑을 세운 인연인지 모르지만 김경신은 하

<사진 78> 국립중앙박물관 야외전시 갈항사 쌍탑

늘에서 내린 비 덕분에 왕위에 오를 수 있었다. 김경신이 왕위에 오른 어느 날 어머니의 삼남매는 다시 갈항사에 갔다. 부처님께 감사하며 삼남매는 자신들의 이름과 원성왕의 이름을 탑에 새겨 넣었다.

 갈항사 쌍탑 옆에는 고달사 쌍사자석등이 서 있다. 고달사는 후기신라 때 세워졌고 고려 광종 때 큰 절로 위세를 떨쳤었다. 김범문은 할아버지 김주원과 아버지 김헌창의 한을 풀기 위해 고달산의 산적 수신 등 1백명과 더불어 난을 일으켰다. 고달사도 난에 합류했던 것으로 추정된다. 고달사 쌍사자석등이 언제 세워졌는지는 모르지만 고달산에서 난을 일으킨 사람들의 사연을 알고 있지는 않았을까?

 김주원 집안과 원성왕 집안의 긴 인연은 935년 신라가 멸망함으로써 일단락되었다. 과연 누가 이긴 싸움일까? 역사는 흘러 흘러 2020년을 맞이했다. 한때 영화롭던 갈항사와 고달사는 폐사되어 흔적만 남았고 그때 그 자리에 있던 쌍탑과 석등은 박물관 야외에 나란히 전시되어 있다. 박물관에 서 있는 탑과 석등은 서로를 알고 있을까? 신라시대 서로 왕위를 다투었던 그 때를 알고 있을까? 비 내리는 어느 날 김주원과 김경신이 탑과 석등 주위를 어슬렁거릴지도 모르겠다.

헤어지잔 말에 크게 기뻐하며?

　신라 시대 승려 조신(調信)은 명주에 있는 세달사의 장사(땅) 관리인으로 내려와 있었다. 당시 명주 태수 김흔에게는 어여쁜 딸이 있었다. 조신은 모든 소원을 들어준다는 낙산의 관음보살에게 그녀를 자신에게 보내달라고 빌었다. 관음보살도 난감했을 것이다. 그사이 그녀는 시집을 가버렸다. 조신은 관음보살을 원망 섞인 눈으로 쳐다보았다. 밤새도록 눈물을 흘리다가 그만 잠이 들었다. 그런데 이게 웬일인가? 그녀가 문을 열고 들어와 흰 이를 살짝 보이며 조신에게 다가왔다.

　"내가 일찍이 스님의 얼굴을 알아 마음으로 사랑하여 잠시도 잊지 못하였습니다. 부모의 명을 못 이겨 억지로 다른 사람을 따라갈 수밖에 없었습니다. 지금은 한 무덤에 묻힐 친구 '동혈지우 同穴之友'가 되고자 이렇게 왔습니다."

　조신은 모든 걸 때려치우고 고향으로 돌아가 그녀와 자식 다섯을 두고 행복하게 살았다. 그러나 삶은 어쩔 수 없었다. 가난에 찌들어 열다섯 살 아이가 굶어 죽었다. 둘은 여기저기 떠돌며 어떻게 해보려 했지만 구걸하던 열 살 딸이 개에 물려 돌아와 아프다고 울어댔다. 두 사람의 눈엔 눈물이 하염없이 흘러내렸다. 그녀가 말하였다.

"그대를 만나 지난 수십 년간 행복했지만 이제는 헤어질 수밖에 없게 되었네요. 각자 두 아이를 맡아 생계를 도모하도록 합시다."

조신은 크게 기뻐하였다. 떠나는 그녀와 두 아이의 뒷모습을 보고 설움이 복받치다 잠에서 깨었다. 벌써 밖은 새벽이고 머리는 어느새 하얗게 세어 버렸다. 얼마나 시간이 흐른 걸까? 벌떡 일어나 굶어 죽은 아이를 묻었던 곳을 찾아가 땅을 파보았다. 아아! 그곳엔 돌미륵이 묻혀 있었다. 조신은 모든 일을 그만두고 사재를 털어 그녀와 다섯 아이를 위해 절을 세우고 돌미륵을 안치하였다.

그토록 함께 하고 싶었던 그녀가 헤어지자고 했을 때 조신은 '기뻐했다' 정도가 아니고 '대희 大喜'라고 하였다. 아 이게 인생인가?

예전 안성기와 황신혜가 주연한 '꿈'이란 영화로 기억에 남았던 이 이야기는 곰과 범의 이야기를 쫓다 다시 만나게 되었다. 곰과 범의 '동혈이거 同穴而居'를 찾다가, 조신과 그녀의 '동혈지우 同穴之友'를 만났다. 곰과 범의 21일도 그들에겐 한바탕 꿈이었을까?

내 꿈은 깨우지 마세요!

도깨비다리(Ghost Bridge), 서울의 가치를 두 배로

1988년 서울올림픽을 효과적으로 운영하기 위하여 강북과 강남을 연결하는 다리를 놓았다. 다리 이름은 올림픽을 기념한다는 취지에서 올림픽대교라고 하였다. 올림픽은 올해로 벌써 32년이 지났다. 그날의 기억은 우리에게 조용필의 '서울 서울 서울 사랑으로 남으리 ~~ 오우 오우'란 노래 가사로 남아있지만 세계 사람들의 기억 속엔 오래전에 잊혀졌다.

올림픽은 전 세계인이 모여 겨루는 운동경기다. 그 근본 취지는 인종, 종교, 사상, 이념이 다른 여러 나라의 사람들이 모여 서로의 마음을 터놓고 어울리면서 서로를 이해하고 소통하는 것이다. 따라서 올림픽을 기념하는 다리나 홍보물도 올림픽을 직접 내세우기보다는 소통을 통한 감동을 주어야 한다.

그런 의미에서 올림픽대교란 다리의 이름은 많은 아쉬움을 남긴다. 한강에는 수많은 다리가 놓여졌고 한결같이 다리 이름엔 '한강대교, 반포대교'처럼 '큰 大'자가 들어가 있다. 하지만 크다는 의미가 '대'자로 충족되는 것은 아니다. 올림픽대교도 마찬가지다.

세계적인 건축가하면 가우디 등이 떠오르겠지만 우리나라엔 '비형 鼻荊'이란 건축가가 있었다. 비형의 아버지는 신라 진지왕이다. 진지왕은 복숭아꽃처럼 아름다운 '도화녀 桃花女'를 궁중에 불러들여 차지하려고 하였다. 하지만 도화녀는 남편이 있다고 거절하였다. '남편이 없다면 괜찮은가?'라고 묻자 도화녀는 '그렇다'라고 하였다. 모두들 진지왕이 남편을 죽였을 거라고 생각했을 것이다. 그런데 진지왕은 남편이 죽을 때까지 기다리겠다고 하였다. 뜻밖이다. 하지만 야속하게 왕이 먼저 죽었고 몇 년 뒤 도화녀의 남편도 죽었다.

그러던 어느 날 진지왕이 다시 도화녀를 찾아왔다. 귀신이 되어 돌아온 진지왕은 예전에 약속한 대로 도화녀와 사랑을 나누었다. 귀신과 인간이 만나 사랑을 나누었고 둘 사이엔 비형이란 아들도 태어났다. 정식 기록에는 진지왕이 왕위에서 쫓겨났고 성골의 지위도 박탈당했다고 한다. 왕의 신분으로 여염집 여인과 사랑을 나눈 죄의 대가를 톡톡히 치른 셈이다.

아버지가 왕이면서 자신은 귀신이고 신라 제일의 미인을 어머니로 둔 비형은 재주가 남달랐다. 특히 건축에 뛰어났고 그 중에서도 다리를 만드는 솜씨는 말 그대로 귀신같았다. 그래서 그가 만든 다리를 귀신다리, 귀교(鬼橋)라고 하였다. 비형은 왜 다리를 만드는 일에 온 정성을 기울였을까?

다리는 연결할 수 없는 두 곳을 연결시켜 준다. 비형은 이루어질 수 없는 아버지와 어머니의 사랑을 이어주고 싶었다. 고귀한 신분인 왕과 평범한 여인의 이루어질 수 없는 사랑, 귀신과 인간의 이루어질 수 없는 사랑을 연결해 주고 싶었던 것이다. 올림픽도 그렇다. 연결할 수 없는 두 나라, 연결할 수 없는 두 사람을 운동으로 연결해 주는 게 올림픽이다.

그런 의미에서 올림픽을 기념하는 다리이름으로 귀교, 즉 고스트 브리지(Ghost Bridge)가 제격이다. 올림픽에 참가했던 선수나 관광객은 한국 사람을 붙잡고 물어볼 것이다. Why? Ghost Bridge? 귀신이 나와서 그러냐? 그때 우리는 그들에게 천년 전 신라의 사랑이야기를 들려주면 된다. 인간 세상에서 이루진 못한 사랑을 귀신이 되어 이룬 신라왕과 도화녀의 아름다운 사랑이야기를. 그리고 둘 사이에서 비형이 태어났고 그가 만든 다리가 Ghost Bridge라고.

만약 그랬다면 서울올림픽이 끝난 지 수십 년이 지났지만 오늘도 전 세계인이 그때 걸었던 Ghost Bridge를 다시 걷고 있을 것이다. 왜냐하면 세상에 사는 그 누구라도 헤어진 사랑의 아픔을 간직하고 있기 때문에. 그 사랑을 다시 되찾고 싶기 때문에. 그 사랑을 언젠가는 꼭 이룰 수 있다는 희망을 품을 수 있어서. 오늘 사랑하고 있어서. 바로 서울 Ghost Bridge에서

백성이 해인사로 간 까닭은?

초등학교 사회교과서(81쪽)에는 후삼국으로 들어가기 이전 신라 말의 혼란상을 다음과 같이 서술하고 있다.

"농민들의 생활은 점점 어려워졌고, 가난을 견디지 못한 농민들은 살던 곳을 떠나 떠돌거나 도적이 되었다. 또 전국 곳곳에서 농민들이 봉기하여 지방의 관청을 습격하기도 하였다."

교과서는 위 내용을 보충하기 위해 신라 후기의 어지러운 사회상을 보여주는 자료로 해인사의 길상탑과 탑지를 제시하고 있다. 탑지는 탑에 넣는 비석을 발한다. 무령왕릉처럼 무덤에 넣는 비석은 지석이라고 한다. 교과서의 탑과 탑지에 대한 설명은 다음과 같다.

탑지: 탑을 세운 까닭, 탑과 관련된 내용이나 관련 인물을 적은 것

합천 해인사 길상탑: 신라 후기에 세워졌으며, 탑에서 당시의 어지러운 사회 모습을 적은 벽돌 판(길상탑지)이 발견되었다

<사진 79> 합천 해인사 길상탑
(출처:문화재청 국가문화유산포털)

탑을 세운 목적과 탑지의 구체적인 내용은 무엇일까? 언뜻 생각하기는 교과서의 문맥 상 어려움에 처한 농민들을 위로하기 위해 탑을 세우고 탑지는 농민들의 혼령을 위로하는 내용들로 채워졌을 거란 생각이 든다. 하지만 정반대다. 탑과 탑지는 해인사로 쳐들어 온 농민들을 막기 위해 죽어간 승려들을 위해서 세운 탑이다. 왜 농민들은 해인사로 쳐들어갔을까? 불심으로 삼국을 통일하고 불국사와 석불사를 지었던 신라였다. 그런데 신라의 백성들이 절로 쳐들어간 것이다. 절에는 뭐가 그렇게 많았을까? 신라의 운명이 어떻게 될지 불을 보듯 뻔하다.

<사진 80> 해인사 길상탑 탑지(출처:국립중앙박물관 e뮤지엄)

가야

가야, 삼국시대와 '사국시대'

　한국고대사라고 하면 고구려, 백제, 신라 삼국을 말하지만 가야도 있다. 가야는 삼국에 포함되지 않는다. 김부식의 『삼국사기』와 일연의 『삼국유사』가 말하는 삼국도 마찬가지다. 김부식에게 "왜 가야를 뺐습니까?"라고 물으면 "책 이름이 『삼국사기』이지 않습니까?"라고 반문할지도 모르겠다. 그런데 책 이름에 삼국이 들어갔다고 해서 꼭 삼국의 역사만 적는 건 아니다. 중국에도 『삼국지』라는 역사책이 있으며, 이때의 삼국은 위, 오, 촉 세 나라다. 그렇다고 해서 세 나라의 역사만 적은 건 아니며, 주변 나라의 역사도 서술했다. 고구려와 변진(가야) 등 우리나라의 역사도 『삼국지』의 「위서 동이전」에 실려 있다. 이런 중국의 역사 서술 방식은 사마천의 『사기』에서부터 비롯되었다. 중국은 중국의 역사가 곧 세계사고, 세계사가 곧 중국사라는 역사인식을 갖고 있었다.

　그런데 김부식은 『삼국사기』란 역사책을 쓰면서 고구려, 백제, 신라 삼국의 역사만 다루었다. 삼국만 서술하지 말고 가야 등 삼국의 주변에 있었던 나라의 역사도 다루었으면 하는 아쉬움이 있다. 우리는 『삼국사기』의 영향인지 모르지만 역사를 바라보는 관점이 매우 좁다. 세계사는 고사하고 한국사를 물으면 "고대사 전공인데요", 고대사를 물으면 "신라사 전공인데요", 신라사를 물으면 "상고기 전공인데요"라고 답한다.

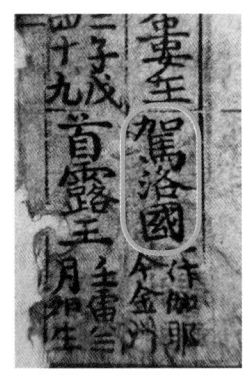

<사진 81> 파른본 『삼국유사』「왕력」 중 '가락국'(출처: 연세대박물관)

일연의 『삼국유사』는 제목에 삼국이 들어갔지만 「가락국기 駕洛國記」란 항목을 넣었다. 짧지만 「북부여 北扶餘」, 「말갈발해 靺鞨渤海」 등의 항목도 들어있다. 특히 「왕력」이 주목된다. 「왕력」은 신라, 고려(=고구려), 백제의 역대 왕들을 간략하게 소개하고 있는데 여기에 가락(가야)도 들어가 있다. 「왕력」만 본다면 삼국이 아니라 '사국'이 된다. 가야를 포함해 삼국시대가 아니라 '사국시대'로 부르자는 논의가 있는데 그 강력한 근거 중 하나가 「왕력」이다.

2020년 현재 국립중앙박물관에는 '가야본성, 칼과 현'이란 주제로 가야특별전이 열리고 있다. 칼과 현은 가야의 철과 가야금을 의미하는 것 같다. 가야의 본성(本性)은 무엇일까? 가야의 본성은 언제 찾게 될까?

<사진 82> 가야특별전 전시 철갑옷

발해

발해의 건국연대와 멸망연대는 언제인가?

우리가 알고 있는 발해의 건국연대는 698년이다. 698년은 어느 나라 기록에 근거한 걸까. 아쉽지만 우리 기록은 아니다. 그럼 당연히 중국 기록이라고 생각하겠지만 그것도 아니다. 일본『유취국사 類聚國史』라는 책에 근거한 것이다.『유취국사』는 9세기 말에 편찬된 역사책으로『일본서기』등 6개의 편년체 역사서를 종류별(類)로 모아 편집(聚)하였다. 이 책 권 193에 "천지진종풍조부천황 2년(698)에 대조영이 비로소 발해국을 세웠다. 天之眞宗豊祖父天皇二年 大祚榮始建渤海國"라고 하였다.

발해 건국연대의 통설은 일본『유취국사』의 698년 설이다. 한국인의 속성상 일본기록은 되도록 믿지 않으려고 하는데 사실 698년이 일본 측 기록에만 보였다면 나중에 살펴볼 우리 측 기록의 건국연대를 따랐을 것이다.『유취국사』의 698년 설을 뒷받침해 준 것은 우리가 잘 믿어주는 중국 기록인『구당서 舊唐書』이다.

『구당서』에는 '대조영이 성력연간에 진국을 세웠다'라고 하였다. 진은 발해의 이전 이름이다. 성력은 중국 주나라 측천의 연호로 698년부터 700년까지 사용되었다. 일본『유취국사』에서 698년이라 했고 이 연대가『구당서』에서 언급한 성력연간에 포함되므로 두 기록의 교집합인 698년이 발해 건국연대의 통설이 되었다.

그런데 10세기 중반에 쓰인『구당서』와 달리 11세기 중반에 쓰인 중국의 『신당서 新唐書』에는 '측천이 만세통천 중에 걸걸중상을 진국공(震國公)에 봉했다'라고 하였다. 만세통천은 696년부터 697년까지 사용된 연호다. 중국의『구당서』와『신당서』에 따르면 발해의 건국연대는 만세통천에서 성력연간에 이르는 696~700년 사이가 된다. 조선시대 발해에 관한 우리 측 기록인 유득공(柳得恭)의『발해고 渤海考』나 한치윤(韓致奫)의『해동역사 海東繹史』의 발해건국연대도 모두 중국의『구당서』와『신당서』에서 벗어나지 못한다.

발해의 건국연대는 일본과 중국 기록에 근거하고 있지만 우리 쪽 기록이 없는 건 아니다.『삼국유사』에 인용된『삼국사』에는 '고려(=고구려)의 남은 무리들(高麗殘孼)이 678년 태백산 아래 발해를 세웠다'라고 하였다. 『제왕운기』에는 '갑신년인 684년에 대조영이 발해를 세웠다'라고 하였다. 우리 쪽 기록은 통설인 698년보다 14~20년 일찍 건국된 것으로 보고 있다. 이 경우 우리는 어느 쪽 기록을 따라야 할까.

건국의 기점을 어디로 잡느냐는 기준에 따라 다를 수 있다. 객관적인 요소와 주관적인 요소 가운데 어디에 더 강조점을 두느냐도 중요한 관건이다. 다만 건국의 기점을 고려할 땐 건국 구성원의 주관적인 요소를 무시할 수 없다. 대한민국의 수립과 관련하여 세계 보편국가들은 그 기점을 어디로 잡을까. 1919년과 1948년, 둘 중의 하나를 고르라고 하면 아마도 1948년을 기점으로 삼을 것이다. 그러나 대한민국의 구성원인 우리는 1919년 대한민국임시정부를 기점으로 잡고 있다. 구성원의 주관적인 인식, 역사의식이 중요하기 때문이다. 발해 건국에 관한 우리 쪽 기록이 대한민국임시정부만큼 많이 남아있지 않지만 678년이나 684년은 발해의 임시정부와 같은 것이다. 발해 건국과 관련된 우리 쪽 기록에 대한 재인식이 필요하다.

『제왕운기』는 발해의 멸망연대에 대해서도 일반적으로 알려진 926년이 아닌 925년으로 보고 있다. 926년은 『요사 遼史』 등 중국 기록에 의한 것인데 한국 측 기록인 『제왕운기』나 『고려사 高麗史』 등에서는 925년으로 보고 있다. 발해는 926년 1월 초순에 거란에 의해 멸망했기 때문에 기록에 따라 바로 전해인 12월에 멸망했다고 볼 수 있다. 하지만 『제왕운기』는 발해의 멸망을 거란의 직접 공격에 의해 수도가 함락된 것으로 보지 않고 대광현(大光顯) 등 발해 왕족들이 고려에 귀부한 925년을 더 중요시한 것 같다.

『제왕운기』에서 고구려 건국 그리고 발해의 건국과 멸망을 통설과 달리 본 이유는 고조선(위만)의 멸망을 고구려의 건국으로 이어받았고, 고구려의 멸망과 그를 계승한 발해의 건국연대를 보다 좁혀 이해하고, 발해가 다시 고려로 이어졌다는 역사의 계승성을 매우 강조했기 때문이다.

후고려와
고려

후고려

■ 후고구려와 후고려

 글쓴이는 평소 고구려가 고려로 나라이름을 바꾸었기 때문에 고구려를 '고려'로 부르거나 또는 왕건의 고려와 구분할 필요가 있을 경우 '전고려 前高麗'로 불러야 한다고 생각하고 있다. 그렇다고 예전처럼 계속 고구려로 부른다고 해서 틀렸다는 말은 아니다. 왜냐하면 몇백 년 동안 고구려란 이름도 사용했으니까. 다만 고구려가 고려로 나라이름을 바꾼 것이 역사적 사실이고 나라이름을 바꾼 그들의 꿈과 이상을 존중해 준다면 되도록 고려 또는 전고려로 부르는 것이 좋지 않나 제안해 보는 것이다.
 하지만 후고구려는 100% 틀린 나라이름이다. 현재 초중고 모든 교과서가 후삼국시대의 나라이름을 '견훤의 후백제, 궁예의 후고구려, 통일신라'로 적고 있다. 궁예가 세운 나라가 고구려이고, 이를 주몽의 고구려와 구분하기 위해 후고구려라고 부르고 있는 것인데 이는 역사적 사실이 아니다. 궁예는 고구려란 나라를 세운 적이 없다.
 궁예에 대한 평가는 김부식의 『삼국사기』에 나오는데 그야말로 입에 담을 수 없는 내용도 포함하고 있다. 김부식의 평가는 지금도 그대로 이어지고 있다. 그것을 단적으로 보여주는 것이 후고구려란 나라이름이다. 아무리 궁예가 미워도 궁예가 세운 나라이름을 다르게 불러서는 안된다. 고려시대나 조선시대에 궁예를 아무리 비판하더라도 그가 세운 (후)고려를 후고구려로 부르지는 않았다. 하지만 궁예를 미워한 김부식은 『삼국사기』에서 아예 궁예가 (후)고려란 나라를 세운 것을 역사에서 지워버렸다. 『삼국사기』에는 궁예가 세운 고려가 등장하지 않는다.

학계는 지금 후고구려라는 나라이름을 쓰고 있는 것에 아무런 문제의식을 느끼고 있지 않다. 지금 후고구려라고 쓰고 있는 게 편하게 느껴져서 굳이 문제를 삼고 싶지 않은 듯하다. 그러나 궁예에 대한 연구는 연구자의 입장도 중요하지만 최소한 궁예의 입장에서 생각해 주어야 한다. 적어도 궁예가 세운 나라는 온전히 고려 그대로 불러주어야 한다. 고구려를 고려나 전고려로 바꾸는 게 어렵다면 최소한 궁예가 세운 나라의 이름은 고려로 꼭 바꿔야 한다. 고려시대 사람들은 구분할 필요가 있을 경우 주몽의 고려를 전고려, 궁예의 고려를 후고려로 불렀다. 적어도 궁예만은 고려 또는 후고려로 고쳐진 국호가 나중에 나올 교과서에 꼭 반영되었으면 한다. 아니 꼭 반영되어야 한다.

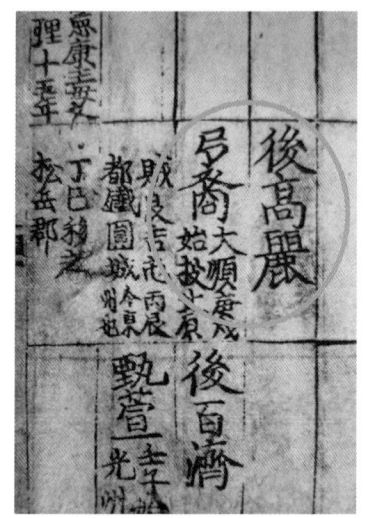

<사진 83> 파른본 『삼국유사』 「왕력」 중 '후고려 궁예 後高麗 弓裔'(출처: 연세대 박물관)

■ 궁예, 김부식에게 표절당하다!

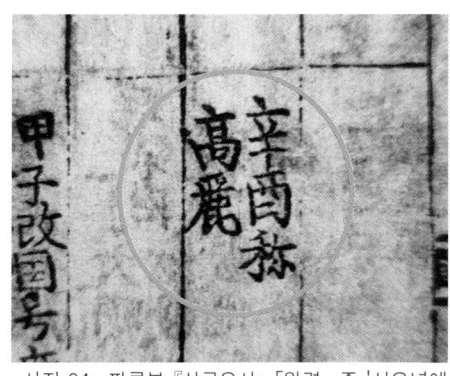

<사진 84> 파른본『삼국유사』「왕력」중 '신유년에 고려라 칭하다. 辛酉称 高麗'(출처: 연세대박물관)

학계에서 고구려가 고려로 나라이름을 바꾸었다고 정식으로 글을 써서 주장하는 사람은 세 사람에 불과하다. 그리고 고구려가 고려로 나라이름을 바꾸었기 때문에 실제로 고려 또는 전고려로 불러야 한다고 주장하는 사람은 딱 한 사람 글쓴이뿐이다.

중국학계나 한국학계는 고구려가 고려로 국호를 바꾼 것을 인정하지 않고 있다. 고려는 고구려의 하나의 별칭이라는 것이다. 한발 양보하여 그렇다고 치자. 그렇다면 우리나라 역사상 '고려'란 나라이름을 정식 국호로 사용한 최초의 나라는 김부식의『삼국사기』와 현 한국사 교과서에 의하면 왕건의 고려이다. 그러나 이는 김부식과 교과서의 명백한 표절이다.

우리나라 역사상 나라를 세우며 처음 고려란 국호를 사용한 인물은 궁예다. 왕건은 궁예가 정식 국호로 사용한 고려를 그대로 나라이름으로 사용했다. 현재 학계에서 펴낸 교과서에 나온 대로 왕건이 '고구려'를 계승하기 위해서 '고려'란 나라이름을 채택한 게 아니다.

우리 학계는 고구려가 고려로 나라이름을 바꾼 것도 인정하지 않으면서, 궁예가 공식적으로 채택한 '고려'란 나라이름도 인정하지 않고 후고구려라고 부르고 있다. 그러면서 왕건이 고구려를 계승하기 위해서 고려란 나라

이름을 사용했다고 쓰고 있다.

　김부식은 궁예가 정식 국호로 정한 '고려'를 인정하지 않고 마치 자신이 속한 나라가 '고려'를 정식 국호로 역사상 처음 사용한 것처럼 포장했다. 김부식은 『삼국사기』에서 궁예가 고려란 나라를 세운 것을 철저히 숨기고 있다. 이는 명백한 표절이다.

■ 왕건, 궁예를 계승하다.

　왕건이 궁예를 죽이고 새 나라의 임금이 되었기 때문에 왕건은 궁예를 부정했다고 보기 쉽다. 그러나 부정한 측면도 있지만 계승한 측면도 생각보다 크다. 그것을 단적으로 보여주는 게 궁예가 맨 처음 사용했던 나라이름 고려를 그대로 이어받은 것이다.

　신하인 왕건이 임금인 궁예를 죽이고 새 나라를 세웠기 때문에 그에 대한 정당성을 확보하기 위해서라도 궁예가 세웠던 나라의 이름은 사용하지 않는 게 상식적이다. 그럼에도 고려란 나라이름을 그대로 사용했다. 이는 왕건이 '태봉 泰封'의 궁예를 부정한 것이지 궁예가 처음 '고려'란 나라를 세운 의도까지 부정한 것이 아님을 보여준다. 왕건은 궁예가 썼던 나라이름 고려를 그대로 사용함으로써 옛 궁예 세력도 포섭할 수 있는 명분도 쌓을 수 있었다.

초등학교 교과서의 후고구려

　초등학교 5-2학기 사회(역사)교과서의 전체 분량에 비해 후삼국시기가 차지하는 비중이 생각보다 크다. 그 가운데 느낌표 '!'를 제시하면서 "견훤과 궁예가 각각 나라 이름을 후백제, 후고구려라고 정한 까닭을 이야기하여 봅시다"라는 생각코너가 있다. 아마 역사 전공자들은 다 알고 있는 이야기겠지만, 역사에 관심있는 일반인들을 위해서 굳이 답을 하면 다음과 같다.

　답: 견훤은 백제를 이었다는 의미로 후백제라고 하였고, 궁예는 고구려를 이었다는 의미로 후고구려라고 하였다.

　여기서 유의할 점은 후백제의 '후'나 후고구려의 '후'는 뒤에 붙여진 이름이다. 그러니까 견훤과 궁예가 세운 나라는 백제와 고구려. 그런데 '!'라는 코너에 앞서 교과서에는 다음과 같은 말이 먼저 서술되어 있다.

　"궁예는 송악(개성)에 도읍을 정하고 후고구려를 세웠다. 태조 왕건은 고구려를 이었다는 뜻으로 나라이름을 고려라고 하였다."

　그런데 고구려를 이었다는 표현은 바로 위 언급에 의하면 왕건보다 고구려란 나라이름을 사용한 궁예에 어울리는 말이다. 어떤 학생이 다음과 같이 질문할 수 있다. "궁예는 고구려라고 했는데 왕건은 왜 고려라고 했나요?" 아마도 나올 답은 이렇지 않을까. "왕건이 궁예를 죽이고 왕이 되었기 때문에 고구려라고 하지 않고 고려라고 했단다."

안타깝게도 앞서 언급한 고구려, 고려와 관련된 내용은 모두 틀린 말이다. 왜냐하면 궁예가 세운 나라는 고려였고, 고구려는 4~5세기를 전후하여 고려로 나라이름을 바꾸었거나 고려란 나라이름을 같이 썼기 때문이다. 내가 말한 내용은 특별한 내용이 아니다. 학계에서는 이미 동의가 된 내용인데 왜 초등, 중등, 고등학생들이 배우는 교과서에서는 이러한 사실을 알려주지 않고 불필요한 오해, 사실과 다른 역사계승의식을 심어주는지 이해하기 어렵다.

태봉보다 후고려로

예전 글에서는 궁예가 고려를 세우고 이후 '마진 摩震', '태봉 泰封'으로 나라이름을 바꾸었기 때문에 궁예의 세 나라를 통칭해서 부를 때 태봉이라고 부를 것을 주장했다. 다른 연구자들도 대부분 태봉으로 통칭하고 있다. 궁예의 나라를 통칭해서 태봉으로 부르는 이유는 다음과 같다.

1) 궁예가 가장 오래 사용한 나라이름이 태봉이다.
　후고려 5년(901~905), 마진 7년(905~911), 태봉 8년(911~918)
2) 궁예가 마지막으로 사용한 나라이름이 태봉이다. 후고려 – 마진 - 태봉

1392년에 건국한 조선은 1897년에 나라이름을 대한제국으로 바꾸었다. 두 나라를 통칭할 때 대한제국이 마지막 국호이지만 조선이란 이름

의 사용 기간이 압도적으로 길기 때문에 조선이라 부르고 있다. 대조영은 진에서 발해로 나라이름을 바꾸었는데 진이란 이름을 사용한 지 몇 년도 지나지 않아 발해로 바꾸었으므로 진과 발해를 통칭할 때는 발해로 부르고 있다.

궁예의 나라를 태봉으로 통칭하는 이유 가운데 하나로 드는 '궁예가 마지막으로 사용한 나라이름'이라는 것은 조선과 대한제국의 예에서 확인되는 바와 같이 절대적인 기준은 되지 못한다. 문제는 1)에서 지적한 '가장 오래 사용한 국호로 통칭한다'는 원칙은 타당성이 있는 것으로 여겨진다. 그러나 가장 오래 사용하였다는 기준을 설정할 때에는 몇백 년, 또는 적어도 몇십 년의 차이가 있어야 한다고 생각한다.

궁예의 경우 태봉을 마진보다 1년, 후고려보다 3년 더 사용하였다고 이를 통칭으로 사용하는 것은 너무 기계적인 적용이라고 생각한다. 또한 궁예의 후고려 건국도 보통 901년으로 보고 있지만 철원에 도읍한 896년을 건국으로 볼 수도 있다. 890년이란 기록도 있다. 만약 후고려가 896년에 건국되었다면 후고려의 존속기간은 10년이 된다.

그런데 궁예의 나라와 조선, 발해 등은 경우가 좀 다르다. 조선과 발해는 몇백 년을 이어갔지만 궁예의 경우 세 개의 나라이름이 모두 궁예 당대에 사용되었다. 궁예의 역사적 평가는 당연히 나라를 세운 데 있다. 후삼국시대도 궁예의 건국에 의해서 가능했다. 건국할 때의 나라이름 (후)고려가 나중에 바꾼 나라이름인 마진, 태봉보다 더 중요하다. 궁예에 대한 역사적 평가가 건국에 있다면 궁예의 나라를 통칭하여 부를 때도 건국할 때의 나라이름인 후고려라고 불러야 하지 않을까.

잘못된 선원사, 가궐로 바로 잡아야

강화대교를 건너면 여러 문화재 표지판이 보인다. 그 가운데 하나가 '선원사지'라는 표지판이다. 선원사지 근처에 가면 안내판이 '고려대장경 판각성지 선원사지'로 바뀐다. 최우의 원찰로, 고려시대 송광사 다음 가는 절이었던 강화 선원사(禪源寺)는 그동안 그 위치가 확인되지 않았다. 1976년 박정희 대통령은 강화도에 남아있는 호국유적을 발굴하라고 지시했는데 그때 발견되어 곧바로 사적으로 지정된 곳이 현 선원사지다. 그런데 이곳은 정식으로 발굴을 거쳐 사적으로 지정된 것이 아니었다. 호국유적을 찾으라는 독촉에 급하게 찾았고 급하게 사적으로 지정되었다. 그 후 20여 년간 발굴이 진행되어 오늘날과 같이 정비되었다.

그때 이곳이 선원사지라고 주장한 근거 중의 하나가 현 선원사지 뒷산이

<사진 85> 선원사지 전경(출처:문화재청 국가문화유산포털)

도감산이라는 것이었다. 대장도감(大藏都監)이 있던 곳이어서 도감산이라고 불렀다는 것이다. 그러나 도감산은 대장도감이 아니라 훈련도감(訓鍊都監)이 있던 자리여서 도감산으로 불렀다고 보아야 한다. 조선시대 지도를 보면 현 선원사지가 있는 산 밑에 '훈국 訓局'이라고 쓰여 있는데 훈국은 훈련도감을 말한다. 훈련도감은 조선 후기 군영으로 강화도에도 설치되었다.

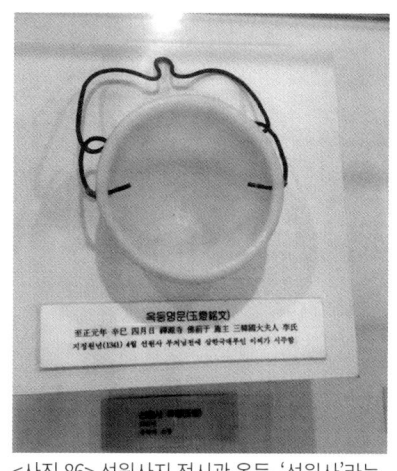

<사진 86> 선원사지 전시관 옥등. '선원사'라는 글씨가 새겨져있다.

 현 선원사지 앞 전시관은 이곳에서 발굴된 자료들을 전시하고 있다. 옥등 하나가 전시되어 있는데, 옥등에는 "지정 원년(1341) 4월 선원사 부처님전에 삼한국대부인 이씨가 시주함. 至正元年 辛巳 四月日 禪源寺 佛前于 施主 三韓國大夫人 李氏"라는 글귀가 새겨져 있다. 전시관에서 이 옥등을 본 사람들은 당연히 현 선원사지에서 발굴된 옥등으로 생각할 것이다. 그런데 이 옥등은 출처불명이다. 경기도의 한 스님이 동국대학교에 기증한 것이라고 한다. 예전에 옥등의 소장처를 명기하지 않고 전시해서 이를 지적한 바가 있었다. 지금은 소장처가 '동국대학교 박물관'으로 되어있다. 그렇다고 해서 전시관에 들른 사람들이 이 옥등의 발굴지가 미상이라는 걸 알 수 있는 방법은 없다. 당연히 동국대 박물관에서 이 옥등을 발굴했으므로 '동국대박물관 소장'으로 적어놓았다고 생각할 것이다.

 도감산의 '도감'을 대장도감으로 보고 이곳 선원사지를 사적으로 지정한

것이나 40여 년이 지난 다음 선
원사지 전시관에 마치 이곳에
서 발견된 것처럼 선원사 명문
의 옥등을 전시하는 것은 바른
태도가 아니다. 그만큼 이곳이
선원사지라는 근거를 댈 수 없
기 때문에 여기서 출토되지도
않은 옥등을 전시하여 선원사
지라는 걸 억지로 강요하는 모
양새다.

이 옥등에 관한 문제는 2001
년에 이미 지적한 바가 있다.
그때는 설명문에 '모대학'조차

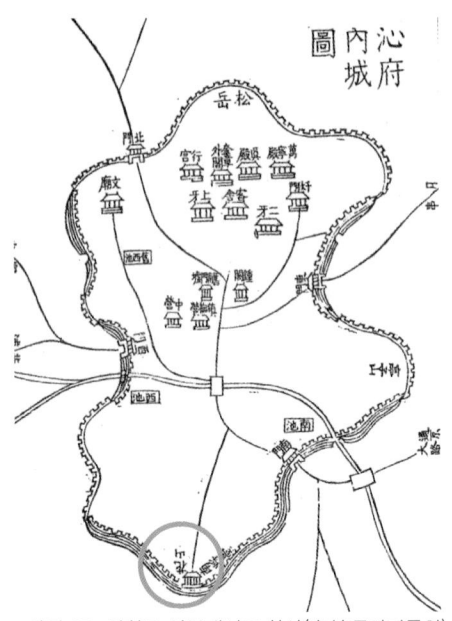

<사진 87> 강화도 심부내성도 화산(출처:국가기록원)

도 언급하고 있지 않았지만 지금은 눈막음으로 '동국대소장'이라고 적어 놓은 것 같다. 하루 빨리 이 옥등을 동국대학교에 전시하든지 아니면 옥등 설명판에 출토지 미상이라고 적든지 해야 할 것이다.

사실 이곳은 선원사지가 아니다. 이 문제는 다른 곳에서 본격적으로 다룰 예정이지만 몇 가지 결정적인 근거를 제시하고자 한다. 고려시대 선원사가 완공된 후 새 주지로 진명국사(眞明國師) 혼원(混元)을 임명하였다. 혼원을 선원사의 주지로 임명할 때 내린 글에 '화산신찰 花山新刹'이란 말이 나온다. 선원사를 '화산에 있는 새 절'이라고 하였으므로, 선원사의 위치는 바로 화산을 찾으면 된다. 강화도의 화산은 강화부 남산을 말하는데, 현 선원사지와 화산은 거리가 멀다. 나는 화산 아래에 위치한 선원 김상용의 사

<사진 88> 선원사지로 추정하는 화산 아래 선행리 충렬사

당인 충렬사(忠烈祠)를 선원사지로 추정하고 있다. 그럼 현 선원사지는 무엇인가. 바로 가궐(假闕)이다. 고려는 몽고의 침략을 물리치기 위해 강화도의 풍수가 좋은 곳에 임시 궁궐을 짓고 불교법회를 열었는데, 그 가운데 하나가 신니동 가궐이다. 현 선원사지가 있는 동네가 신지동인데 신니동과 유사하다.

두 번째 근거는 고종 행차의 방향이다. 고려대장경이 완공되자 고종은 이를 치하하기 위해 대장경이 보관되어 있는 판당에 행차하였다. 이 판당은 선원사지 관할이거나 근처로 추정된다. 만약 현 선원사지가 맞다면 고종은 남문을 통해 나가야 한다. 현 선원사지는 강화부 남동쪽에 있기 때문이다. 그런데 고종은 남문이 아닌 서문을 통해 나가고 있다. 현 선원사지로 가는 길이 아니다.

마지막 세 번째 근거는 밤나무산지다. 선원사는 조선시대에 폐사되었다.

절터에 장원서(掌苑署)의 과원(果園)을 두고 주로 밤나무를 심었다.『속수증보강도지 續修增補江都誌』에서는 밤이 잘 자라는 산지 3곳을 들었는데 바로 한 곳이 화산 남쪽 충렬사 근처다. 현 선원사지는 밤나무산지로 언급되지 않았다.

  이상의 근거에 의하면 현 선원사지는 고려시대에 완공된 선원사의 옛터가 아니므로 사적 지정도 잘못되었다고 볼 수 있다. 한번 잘못 지정된 사적지는 고쳐지기가 어렵다. 왜냐하면 그때의 잘못을 인정해야 하기 때문이다. 당장 현 선원사지를 가귈터로 바꾸기 어렵다면 현 선원사지 전시관에 전시되어 있는 옥등의 출처만이라도 관람객들에게 확실하게 알려주었으면 한다.

국립중앙박물관 경천사 십층석탑

친원파가 원나라 황제를 위해 세운 탑

올해도 수많은 사람들이 세계 여러 나라로 여행을 떠났다. 유명한 미술관, 박물관도 찾아간다. 혹시 외국 분들이 한국의 박물관을 묻는다면 어느 박물관을 소개할까? 박물관의 어떤 유물을 알려줄까? 생각이 잘 나지 않으면 이번 기회에 '국립중앙박물관'에 꼭 한번 가보시기를 권한다.

박물관에 들어서면 맨 먼저 눈에 띄는 건 1층 홀이다. 박물관은 지하 1층, 지상 6층이지만 중앙 홀은 통으로 뚫려 있어 웅장한 느낌을 준다. 홀 가운데로 걸어가면 비석이 하나 서있고 저 멀리 안쪽에 탑이 하나 보인다. 아주 늘씬한 탑으로, 시원스럽게 위로 쭉 뻗었다. 가까이 가보면 그 크기에 한 번 더 놀란다. 조각도 매우 뛰어나고 화려하며, 돌도 일반 돌이 아닌 대리석이다. 매우 이국적인 형태인데, 위에서 내려다보면 일반적인 사각형이 아니고 사각형에 또 사각형이 튀어나와 있다. 탑의 층수도 세기가 어렵게 기기묘묘하다. 7층인 듯 10층 같고, 10층인 듯 13층 같기도 하다. 보는 사람 맘이다. 지금까지 3층, 5층탑만 보다가 쭉 뻗은 탑을 보고 대단하다고 연신 탄성을 지

<사진 89> 경천사 십층석탑

른다.

 마음을 가라앉히고 탑 앞에 있는 안내판을 들여다 본다. 탑 이름은 바로 '경천사 십층석탑'이다. 고려 충목왕 4년(1348)에 만든 탑으로, 원래 개성 근처 경천사 터에 있었는데 나라를 빼앗기기 3년 전인 1907년에 일본 궁내부 대신 전중광현(田中光顯)이 일본으로 가지고 가버렸다. 힘이 없던 백성들은 그저 바라볼 수밖에 없었다. 그런데 이 사건에 분개한 외국인 베델과 헐버트 등이 이러한 만행을 규탄하는 글을 신문에 실었다. 여러 사람의 노력 덕분에 이 탑은 다시 돌아올 수 있었다. 안내판을 읽고 나서 다시 한 번 탑을 쳐다본다. 가슴 속이 찡하다. 그리고 아름다운 탑을 보며 생각에 잠긴다. 나라가 힘이 없어 우리의 소중한 문화재가 겪었던 수난을 생각한다. 오늘 박물관에 오길 잘했다고 생각하며 스스로 뿌듯해 한다.

 그런데 잠깐! 그냥 가면 안 된다. 이 탑에는 또 다른 기구한 운명이 숨어있다. 다시 돌아가서 탑 1층 몸돌 창방에 쓰여 있는 글씨를 보아야 한다. 이 탑은 고려 사람 '강융 姜融'과 '고용봉 高龍鳳'이 원나라 황제와 황후를 위해서 세웠다고 쓰여 있다. 강융은 자기 딸을 원나라

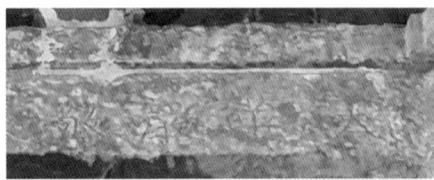
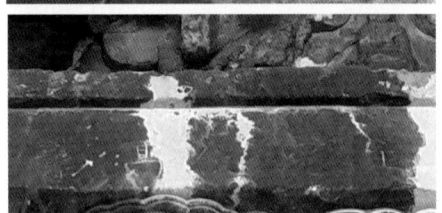

<사진 90> 경천사 십층석탑 1층 몸돌 창방 명문 중 '대화엄경천 大華嚴敬天'(위)과 '주원사고용봉 主院使高龍鳳'(아래)

승상(국무총리) 탈탈에게 첩으로 바쳐 권세를 잡은 인물이며, 고용봉은 원나라 환관으로 권세를 잡은 인물이다. 둘의 권세는 고려왕을 능가할 정도였다. 그러니까 고려가 원나라에 항복하고 원나라의 간섭을 받을 때 원나

라에 붙어 권세를 잡은 대표적인 친원파들이 원나라 황제를 위해서 세운 탑이었다. 그런데 이러한 내용은 안내판에 한 줄도 쓰여 있지 않다.

다시 한 번 탑을 쳐다본다. 예전처럼 아름답게만 보이지 않는다. 아름다움이란 무엇인가? 나 자신에게 물어본다. 아름다운 것을 그 자체인 아름다움으로 보는 순수한 마음이 나에겐 없는 걸까? 처음엔 이국적인 아름다움이라고 보았는데 왠지 조각도 불편해 보인다. 왜냐하면 우리나라 탑은 화려한 조각을 좋아하지 않기 때문이다. 조선시대 기록에는 이 탑을 원나라 장인이 만들었다고 하였다. 친원파가 원나라 황제를 위해 발원한 탑을 원나라 장인이 만들었다고 하니 더욱더 혼란스럽다. 이럴 경우 경천사 석탑은 우리 문화재가 맞는 걸까? 국립중앙박물관 중앙 홀에 세워 놓을 만큼 우리나라 역사를 대표하는 문화재일까?

누구는 이렇게 말할지도 모르겠다. 원나라 간섭을 받을 때 원나라 황제를 위해서라고 쓰는 건 흔히 있는 일이다. 단지 형식적인 문투에 불과하다. 물론 맞는 말이다. 하지만 원나라 황제를 위해서 만든다고 하면 그 다음에 상투적이라도 고려 국왕을 위해서 만든다고 쓰는 게 일반적이다. 그런데 경천사 석탑에는 원나라 황제만 나와 있고 고려 국왕은 보이지 않는다. 누구는 또 말한다. 탑 1층에 "나라가 태평하고 백성이 평안하기를 바란다.(국태민안) 國泰民安"라고 쓰여 있으므로 경천사 석탑을 그렇게 부정적으로 볼 필요가 없다고. 그런데 강융과 고용봉이 생각한 나라와 백성은 어느 나라이고 어느 나라의 백성일까? 원나라의 지배를 받고 있는 고려가 이대로 원나라의 지배를 계속 받아야 나라가 태평하고 백성이 평안한 것이라면 그것이 진정한 태평과 평안일까?

원나라 간섭기와 일제강점기는 상황이 똑같지 않지만, 만약 대표적인 친일파 이완용이 일본 천황과 국태민안을 위해 탑을 세웠다면 여기의 국태민안은 어떤 의미일까? 먼 훗날 이완용이 만든 탑을 국립중앙박물관 중앙 홀에 세워 놓았다면 이것을 어떻게 보아야 할까? 그렇다고 조선총독부를 폭파한 것처럼 경천사 십층석탑을 어떻게 하자는 얘기가 아니다. 과거의 아픈 역사도 우리의 소중한 역사다. 당연히 경천사 석탑은 소중히 보존해야 한다. 다만 소중히 보존은 하되 아픈 우리의 역사를 정확히 알려야 한다. 탑이 아름답다고 해서 아픈 역사를 숨길 수는 없다. 대리석으로 만든 탑이라 실내에 놓을 수밖에 없고, 탑이 너무 커서 박물관 홀에 세울 수밖에 없다면, 적어도 안내판에 이 사실을 알려줘야 한다. 이 탑은 친원파가 원나라 황제를 위해서 세운 탑이라고. 그래서 탑을 보는 사람이 문화재가 어떤 의미를 갖는가를 스스로 판단할 수 있게 해줘야 한다.

  물론 지금 당장 안내판을 고친다 해서 근본적인 문제가 해결되는 건 아니다. 그러나 이러한 경천사 석탑을 영원히 박물관 중앙 홀에 세워 둘 수는 없지 않는가? 경천사 석탑을 전시할 별관을 따로 만들어서 과거의 아픈 문화유산도 이렇게 소중히 간직하고 있다는 것을 보여주었으면 한다.

경천사 석탑 설명판, 하루 빨리 바꾸어야 한다.

> **경천사 십층석탑** 敬天寺 十層石塔
>
> 이 탑은 고려 충목왕忠穆王 4년(1348)에 세운 십층석탑으로 대리석으로 만들었다. 고려 석탑의 전통적인 양식과 이국적인 형태가 조화를 이루며, 고려인이 생각한 불교 세계가 입체적으로 표현된 석탑이다.
> 사면이 튀어나온 기단부에는 사자獅子, 서유기西遊記 장면, 나한羅漢 등을 조각했다. 목조 건물을 그대로 옮겨 놓은 듯한 탑신부에는 1층부터 4층까지 부처와 보살의 법회 장면을 총 16면에 조각하였으며, 지붕에는 각각의 장면을 알려주는 현판이 달려 있다. 5층부터 10층까지는 다섯 분 혹은 세 분의 부처를 조각하였다. 상륜부는 원래의 모습을 알 수 없어 지붕만을 복원하였다.
> 이 탑은 1907년 일본의 궁내대신 다나카[田中光顯]가 일본으로 밀반출하였으나, 영국 언론인 E. 베델과 미국 언론인 H. 헐버트 등의 노력에 의해 1918년에 반환되었다.
> 1960년에 경복궁에 복원되었으나 산성비와 풍화작용에 의해 보존상의 문제점이 드러나 1995년 해체되었다. 국립문화재연구소가 10년간 보존처리를 진행한 후, 국립중앙박물관이 2005년 용산 이전 개관에 맞춰 현재의 위치에 이전·복원하였다.

<사진 91> 국립중앙박물관 경천사 십층석탑 설명 안내판

 김구의 동상을 친일파 김경승이 만들고 이순신의 영정을 친일파 장우성이 만들었다. 친일파의 그늘 아래 친원파가 세운 경천사 석탑이 국립중앙박물관 한가운데 세워져 있다. 친원파가 원나라 황제를 위해 원나라 장인을 불러서 세운 탑이라는 사실은 설명판에 없고 고려왕실을 위해서 세웠느니, 국태민안을 위해 세웠느니, 일본에 빼앗겼다가 다시 찾은 탑이니 하면서 전 국민들로 하여금 뭉클한 애국심을 느끼도록 하고 있다. 친일파들이 만든 예술품에 무감각한 상황에서 친원파가 만든 탑이 국립중앙박물관에 떡하니 서 있는 것도 무감각하게 느껴진 건 아닐까.
 고려왕실을 위해서 세웠다는 근거없는 말이 유포되고 있으며, '국태민안'은 친원파를 위한 국태민안인데 경천사 관련 글에서 이를 자랑스럽게 설명하고 있다. 우리는 언제까지 친일파나 친원파의 작품을 보고서 가슴 뭉

클한 애국심을 느껴야 할까. 국립중앙박물관에 바란다. 국민 스스로가 이 탑에 대해 평가할 수 있게 하루 빨리 친원파가 원나라 황제를 위해서 세운 탑이라는 내용이 담긴 설명판으로 바꿔주기를 바란다.

옆길로 샌 한국의 미학

헐리게 된 광화문을 살려낸 야나기 무네요시(柳宗悅)는 조선의 미를 선(線)의 미학, 한(恨)의 미학이라고 하였다. 일본보다 우월한 문화를 자랑했던 조선이 일본에게 나라를 빼앗겼으니 야나기에겐 조선의 선(線)이 역동적이라기보다는 슬픔과 한으로 다가왔을 것이다. 해방 이후 야나기의 관점은 그대로 이어져 7,80년대 학교를 다닐 때 국어시험 문제의 정답은 거의 한(恨)의 정서였던 것 같다. 그러나 우리의 입장에서 보면 당연히 선(線)은 슬픔과 한이 아니다. 전고려(고구려) 고분벽화 사신도의 현무는 선의 역동성을 잘 보여주고 있다.

국립중앙박물관에 가면 한국의 미를 여기저기서 느낄 수 있다. 국립중앙박물관의 가장 인상적인 유물은 경천사 십층석탑이다. 한국의 '전통과 이국적(異國的)인 미'를 보여준다고 한다. 21세기 한국의 미를 경천사 석탑이 보여준다고 한다. 그런데 과연 경천사 석탑이 한국의 미를 대표하는 것일까? 특히 우려스러운 것은 박물관에 오는 어린 학생들이다. 초등학생들이 한국의 미를 처음 접하는 게 경천사 석탑이기 때문이다. 야나기에 의해 한번 옆길로 샌 한국의 미학이 또다시 경천사 십층석탑 때문에 옆길로 새고 있는 것은 아닐까.

경천사 석탑은 원나라 양식인가? 고려 양식인가?

아래 글은 조선시대 김창업(金昌業 1658~1721)이 1712년에 형 김창집(金昌集)을 따라 중국 북경에 갔다가 남긴 연행일기다. 영평부에 이르러 한 탑을 보고는 우리나라의 경천탑 및 대사탑(원각사탑)과 같다고 하면서 만든 솜씨가 한 사람의 손에서 나온 듯하다고 하였다. 경천사 석탑의 양식에 대해선 원나라 양식에 고려 양식을 가미했다고 하는데 김창업의 묘사를 보면 중국 양식에 가까움을 알 수 있다.

> "성안의 거리들은 크고 넓으며, 길옆에는 높은 대문을 가진 큰 집들이 종종 있었다. 시장 거리는 번화하기가 비록 통주(通州)만은 못하지만 각종 상품들은 없는 것이 없었다. 거리 서쪽에 있는 석탑은 높이가 3장 정도나 되고, 반질반질하게 다듬은 돌에다 주위를 돌아가며 모두 불상(佛像)을 새겨 놓았는데 세밀한 부분은 털끝을 넣어 새긴 것 같다. 지금까지 지나오면서 많은 탑을 보았지만 대부분은 모두 벽돌(甎)로 만든 것이며, 석탑이 정교한 것은 여기서 처음 보았다. 우리나라의 경천탑 및 대사탑은 중국 공장(工匠)의 손에 의해 만들어졌다고 세상에 전해 오고 있는데, 지금 이 탑을 보니 조각한 솜씨가 한 사람의 손에서 나온 듯하였다."(고전번역원 번역 참조)

城中街巷廣闊 路傍往往有高門大屋 市肆繁華 雖不及通州 而各種物貨 亦無不有 街西石塔 其高三丈許 而石理瑩膩 周回皆刻佛像 細入毫髮 今行見塔多 而大抵皆甎造 石塔之精巧者 始見於此 我國擎天塔 及大寺塔世傳中國工匠所造 今見此塔 雕鏤之工 如出一手矣

▪︎ 몽골 제국의 침략을 견딘 고려를 마냥 자랑만 할 수 없는 이유

고려가 원과 상하관계를 맺은 시기를 '원간섭기'라고 한다. 그런데 고려는 나라를 유지하고 세계제국 몽골과 함께 부마국으로서 세계를 경영한 긍정적인 측면을 봐야 하므로 부정적인 원간섭기 대신 다른 용어를 써야 한다고 주장하기도 한다. 이러한 인식이 국립중앙박물관에 원나라 황제를 위해 세운 경천사 십층석탑을 전시한 하나의 배경이 되었을 것이다.

과연 나라를 유지하면 그만인가. 몽골은 고려 왕의 시호에 '충 忠'자를 쓰게 하였으며, 재위중인 왕을 물러나게 하고 퇴위한 왕을 복위시키기도 하였다. 최고 통치자의 진퇴가 완전히 다른 나라에게 맡겨진 상황이다.

무엇보다 공녀가 문제다. '공식적으로' 자기 나라의 여성을 다른 나라에 보내는 나라가 어디 있는가. 자기가 애지중지 키우는 딸이 언젠가 다른 나라로 잡혀갈지도 모른다는 생각을 하고 있는 나라가 나라일까.

경천사 석탑의 설명문에는 원황제에 대한 언급이 없다. 5천년 역사를 이어오려면 다른 나라의 간섭도 받고 나라를 빼앗길 수도 있다. 더 중요한 건 아픈 우리의 역사적 경험을 진솔하게 반성하는 일이다.

몽골에 저항하기 위해 『삼국유사』를 찬술하였는가?

"흉포한 몽고를 상대로 한 30년 민족의 대항전 속에서, 이민족의 압제라는 현실의 제약 하에서"(『한국의 역사인식』권상, 1976, 창작과 비평사, 135쪽)

"외세의 압력을 극복하고자 하는 정신사관을 강하게 반영하는 사서"(『한국의 역사가와 역사학』권상, 1994, 창작과 비평사, 83쪽)

위 두 책은 현재 역사학을 공부하는 사람은 거의 소장하고 있을 정도로 널리 읽힌 책이다. 이 책에선 일연이 편찬한 『삼국유사』의 역사인식을 몽골에 저항하기 위한 민족정신의 고취였다고 말하고 있다. 지금도 대부분의 연구자들이 이러한 입장에 있다.

그러나 정작 『삼국유사』에서 몽골(원)에 대한 저항을 나타내는 구절은 찾을 수 없다. 황룡사 구층탑이 불탄 것에 대해서도 몽골이란 국호를 드러내지 않고 '서산병화 西山兵火'라고 완곡하게 서술하고 있다. 몽골의 '지원 至元' 연호를 사용하고 몽골을 '대조 大朝'라 표기하고 있다.

『삼국유사』가 원이라는 외세의 압력을 극복하기 위한 정신사관(精神史觀)에 의해 편찬되었다는 견해를 전적으로 부정하는 것은 아니지만, 시야를 좀더 넓혀 보아야 한다. 원에 의한 송의 멸망이라는 국제 정세에 주목할 필요가 있다.

송의 멸망은 세계의 중심이 가변적일 수 있다는 사실을 고려에게 각인시켜 주었다. 지금까지 중국의 역사에 기대어 우리 역사의 왜소함을 달랬다면, 송의 멸망은 우리의 역사를 되돌아보는 계기가 되었다. 우리 역사의 기원에 대해서도 다시금 생각해 보게 하였다. 따라서 『삼국유사』의 편찬목적은 원의 침략과 압력을 극복하려고 했다기보다 송의 멸망에 따른 국제적인 변화 속에서 고려의 '자기찾기'라는 점이 더 강조되어야 할 것이다.

조선

국립중앙박물관 조선실의 나라이름 조선

　국립중앙박물관 조선실과 대한제국실 개편 특징 중 하나는 '조선'과 '대한' 등의 나라이름의 유래에 대해 자세한 설명을 덧붙인 것이다. 이성계가 세운 조선이란 나라이름의 뜻은 '동방의 해가 뜨는 나라'라고 보았다. 새 왕조는 '조선 朝鮮'과 '화령 和寧'이란 나라이름을 명나라에 올렸다. 조선은 예전에 썼던 나라이름이고 '화령'은 함경도 이성계 집안의 본거지다. 명나라가 기자를 계승한 조선이란 이름으로 정해주었다고 하면서 조선은 고조선의 계승자라는 의미를 받아들였다고 이해하고 있다.

　그런데 조선 건국의 일등공신 정도전(鄭道傳)은 그의 저서 『조선경국전 朝鮮經國典』 '국호' 항목에서 그 이전의 나라이름은 중국에서 지어주지 않았기 때문에 정통성이 없으나 '조선'이란 이름은 명나라에서 지어주었기 때문에 정통성이 있다고 자랑스럽게 말하고 있다. 조선은 망하는 날까지 명나라가 나라이름을 지어준 은덕을 잊지 말아야 한다고 말하였다. 또한 조선에서 대한제국으로 나라이름을 바꿀 때 신하들은 조선을 기자조선에서 따온 국호로 보았다.

> 신라, 고구려, 백제, 후고려, 고려는 모두 중국으로부터 명을 받지 않고 스스로 명호를 정했으니 부당하다.(정도전,『조선경국전』)
>
> 주나라 무왕이 기자를 조선후에 봉했듯, 명나라 황제가 전하(이성계)의 나라를 조선이라 이름 지어 주었다.(정도전,『조선경국전』)
>
> 옛날 우리 태조 대왕께서 위화도에서 회군하여 삼가 제후의 법도를 닦았는데, 태조 황제께서 특별히 조선이라는 국호를 하사하시고 면복을 내리셨으니 조선은 곧 기자의 옛 칭호입니다. 이 칭호를 주신 것이 어찌 백세에 잊을 수 없는 은혜가 아니겠습니까(『영조실록』 25년 3월 23일)

따라서 이성계와 정도전의 조선은 고조선(단군조선)보다는 기자조선을 계승한 것에 가깝다. 그런데 자랑스런 한국사를 서술하는데 아무래도 기자조선을 언급하기를 꺼리는 것 같다. 하지만 자랑스런 한국사는 역사적 사실을 숨기는데 있는 것이 아니라 올바른 역사를 기술하는데 있다. 현 중고등학교 교과서 모두 이성계의 조선은 한결같이 고조선을 계승했다고 하는데 적어도 고조선(단군조선)과 기자조선을 같이 계승하였다고 기술되어야 한다.

국보 1호 논쟁, 숭례문과 훈민정음

2008년 2월 10일 숭례문이 불 탔다. 지금은 복원되었지만 왠지 예전 같지가 않다. 숭례문이 불탄 이후 국보 1호 논쟁이 더 불거졌지만 숭례문이 국보 1호로 지정되는 과정도 여러가지 우여곡절을 겪었다. 일제저항기 일본은 1934년부터 조선의 유물과 유적에 일련번호를 매기기 시작했는데 보물 1호가 남대문이었고 보물 2호가 동대문이었다. 이때 남대문이 국보가 아니고 보물로 지정된 것은 당

<사진 92> 2015년 복원 이후 숭례문

시 본토 일본에 있는 것만 국보가 될 수 있었기 때문이다. 해방 이후 제헌헌법이 제정되었지만 유물 유적에 관한 법률은 일제저항기의 것을 그대로 계승했다. 그래서 해방 이후에도 보물 1호는 숭례문이었고 보물 2호는 흥인문이었다. 해방이 되었어도 왜 숭례문이 보물이 될 수밖에 없었는지 관심이 없었다.

일본에 있는 유물들은 국보인데 왜 우리나라의 유물들은 보물인가라는 자격지심이 들었는지 1955년 일괄적으로 보물을 국보로 바꾸었다. 남대문이 국보 1호가 되었고 동대문은 국보 2호가 되었다. 그런데 모든 보물을 국보로 명칭만 바꾸었으니 이제 우리나라는 국보만 있고 보물은 없는 국보나라가 되었다. 1962년에 다시 국보 가운데 일부를 보물로 재배치했다. 이때 국보 2호였던 흥인문은 보물 1호가 되었다. 그러니까 흥인문은 보물 2호였다가, 국보 2호였다가, 보물 1호가 되었으니 해방국가의 기준없는 문화재 정책의 편의에 따라 국보와 보물을 왔다갔다한 셈이다.

1934년 일제가 처음 일련번호를 매길 때 어떤 기준 또는 어떤 목적에 의해 매겼는지는 기록이 남아있지 않다. 번호는 서울, 경기 등 지방 순서여서

특별히 번호 순서에 의미를 두지 않았을 수도 있다. 다만 1938년 추가로 지정할 때 모 신문기사가 "금번 지정되려는 것은 내선일체의 관념을 적확히 표현하는 것이라 하여 주목을 끌고 있다."라고 평가를 내리고 있는 것에서 보물 지정이 단순히 문화재의 행정적 관리를 위한 것은 아니었음을 알 수 있다.

한편 포석정은 고적 1호로 지정되었는데 이곳은 신라의 경애왕이 술판을 벌이다 후백제의 견훤에게 죽임을 당한 곳이다. 과거 신라가 어떻게 망했다는 것을 보여줌으로써

<사진 93> 경주 포석정

조선도 그렇게 망할 수밖에 없었다는 것을 은연중에 보여주는 것은 아닐까? 포석정은 현재 고적에서 사적으로 이름만 바뀌어 사적 1호가 되었다.

일제강점기의 문화재정책이 식민지정책의 효율이란 측면에서 이루어졌다는 것은 너무나도 당연한 일이다. 따라서 일제강점기의 일련번호를 매겨 문화재를 관리했던 관행은 해방 후 어떻게 해서든지 고쳤어야 마땅했다. 더구나 국보 1호인 숭례문이 불타고 복원된 지금 상황에서도 여전히 국호 1호를 고집한다면 어불성설이다.

그렇다고 해서 국보 1호를 훈민정음으로 바꾸는 것에 대해선 생각을 달리한다. 한글이 국보 1호의 자격이 없어서가 아니다. 나는 통일한국의 나라이름을 '한글'로 주장할 만큼 한글에 대해서 누구보다 가치를 인정하고

있다. 하지만 이 가치가 다른 유물과의 우열비교에서 나오는 가치여서는 안 된다.

특히 우리나라처럼 '1등'을 강조하는 사회에서 국보나 보물 등의 문화재에 번호를 매기는 것은 불필요한 오해를 낳기 마련이다. 따라서 이번 기회에 국보 1호를 남대문에서 훈민정음으로 바꿀 것이 아니라 국보나 보물 등의 일련번호를 없애는 방향으로 가는 것이 옳다고 생각한다. '국보 숭례문', '국보 훈민정음(해례본)'이라고 하면 충분하다. 굳이 행정관리가 불편하다면 일련번호는 내부적으로 사용하면 그만이다.

역사는 누가 지켜 나가는가?

대학에서 '한국 문화유산의 이해'란 강의를 하면 첫 시간에 이런 질문을 던져본다. "우리나라 역사에서 가장 자랑하고 싶은 문화유산이 무엇이라고 생각하세요?" 학생들이 여기저기서 대답한다. "한글이요", "직지심경이요", "불국사요", "고려대장경이요" 여러 문화유산 가운데 내가 듣고 싶은 답은 '고려대장경'이었다. 첫 번째는 아니더라도 항상 다섯 번째 안에 대장경은 꼭 들어간다. 그 다음 "우리나라 왕들 가운데 가장 자랑하고 싶은

<사진 94> 합천 해인사 대장경판(출처:문화재청 국가문화유산포털)

왕은 누구입니까?"라고 물으면 항상 첫째는 세종대왕이고 그 뒤를 이어 광개토왕, 정조 등을 말한다.

'고려대장경'은 세계기록문화유산으로 지정되었고, 현재 경남 합천 해인사 장경각에 보관되어 있다. 역사상 대장경이 우리나라에서 없어질 뻔한 아찔한 상황이 몇 번 있었다. 고려시대에 대장경은 강화도 판당에 보관되어 있었는데, 왜구들이 판당 주변까지 들어와서 쌀 등을 약탈해 간 적도 있다. 잘못하면 이때 대장경도 없어질 뻔했는데, 이것이 첫 번째 위기였다.

두 번째 위기는 조선시대 세종대왕 때였다. 당시 일본은 조선에 대장경 인쇄본을 자주 요구했는데, 이번에는 인쇄본이 아니라 해인사 대장경판까지 요구하고 나섰다. 요구가 관철되지 않자 단식까지 불사하면서 압박했다. 『세종실록』에 의하면 이때 세종대왕은 대장경을 쓸모없는 물건, 무용지물(無用之物)이라 하면서 일본에 주자고 했다. 다행히 신하들은 반대했다. 조선시대에 유교가 득세했기 때문에 신하들도 대장경이 무용지물이라는 것에 동의했다. 하지만 일본이 요구하는 것을 들어주면 그 요구가 끝이 없을 것이라고 하면서, 나중에 논의해보자는 식으로 거절할 것을 세종에게 건의하였다. 세종도 이를 받아들여 대장경은 다행히 해인사에 남게 되었다. 가장 위대한 문화군주로 알려진 세종이 가장 위대한 문화유산 가운데 하나인 '고려대장경'을 무용지물이라고 말한 것은 믿기 어렵겠지만, 세종도 성리학의 틀을 벗어나지 못하고 불교의 가치를 인정하지 않는 시대적 한계에 갇혀 있었음을 알 수 있다.

세 번째 위기는 6·25 때였다. 전세가 역전되어 국군이 북으로 진군하였다. 이때 북한군 일부가 미처 북한으로 후퇴하지 못하자 산 속으로 숨어들었고, 산에 있는 절을 근거지로 게릴라전을 수행했다. 그러자 미군은 절에 숨어있는 북한군들을 몰아내고자 절을 폭격할 것을 명령하였다. 가야산 해인사도 폭격대상에 포함되었다. 폭탄을 실은 전투편대가 해인사 상공까지 날아왔고, 폭탄 한 방이면 해인사에 보관되어 있는 '고려대장경'이 이 세상에서 사라질 긴박한 상황이었다. 그런데 당시 편대장은 다음과 같은 명령을 내렸다. "해인사에 폭탄을 투하하지 마라" 그러자 비행기들은 폭탄을 해인사가 아니라 그 주변에 터트렸고 그래서 오늘날까지 '고려대장경'이 남아있게 되었다. 그 편대장의 이름은 김영환 대령이다.

'고려대장경' 못지않게 사라질 위기를 겪은 문화유산 중의 하나는 『조선왕조실록』이다. 『조선왕조실록』은 한양의 춘추관을 포함하여 성주, 충주, 전주 등 4곳의 사고에 보관되어 있었다. 그런데 임진왜란 중에 춘추관, 성주, 충주사고가 다 불타버렸고, 마지막 남은 전주사고마저 언제 왜군에 의해 불태워질지 모르는 상황이었다. 전주 이씨의 본향인 전주의 경기전(慶基殿)에는 당시에 태조 이성계의 어진(御眞)이 보관되어 있었다. 전라도 관찰사는 이성계의 어진을 어떻게 보존할까 경황이 없었던 터라 미처 전주사고의 『조선왕조실록』에 신경쓸 겨를이 없어 어떻게 해야 할지 난감해 하고 있었다.

그때 전주 주변 마을의 유생 안의(安義)와 손홍록(孫弘祿)이 나섰다. 노비와 주변의 가까운 사람들을 모아 전주사고의 실록을 내장산으로 옮긴 후, 여러 곳을 돌아다니면서 실록을 지켜내었다. 전쟁 와중에 국가의 녹을 받은 대부분의 사람들은 자기 한몸 피하느라고 정신이 없었지만, 안의와 손홍록은 자원하여 조선왕조실록을 지켜낸 것이다. 만약 안의와 손홍록이 없었다면 임진왜란 이전 조선의 역사기록은 완전히 사라질 뻔했다.

5천 년의 역사를 자랑하는 우리나라는 많은 전란과 어려움을 겪었지만,

많은 문화유산을 보존해 왔다. 그 수많은 문화유산을 지켜낸 사람들 가운데는 우리가 교과서에서 배웠던 사람들도 있겠지만, 더 자세히 들여다보면 교과서에 나오지 않는, 우리가 알지 못하는 사람들도 많다. 고려대장경을 지켜낸 인물은 조선조의 세종대왕이 아니라, 김영환 대령이었고, 『조선왕조실록』도 안의와 손홍록이란 보통 사람들이 지켜냈다.

역사는 누가 지켜나가는가? 이름은 알려지지 않았지만 우리의 역사와 문화를 소중히 생각하는 평범한 사람들이다.

역사에 대한 책임, 수경원에서

<사진 95> 연세대학교 옛 수경원 정자각

연세대학교 백주년기념관 옆 연세역사의 뜰은 옛 수경원(綏慶園) 자리다. 수경원은 사도세자의 어머니, 정조의 외할머니인 영빈이씨의 묘를 말한다. 수경원은 지금 서오릉으로 이전되었고, 뜰에는 수경원에 있던 '정자각'만 남아있다. 정자각 위에 있던 묘 자리는 현재 루스채플이란 대학교회가 세워져 있다. 굳이 그 자리에 교회를 세울 것까지 있었나 하는 생각도 들긴 하지만 역사를 살펴보면 그렇

지도 않은 것 같다.

  이차돈의 순교로 신라에 불교가 들어오게 되었는데 이차돈이 흥륜사란 절을 세우려고 했던 곳은 천경림(天鏡林)이다. 천경림은 나무가 우거진 숲으로 옛날부터 하늘에 제사를 드리던 곳이다. 굳이 그곳의 나무를 베어 절을 세우고자 하니 귀족들이 반대를 한 것도 당연하다.

  신라, 고려를 거쳐 성리학을 이념으로 내세운 조선이 건국되었다. 조선은 성리학 이념을 널리 퍼뜨리기 위하여 전국에 서원을 설립했다. 최초의 사액서원은 영주의 소수서원(紹修書院)이다. 그런데 이 소수서원도 신라시대 절인 숙수사(宿水寺)의 옛터에 세워졌다. 소수서원 옆에 당간지주가 서 있는데 바로 숙수사의 당간지주다. 기독교가 들어와 여러 교회들이 세워졌는데 연세대의 루스채플도 효의 의례가 행해지던 영빈이씨의 무덤 위에 세워졌다.

  새로운 종교를 받아들이는 것도 좋지만 왜 사람들은 옛 성지에다 굳이 자기들의 성전을 세우고자 했을까? '이제 이 땅은 불교의 나라다, 이제 이 땅은 유교의 나라다, 이제 이 땅은 기독교의 나라다'라는 것을 천하에 알리고 싶었을까?

  그렇다고 그러한 행위 자체가 정당화될 수는 없다. 최소한 역사에 대한 반성이 있어야 한다. 신라는 천경림에 흥륜사를 세웠지만 고승 원효와 의상을 배출했다. 조선은 숙수사에 소수서원을 세웠지만 이황과 이이라는 대학자를 배출했다. 영빈이씨 묘인 수경원에 루스채플을 세웠으니 그 반성은 이제 우리의 몫이다.

조선왕조실록

▪ 왜 실록이 아니라 광해군일기일까?

　실록은 전왕의 역사기록이다. 시간 순서에 따라 쓰는 편년체 역사서이다. 일기는 실록과 체제 면에서는 똑같고 표지만 다르다. 실록 대신 일기를 써서 ○○실록이 아니라 ○○일기라고 한다.『조선왕조실록』가운데 일기는 3개였다.『노산군일기』,『연산군일기』,『광해군일기』다. 일기의 공통점은 왕의 시호가 아닌 군이라는 점이다. 모두 왕위에서 쫓겨난 왕들이다. 노산군은 세조에게, 연산군은 중종에게, 광해군은 인조에게 쫓겨났다. 전대의 왕을 몰아내고 새로운 왕이 되는 것을 반정(反正)이라고 한다. 중종반정, 인조반정 등이 있다.

　세조에게 쫓겨난 노산군은 정식 시호를 받지 못하다가 숙종 때 복권되어 단종이란 시호를 받았다.『노산군일기』도『단종실록』으로 바뀌었다. 그래서 현재 남아있는 일기는『연산군일기』,『광해군일기』두 개다. 광해군에 대해선 조선시대에는 부정적이었지만 현대에 들어와서 역사적 평가가 엇갈리고 있다. 명나라와 후금 사이에서 중립을 택한 광해군의 중립외교에 대해서는 좋은 평가를 내리고 있지만 궁궐을 복구하는데 과도하게 집착하여 나라 재정을 고갈시키고 백성을 힘들게 했다는 부정적인 평가를 내리기도 한다.

　『광해군일기』는 조선시대 '일기'로 폄하되었고 인쇄도 되지 않았다. 인쇄한 뒤 사초는 모두 세초(洗草)하는데『광해군일기』는 인쇄를 하지 못해 세초도 하지 않았다. 그래서 실록의 편찬과정에 존재하는 '중초 中草'와 '정초 正草'가 모두 남아있다. 중초와 정초를 서로 비교해서 보면 실록의 편찬 과정을 이해하는데 많은 도움을 주고 있다. 실록이 아닌 일기로 폄하되었지만 지금은 그 어떤 실록보다 중요한 가치를 인정받고 있다.

실록을 고치면 이전 실록은 어떻게 될까?

만들어진 실록을 수정 또는 개수(改修)한 경우도 있다 최초의 수정실록은 『선조수정실록』이다. 이밖에 『현종개수실록』, 『경종개수실록』 등이 있다. 인조는 광해군을 몰아내고 왕이 되었다. 폐위된 광해군의 실록을 편찬했지만 이름은 『광해군일기』라고 하였다. 당연히 『광해군일기』는 반정에 성공한 주역들의 입장에서 편찬되었다. 문제는 광해군 때 편찬한 『선조실록』이었다. 『선조실록』은 임진왜란에 대한 내용이 상당부분을 차지하는데, 그때 광해군의 역할이 분조(分朝) 활동을 통해 잘 드러나고 있다. 또한 『선조실록』은 북인의 입장에서 쓰였다. 그래서 반정에 성공한 서인들은 서인의 입장에서 『선조실록』을 다시 수정했다. 이것이 바로 『선조수정실록』이다.

그럼 광해군이 만든 『선조실록』은 어떻게 되었을까? 없애버렸을 거라고 생각하는 사람도 있겠지만, 그대로 남아있다. 그래서 현재 『선조실록』과 『선조수정실록』 2개가 남아있다. 현종과 경종도 마찬가지다. 실록을 수정한 입장에서는 자신들의 수정실록이 더 정확하다는 자신감이 있었을 수도 있다. 한 번 남겨진 실록은 수정했더라도 그대로 보존해야 한다는 옛 기록에 대한 존중이 컸을 수도 있다. 『선조실록』과 『선조수정실록』이 모두 남아있기 때문에 한 인물에 대한 평가나 한 사건에 대한 기록을 서로 비교할 수 있다.

예를 들어 정철은 『선조실록』에서는 부정적, 『선조수정실록』에서 긍정적으로 묘사되고 있다. 우리가 알고 있는 정철에 대한 평가는 『선조수정실록』에 근거하고 있다. 임진왜란 때 경복궁이 불탄 원인에 대해서도 서로 다르게 기록하고 있다. 『선조실록』은 왜군이 불태웠다고 하였고 『선조수정실록』은 백성들이 불태웠다고 하였다. 왜군이 불태운 것을 굳이 백성이 불태웠다고 고쳐 쓴 이유도 궁금하다.

몇 년 전 교과서 수정문제가 불거진 적이 있었다. 교과서를 수정할 필요가 있으면 집필진을 새로 구성해 교과서를 편찬하면 된다. 기존 교과서도 역사서로서 존중될 필요가 있다. 역사적 인물이나 사건에 대해서 다른 견해가 있을 수 있고 그것이 바로 역사의 매력이기도 하다. 둘다 공존하는 『선조실록』과 『선조수정실록』, 자기와 다른 역사 서술도 존중해준 귀중한 역사유산이다.

▪︎ 기록과 사관을 믿을 수 있는가?

역사는 객관적이어야 한다. 그렇다고 주관적인 요소가 없다는 말은 아니다. 주관적일 경우 그 주관적인 이유가 강제적이어서는 안 된다. 사관의 주체적인 판단에 맡겨져야 한다. 권력자나 권력기관에 휘둘리게 되면 공정한 역사서술이 이루어질 수 없다. 무엇보다 독립성이 보장되어야 한다. 그런데 사관의 독립성은 임명단계부터 위태로울 수밖에 없다. 왕이 임명하면 왕의 입장에서 역사서술이 이루어지고, 한 당파가 임명하면 그 당의 입장에서 역사적 평가가 내려지기 때문이다. 그래서 택한 사관의 임명 방식이 자천제(自薦制)다. 다른 사람이 사관을 임명하는 것이 아니라 그만 두는 사관이 후임 사관을 추천하는 방식으로 사관이 사관을 임명하는 방식이다.

오늘날도 사관처럼 독립성이 필요한 곳이 있다. 대표적인 것이 검찰총장이다. 검찰총장을 대통령이 임명하는 한 정치검찰이란 논란을 벗어나기 어렵다. 나는 검찰총장도 사관처럼 자천제로 임명하면 어떨까 생각한다. 물론 사관의 역할과 검찰총장의 역할이 다르므로 그대로 따를 수는 없고 절충점이 있다. 그만 두는 검찰총장이 3명의 후임 검찰총장을 추천하면 대통령이 그 가운데 1명을 임명하는 방법도 있다. 조선시대 사관의 독립성을 유지하기 위해 선택한 임명 방식인 자천제는 어떤 형태로든 오늘날에도 유효한 것이 아닌가 생각한다.

두 가지 길

최명길과 김상헌

영화 "남한산성"의 두 주인공 지천 최명길(崔鳴吉)과 청음 김상헌(金尙憲)에 대한 평가가 뜨겁다. 명나라를 몰아내고 새로 중국의 주인이 될 청나라와 화친을 맺어야 한다는 주화파 최명길의 현실론과 임진왜란 때 우리를 도와 준 명나라와의 의리를 지키고 오랑캐인 청과 싸워야 한다는 척화파 김상헌의 명분론이 부딪쳤다. 현실론과 명분론의 우열을 가르는 기준은 백성(국민)이다. 백성이 잘 사는 게 기준이라면 현실론이 유리한 입장에 서기 마련이다. 현실은 가까이 있고 명분은 멀리 있기 때문이다. 신라가 멸망할 때 경순왕과 마의태자는 다음과 같은 대화를 나눈다.

> 경순왕 왈,
> "외롭고 위태로움이 이와 같으니 형세를 보전할 수가 없다. 이미 강해질 수도 없고 더 약해질 것도 없으니 죄 없는 백성으로 하여금 간(肝)과 뇌(腦)를 땅에 바르도록 하는 것은 내가 차마 할 수 없는 바이다."

> 마의태자 왈,
> "나라가 존속하고 망함에는 반드시 하늘의 명이 있습니다. 단지 충성스러운 신하와 의로운 선비들과 더불어 합심하여 백성의 마음을 한데 모아 스스로 지키다가 힘이 다한 이후에 그만둘 일이지, 어찌 천년 사직을 하루아침에 가볍게 남에게 줄 수 있겠습니까?"

후대의 역사가는 경순왕의 현실론에 손을 들어주었다. 고려의 공양왕이 조선에, 조선의 순종이 일본에 나라를 넘길 때도 경순왕과 같은 전철을 밟았다. 고조선의 우거왕은 명분론을 택하고 나라와 함께 목숨을 마쳤다.

현실과 명분, 어느 길을 취할지 어려운 일이다. 하지만 현실과 명분은 그것 자체로 끝나지 않고 역사가 된다. 원나라는 수나라와 당나라를 물리쳤던 고구려를 기억하고 있었다. 고구려를 계승한 고려가 항복하자 그에 대한 대우를 해주었다. 청은 옛날 고려가 원나라에 항복하고 조공을 바친 것에 빗대어 왜 자기 나라에 조공을 바치지 않느냐고 하였다. 청은 조선의 왕에게 삼배구고두례(三拜九叩頭禮)를 행하게 했다.

최명길과 김상헌은 그들이 갈 길을 갔다. 그들의 후계자가 역사를 어떻게 이끌어 나갔느냐로 우리는 그들을 평가하고 있다. 이제는 우리가 평가받을 때다. 현실과 명분, 그 어느 것이 중요한 게 아니라 어떤 길을 가든 '국민'과 '역사'에 떳떳해야 한다.

황사영과 명성황후

2017년 9월부터 11월까지 로마바티칸박물관에서 한국천주교특별전이 열렸다. '황사영백서'도 전시되었다. 지금은 주로 고대사를 공부하고 있지만 처음에는 한국천주교회사에 관심이 많았다. 특히 '황사영백서'가 마음에 걸렸다. 정조가 죽은 이듬해 신유년(1801) 천주교에 대한 대대적인 박해가 시작되었다. 수많은 사람이 죽임을 당했고 정약용도 이 일로 유배길에 올랐다.

<사진 96> 황사영백서(영인본)

정약용의 조카사위이기도 한 황사영(黃嗣永)은 박해를 피해 충북 제천에 몸을 숨겼다. 이곳에서 그는 외국 군대를 끌어들여 종교의 자유를 얻게 해달라고 요청하는 문제의 편지를 썼다. 이 편지가 바로 '황사영백서'다. 편지는 발각되었고 황사영은 반역죄로 처형을 당하였다. 현재 이 백서는 로마교황청에 보관되어 있다.

1894년 동학농민군에 의해 전주성이 함락당했다. 바빠진 조선의 명성황후정권은 외국 군대를 끌어들여 사태를 진정시키려고 하였다. 당시 영돈녕부사 김병시는 "수렴 정치에 견디지 못하여 백성이 일어났거늘, 타국의 군대를 빌어서 우리 백성을 살해한다는 것이 어찌 있을 수 있는 일인가?"라고 반대하였다. 명성황후는 청나라에 군대를 요청하였고 이를 빌미로 일본도 군대를 보내게 된다. 결국 동학농민군은 일본군에 의해 공주 우금치에서 패하여 퇴각했다.

황사영이나 명성황후는 모두 외국 군대를 끌어들였다. 그들은 외국 군대를 끌어들여 무엇을 지키고자 하였을까? 황사영은 개인의 자유를 지키기 위해 국가를 배반했고 명성황후는 국가를 지키기 위해 어쩔 수 없이 군대를 요청했나? 아니면 황사영은 인간의 기본적인 권리인 종교의 자유를 원했지만 명성황후는 자신의 권력을 유지하려고 한 것으로 봐야하나? 만약 북한의 어떤 주민이 핍박과 박해를 견디지 못해 유엔에 편지를 써서 군대를 보내달라고 했다면 어떻게 해야 하나.

지금까지 역사적 사건과 인물에 대한 평가는 개인보다 국가의 입장이 우선시되었다. 개인의 입장을 앞세우는 게 아니라 적어도 균형은 맞추려고 노력해야 한다. 국가를 지탱하는 건 국민 개개인이다.

(후기) 1886년 조불통상조약으로 천주교가 승인되어 제주도에도 종교의 자유가 왔지만 이번에는 제주 천주교인들이 관을 등에 업고 제주 백성들을 수탈하게 된다. 이에 반발하여 일어난 봉기가 1901년 '이재수(李在秀)의 난'이다. 그렇게 힘들게 종교의 자유를 얻었는데 이번에는 그를 빌미로 다른 사람을 궁지로 몰았으니…. 인간이 원래 그런 것인지, 역사가 원래 그런 것인지 여러 가지 생각이 교차하는 밤이다.

대한시대

대한제국

■ 대한제국과 만세

 조선시대 지식인들의 머릿속에 '사대'의식이 얼마나 뿌리깊이 박혀있었는지는 조선이란 나라이름에서 알 수 있다. 조선은 고조선(단군조선)이 아니라 기자조선을 계승했다고 하였다. 대한제국은 '기자'를 부정하고 나라이름을 '대한'으로 바꾸었다. 그 깊은 '사대'에서 벗어난 역사적 사건이었다. 물론 중국의 '사대'에서 벗어났다고 해서 곧바로 자주를 얻었다는 말은 아니다. 하지만 그 오랜 세월 동안 조선을 장악했던 '기자'와 '사대'에서 벗어날 수 있었던 '대한제국'의 성립은 '의식의 전환'이란 측면에서 가히 혁명적 전환이었다고 생각한다.

 3·1운동 때 만세의 함성이 온 나라를 덮었지만, 만세는 우리에게 낯선 용어였다. 간간이 만세를 불렀지만 그동안 만세는 중국 황제만이 부를 수 있었고 우리는 천세로 만족해야 했다. 어쩌면 3·1운동 때 만세를 부르지 못하고 천세로 만족할 수밖에 없었을지도 모른다. 어떻게 만세가 가능했을까? 여러 이유가 있겠지만 그 중의 하나 만세를 제도적으로 가능하게 한 조치가 있었다. 바로 대한제국의 선포였다.

 적어도 중국의 눈치를 보지 않게 되었다. 얼마만인가? 물론 우리의 힘이 아닌 국제정세의 변동, 특히 일본의 의도가 반영되었지만, 제후국에서 제국으로의 변화는 중화에 얽매였던 지식인들에게는 엄청난 충격으로 다가오지 않았을까? 민국을 강조하다보니 제국에 대해선 백안시하는 경향이 없지 않지만 만세의 측면에서 본다면 그렇지만은 아니다. 3·1운동, 대한민국임시정부를 강조한다고 해서 굳이 대한제국을 폄훼할 필요는 없다. 만세의 출발은 1897년 대한제국의 선포였다.

고종과 망국

신라 망국의 책임은 진성여왕이 다 뒤집어썼다. 정작 신라 마지막 왕인 경순왕은 조선시대까지 대접을 잘 받았다. 신라 멸망이 어찌 진성여왕 때문이겠는가? 최치원을 등용하여 개혁도 시도했었다. 시도에 불과했을지도 모르지만.

어찌 조선과 대한제국의 멸망이 고종 한 사람 때문이겠는가. 마치 고종도 진성여왕처럼 색안경을 끼고 평가하고 있는 것은 아닐까. 고종을 비판한다고 해서, 고종의 역할을 축소한다고 해서, 대한민국임시정부의 역사적 평가를 높이는 것은 아니다.

나라는 망하기 마련이다. 마지막 왕 가운데 본받을만한 왕이 있는가? 경순왕, 공양왕, 순종은 나라를 다른 나라에 넘겨 주었다. 물론 고조선의 우거왕처럼 나라와 함께 목숨을 바친 왕도 있지만 매우 예외적인 경우다.

속 빈 강정이고 허세에 쩔은 대한제국이라고 백안시하지만, 지금도 교과서나 명문자료에서 우리나라 연호만 보이면 황제국이고, 대왕만 보이면 황제국이고, '붕'만 보이면 황제국이라고 떠벌렸던 것을 생각해 보라.

허세인 대한제국이었지만 대내외적으로 허세라도 부릴 수 있었던 건 신라, 고려, 조선의 천년하고도 또 천년을 기다리고서야 가능했다. 수많은 마지막 왕 가운데 고종만큼 기울어져 가는 나라를 일으켜 세우려고 노력한 왕이 누가 있었을까? 1919년 세상을 떠날 때 백성의 함성으로 배웅을 받았던 왕이 또 있었을까?

국권피탈, 조선의 책임인가? 대한제국의 책임인가?

1910년 우리는 일본에게 국권을 빼앗겼다. 그때 우리나라는 대한제국이었다. 대한제국의 초대황제는 고종이고, 마지막 황제는 순종이다. 1910년 국권을 빼앗긴 책임은 고종과 순종에게 있다. '제국'을 대신해서 새로 들어선 나라가 '민국'의 대한민국이다. 1919년 4월 11일이 대한민국임시정부수립일이다. 공교롭게 1919년은 고종이 죽은 해이기도 하다. 2019년 한쪽에선 고종 서거 100주년을 기념한 행사를 치르기도 했다. 하지만 그 행사는 대한민국임시정부 100주년을 기념하는 측으로부터 맹렬한 비난을 받았다.

1910년 국권피탈의 책임은 누구에게 있을까? 나는 대한제국보다는 조선에 있다고 생각한다. 1897년 고종이 대한제국을 선포하지 않았어도 국제정세의 흐름으로 보았을 때 국권피탈을 막기에는 역부족이었다. 그렇다고 조선으로 주저앉을 수는 없었다. 조선과 조선을 에워싸고 있었던 허상을 부정하고 나온 것이 대한제국이다.

첫 번째는 '기자'에 대한 부정이다. 명나라가 지어준 '조선'이란 나라이름은 정도전이 말한 대로 '기자조선'의 '조선'이다. 영정조 때까지 이름을 지어준 은혜를 잊지 말아야 한다고 말할 정도였다. 그 조선을 대한으로 바꾸었다. '조선'이란 국호는 기자를 말하니 주체적인 우리 이름이 아니라고 하면서 대한으로 나라이름을 바꾸었다.

두 번째는 중국 연호에 대한 부정이다. 우리는 전통적으로 중국 연호를 썼다. 그래도 간헐적으로 우리 연호를 쓴 적은 있다. 고구려, 백제, 신라, 발해, 고려 모두 한때는 우리 연호를 썼다. 다만 조선왕조 5백 년 동안에는 철저하게 중국 연호를 썼다. 나라이름을 지어준 명나라의 은혜를 잊지 못해 청나라가 들어선 이후에도 조선은 망한 명나라의 연호를 계속해서 썼다. 겨우 조선의 마지막 끄트머리인 1895년 고종은 '건양 建陽' 연호를 쓰다가 1897년 대한제국을 선포하고 '광무 光武' 연호를 사용하였다.

세 번째는 '천세 千歲'에 대한 부정이다. 만세는 중국만 외칠 수 있었으며, 우리는 '천세'만 외칠 수 있었다. 1897년에 대한제국이 선포되고 나서야 공공연히 만세를 외칠 수 있었다. 만세의 함성은 1919년에 2천만 모두의 만세 소리로 퍼져나갔다.

단군조선을 긍정하고, 우리 연호를 긍정하고, 만세를 긍정하고, 나를 긍정하였다. 2천년 역사의 혁명적 전환이다. 제국혁명의 불길은 3·1운동의 만세를 거쳐 오히려 제국을 부정하기에 이르렀다. 그리고 20여 년 만에 '민국대혁명'의 대한민국임시정부를 탄생시켰다.

1910년 국권피탈의 책임은 누구에게 있을까? 대한제국은 중국에 기대지 않고 우리의 힘으로 나라를 빼앗기지 않으려고 하였다. 그러나 그 힘이 너무 약했다. 일본에 기대보고, 러시아에 기대보고, 미국에 기대보았지만 모두가 허사였다.

조선은 어떠했는가? 어떻게 해서든지 중국에 기대었다. 임진왜란 때 구해준 명나라의 은혜를 잊지 못해 청나라를 무시하다가 결국 어쩔 수 없이 청나라에 기댄 게 조선이다. 그 한계를 깨달은 고종은 중국을 부정하고 대한제국을 선포하였다.

고종 이전의 왕은 철종이다. 헌종-철종에 이르는 30여 년의 기간이 1910년 나라를 빼앗기느냐 빼앗기지 않느냐의 관건이었다. 이때 위정자들은 무엇을 하였는가?

근현대 시대표기

■ 우리나라 근현대 연표의 문제점

우리나라 근현대사 연표의 상단에 꼭 들어가는 말이 '일제강점기'다. 나는 '일제강점기' 대신 '대한민국임시정부'라고 쓸 것을 여러 차례 주장한 바가 있다. '일제강점기'는 '대한민국임시정부' 하단에 참조용으로 작게 쓰면 된다.

<사진 97> 국립중앙박물관 구석기실 입구 연표(2015)

2015년 국립중앙박물관 연표에는 상단에 '일제강점기'라고 표기되어 있으며, '대한민국임시정부'는 아예 언급이 되지 않았다. 이에 대해 문제점을 지적하자, 2016년에는 하단에 '대한민국임시정부'라고 표기하였다. 그러나 여전히 '일제강점기'를 상단에 표기하는 건 바뀌지 않았다.

그리고 2015년과 2016년 박물관 연표에는 1945년부터 1948년까지 아예 언급이 없다. 하지만 이 기간에 엄연히 대한민국임시정부가 있었다. 미국

<사진 98> 국립중앙박물관 구석기실 입구 연표(2019.12.12)

은 인정하지 않았지만.

  2018년 국립중앙박물관에선 '칸의 제국 몽골' 특별전을 개최하였다. 그런데 특별전의 연표는 기존의 연표와 같기도 하면서 달랐다. 상단에 '일제강점기'라고 한 것은 같았다. 다른 점은 대한민국의 시작을 1945년이라고 한 것이다. 한 박물관에서, 그것도 국립중앙박물관에서 대한민국의 시작을 한쪽에선 1948년이라고 하고 또 저쪽에선 1945년이라고 하고 있는 것이다.

  1948년에 대한민국정부가 수립되었지만 1945년에 해방이 되었기 때문에 몽골특별전에서는 1945년을 대한민국의 시작이라고 적은 것 같다. 이와 같이 국립중앙박물관에서 연표의 혼동이 일어나는 것은 아직 대한제

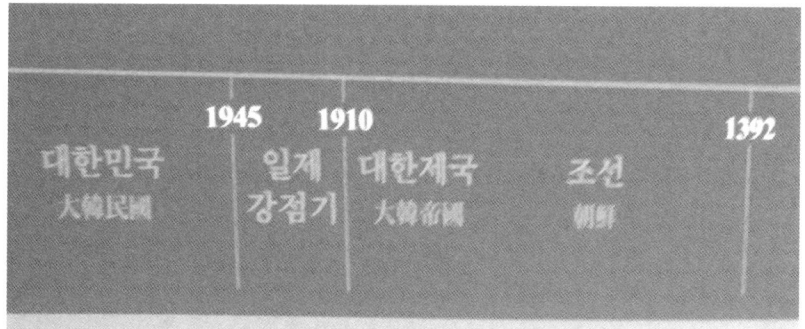

<사진 99> 2018년 국립중앙박물관 몽골특별전 연표

국, 대한민국임시정부, 대한민국에 이르는 근현대사에 대한 인식이 정립되어 있지 않아서다.

나는 '일제강점기'란 피동적인 용어가 아니라 '일제저항기'란 능동적인 용어를 쓰자고 주장한 적이 있다. 그리고 우리나라 연표의 상단은 우리 입장에서 쓸 것을 제안했다. 그래서 연표의 상단은 '대한제국 – 대한민국임시정부 – 대한민국'으로 설정해 보았다.

2019년 3·1운동과 대한민국임시정부수립 100주년을 맞이하여 '대한시대'를 제안한다.

2019년은 3·1운동 100주년, 대한민국임시정부수립 100주년이 되는 뜻깊은 해이다. 우리는 일본에게 나라를 빼앗겼지만, 이에 굴하지 않고 대한민국임시정부를 거쳐 대한민국정부를 수립하고 오늘날의 대한민국을 만들어왔다. 다만 역사는 끊임없이 이어져 온다는 점을 감안하면 2019년은 고종 서거 100주년이기도 하다. 고종에 대한 역사적 평가는 좋지 않지만 역사 속 마지막 왕들 가운데서는 나름대로 기울어 가는 나라를 다시 일으켜 세우려 했던 왕이다. 또한 3·1운동이 널리 퍼질 수 있었던 배경에는 죽은 고종을 추모하는 분위기도 한몫하였다.

우리는 일제에게 나라를 빼앗긴 시기를 일제강점기라고 부르고 있다. 그리고 일제강점기를 세 시기로 나누어 무단통치기, 문화통치기, 전시체제기로 구분하고 있다. 하지만 이러한 시기구분은 조선을 강제로 점령한 시기, 무단으로 통치한 시기, 문화로 통치한 시기, 전시체제에 편입시킨 시기

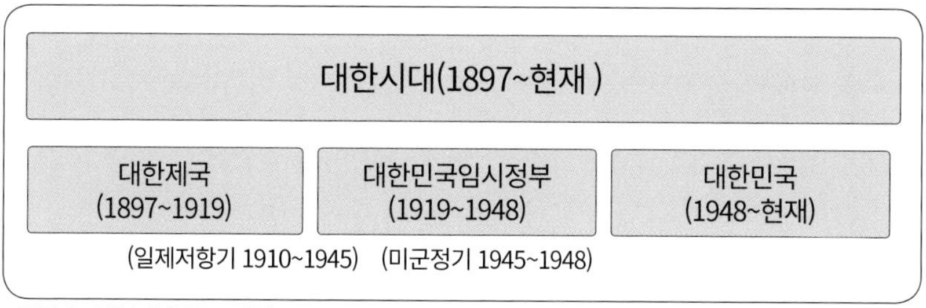

```
┌─────────────────────────────────────────────────────────┐
│              대한시대(1897~현재 )                          │
│                                                          │
│    대한제국          대한민국임시정부         대한민국       │
│  (1897~1919)        (1919~1948)        (1948~현재)      │
│                                                          │
│       (일제저항기 1910~1945)  (미군정기 1945~1948)         │
└─────────────────────────────────────────────────────────┘
```

<그림 9> 대한시대 연표 제안

등 일제의 입장에서 명명한 것이다. 나라를 빼앗겼으면 당연히 우리 입장에서 나라를 되찾으려고 기울인 우리의 노력이 반영된 시기구분으로 불러야 하지 않을까. 보다 많은 논의가 필요하지만 일제강점기 대신 '일제저항기'로 부를 것을 제안한다.

소위 '일제강점기'는 1910년부터 1945년까지다. 우리를 강제로 점령한 시기다. 그러나 우리는 온전한 나라를 다시 찾기 위해 1919년 대한민국임시정부를 세웠다. 1919년부터는 일제강점기가 아닌 대한민국임시정부라고 불러야 한다. 대한민국임시정부의 하위 개념으로 일제강점기라고 쓸 수는 있겠다. 그럼 대한민국임시정부는 1919년부터 언제까지일까?

보통 1919년부터 1945년까지를 대한민국임시정부라 부르고 1945~1948년을 미군정으로 부르고 있다. 국립중앙박물관 구석기실 입구 연표에는 1910~1945년을 일제강점기, 1948년 이후를 대한민국이라고 부르고 있는데, 1945~1948년은 특별한 언급이 없는 것도 미군정시기로 보아 그런 것 같다. 미군정은 대한민국임시정부를 정부로 인정하지 않았다. 그래서 임시정부 사람들은 개인자격으로 귀국할 수밖에 없었다.

그런데 이상하지 않은가. 일본에게 나라를 빼앗겼을 때도 우리는 대한민국임시정부라는 나라가 있었다. 그런데 나라를 되찾았는데 미군정이 인정하지 않았기 때문에 대한민국임시정부를 인정하지 않는 것은 말이 되지 않는다. '일제저항기'에 세운 대한민국임시정부는 누가 인정해줘서 정부가 된 것이 아니다. 미군정이 인정하지 않았다고 해서 우리가 이를 따를 필요는 없다.

실제로 1945년에 귀국한 대한민국임시정부 요인들은 자신들의 대한민국임시정부를 정부로 자처했다. 임시정부는 다른 형태의 정부를 자처한 여운형의 조선인민공화국과 합작정부의 구성을 시도하기도 했다. 따라서 1945년부터 1948년까지도 당연히 대한민국임시정부시기로 봐야 한다. 1948년 대한민국정부가 수립될 때 1919년부터 1948년까지 포함하여 대한민국정부수립 30주년이라고 한 것도 같은 이유다.

그럼 1910년부터 1919년까지는 어떻게 불러야 할까? 물론 '일제강점기' 또는 '일제저항기'다. 그런데 1919년 3·1운동 때 부른 만세는 무슨 독립만세였을까. 대한독립만세였을까? 조선독립만세였을까? 정확한 통계는 나와 있지 않지만 반반 불렀다고 생각한다. 그럼 대한독립만세라고 불렀을 때 '대한'은 '대한제국'이었을까? 아니면 '대한민국'이었을까? 3·1운동 이후 대한민국임시정부가 수립되었으므로 만세 구호의 '대한'은 대한민국이었을 가능성도 있다. 하지만 당시 사정을 고려하면 공화국의 '대한민국'은 일부 지식인이나 공화주의자들의 구호였을 것이고 일반 백성들의 '대한' 구호는 대한제국이었을 가능성이 높다. 3·1운동은 대한제국 고종 황제의 붕어(崩御) 이후 치러진 장례 분위기에 고조된 측면도 있기 때문이다.

역사에 가정은 없지만 1919년 당시의 상황을 파악하기 위해 이런 가정을 해보자. 3·1운동이 성공했다. 일제로부터 나라를 되찾았다. 1919년에 되찾은 나라의 이름은 무엇이며, 그 나라의 최고 통치자는 누가 되었을까? 아마도 대한제국이 들어서고 순종이 다시 황제에 올랐을 것이다. 물론 1919년의 대한제국은 1897년의 대한제국과는 달랐을 것이다. 1897년의 대한제국이 황제국이었다면 1919년의 대한제국은 입헌군주제와 공화제가 결합된 국가형태였을 것이다.

1919년 나라를 되찾은 사람들은 1910년을 어떻게 기록할까. 지금은 당연히 1910년을 대한제국이 망한 해로 기록하고 있지만 1919년 사람들도 그렇게 생각했을까. 1910년은 망한 해가 아니라 잠시 국권을 일제에게 빼앗긴 시기라고 보지 않았을까. 사람들은 1910년에 나라가 망했다고 생각하지 않았으며, 곧 찾을 거라고 생각했고 찾으려는 노력을 꾸준히 해왔다. 그 연장선상에서 3·1운동이 일어났고 대한민국임시정부까지 세웠다. 사실 1910년 대한제국과 일본이 맺은 소위 '한일합방조약'은 강제로 체결되어 국제법적으로 무효인 조약이다. 조약 당사자인 순종은 1926년에 남긴 유서에서 자신은 '한일합방조약'을 인정하지 않았다고 하였다. 강압적으로 체결된 조약을 굳이 우리가 나서서 인정할 필요는 없다. 3·1운동으로 대한제국을 다시 되찾지는 못했지만 대한민국임시정부를 탄생시켰으므로 1910년부터 1919년까지를 대한제국기라고 부를 수도 있다.

한동안 대한민국의 건국절 논의가 뜨거웠다. 1948년이 대한민국 건국절이다, 1919년이 대한민국 건국절이다 논쟁이 있었지만 남북이 분단된 상황에서는 어느 한쪽 손을 들어주기 어렵다. 1919년 대한민국임시정부수립, 1948년 대한민국정부수립이라고 하면 된다. 정부에서도 2019년부터 건국절이라고 부르지 않겠다고 했는데 늦었지만 다행스러운 일이다.

그런데 건국절 논쟁은 남북통일 이후에도 해결될 여지가 없을 것 같다. 왜냐하면 1919년을 건국절로 보면 북이 동의하지 않을 것이고 마찬가지로 북이 주장하는 건국절도 남이 동의하지 않을 것이기 때문이다. 결국 대한민국의 건국절은 이러지도 저러지도 못하고 논쟁에 휘말리거나 그냥 어정쩡한 상태로 남아있게 될지도 모른다.

　그렇다고 방법이 없는 것은 아니다. 건국절의 개념을 기존의 1919년 또는 1948년에 가둬 둘 필요가 없다. 대한민국이란 나라이름은 멀리 삼한에서 유래했지만 가깝게는 대한민국임시정부의 대한민국에서 왔고, 대한민국임시정부의 '대한'이란 이름은 대한제국에서 왔다. 곧 대한제국의 '대한'이 임시정부에서 대한민국으로 받아들여졌고 현 대한민국의 나라이름으로 정착되었다.

　사정이 이렇다면 대한제국 - 대한민국임시정부 - 대한민국 - 통일한국으로 이어지는 근현대의 흐름을 '대한시대'라는 큰 흐름 속에서 파악해 볼 필요가 있다. 기존 근현대사의 시기구분이 1897~1910년 대한제국, 1910~1945년 일제강점기, 1945~1948년 미군정기, 1948년~ 현재를 대한민국이라 구분했다면 우리의 입장에서 1897~1919년 대한제국, 1919~1948년 대한민국임시정부, 1948년~현재 대한민국, 통일한국으로 부를 것을 제안해 본다.

독립운동 훈장 1등급은 누가 받아야 하나?

독립운동 3등급이었던 류관순 열사가 이번 3·1절 100주년에 1등급으로 격상되었다. 이에 대해선 찬반이 엇갈리는 것 같다.

찬성하는 측에서는 류관순 열사가 사람들에게 알려진 것에 비하여 등급이 낮으니 최고 등급인 1등급으로 올리는 건 당연한 일이라고 한다. 일제에 항거한 인물로 김구나 안중근처럼 널리 알려진 류관순 열사가 3등급으로 머물러서는 안된다는 것이다. 친일파의 등급을 올리자는 게 아니라 독립운동가의 등급을 올리자는 것이니 딱히 반대할 이유는 없을 것 같다. 어쩔 수 없이 등급을 나눈 것이지 모두가 1등급 독립운동가들이 아닌가?

반대라기보다 문제를 제기하는 입장에서는 등급을 나눴다면 그 기준은 명확해야 한다는 것이다. 널리 알려진 인물이 기준이라면 류관순 열사가 어떻게 사람들에게 널리 알려졌는지 검토가 필요하다. 일제저항기 류관순에 대해 아는 사람은 거의 없었다. 해방 이후 친일을 했던 사람들이 자신들의 친일을 희석시키기 위하여 자신들과 학연, 교연(종교 인연) 등으로 연결된 류관순 열사를 대대적으로 홍보했다. 아마 이런 식으로 널리 알려지기를 류관순 열사는 바라지 않았을 것이다.

나는 류관순 열사의 독립운동 1등급을 반대하진 않는다. 다만 오랜 검토를 통해서 모든 사람이 납득할 수 있는 기준을 제시했어야 했다. 예전에 친일을 했던 사람들이 어떤 목적을 위해 류관순을 띄웠듯이 3·1운동 100주년을 맞이하여 그 행사의 일환으로 급하게 1등급으로 상향하였다는 인상을 지울 수 없다. 이 또한 류관순 열사가 바란 일은 아닐 것이다.

류관순 열사의 입장에서는 나보다 독립운동을 더 많이 한 사람도 있는데 혹시 그 분들이 나보다 등급이 낮다면 그들의 등급을 올려줬으면 좋겠다고 말할지도 모른다.

그럼에도 나는 류관순 열사의 훈장 1등급이 너무 늦은 조치가 아니었던가 생각한다. 오히려 류관순 열사가 일제저항기 만세를 불렀던 이름 모를 한 소녀였기에 더더욱 1등급을 받아야 마땅하다고 생각한다. 얼마나 많은 소녀들이 만세를 불렀던가. 빼앗긴 나라는 김구도 아니고 안중근도 아닌 이름 모를 수많은 사람들의 만세로 되찾은 건 아닐까. 그 만세 소리에 대한민국임시정부도 탄생하게 되었다.

류관순 열사의 독립운동훈장 1등급 추서는 류관순 열사가 이름 모를 수많은 소녀들을 대표하여 받은 것으로 생각하고 싶다. 류관순 열사도 자랑스럽게 생각했을 것이다. 대한독립만세를 목 놓아 불렀던 그들이 진정한 독립운동 1등급의 주인공이기 때문이다.

한국사 속 '건국연대'에 관한 고찰
대한민국 '건국절'과 관련하여

1948년 이후 대한민국의 '건국절'은 대한민국임시정부가 수립된 1919년이었다. 그러다가 이명박, 박근혜 대통령 때는 대한민국정부가 수립된 1948년이었다. 문재인 대통령 때는 1919년이 다시 '건국절'이 되었다. 한 나라의 '건국절'이 대통령에 따라 1919년이 되었다가 1948년이 되었다가 널을 뛰고 있다. 건국연대가 정치적 입장에 따라 달리 해석되고 있는 것이다. 물론 바람직한 현상은 아니다. 그렇다고 건국의 문제를 정치가 아닌 학문적 입장에서만 다룰 수 없다는 데 문제의 어려움이 있다. 왜냐하면 건국은 정치와 밀접한 관련이 있기 때문이다.

대한민국의 건국이 1919년인지 1948년인지는 잠시 접어 두고 우리가 알고 있는 여러 나라의 건국연대는 아무런 문제가 없는지 살펴보자. 김부식의 『삼국사기』에 의하면 신라, 전고려(=고구려), 백제의 건국 연대는 각각 기원전 57년, 기원전 37년, 기원전 18년이고 다들 그렇게 알고 있다. 그런데 위에 제시한 건국 연대가 정확한 건국 연대일까. 과연 신라가 가장 먼저 나라를 세웠을까.

정확한 건국 연대는 모르더라도 적어도 전고려가 신라보다 먼저 건국된 것은 확실하다. 그렇다면 전고려와 신라의 건국 연대 중 하나는 사실이 아니다. 전고려의 건국 연대가 신라의 건국 연대인 기원전 57년보다 빠르거나, 신라의 건국 연대가 전고려의 건국 연대인 기원전 37년보다 더 늦어야 한다.

전고려가 900년 이상 존속했다거나 기원전 107년에 건국되었을 수도 있다는 『제왕운기』의 기록을 참조한다면 전고려의 건국 연대가 기원전 57년보다 더 이전이었을 가능성이 높다. 신라의 건국 연대인 기원전 57년도 60갑자가 시작되는 갑자년이라 연대 조작의 냄새가 난다. 실제 건국 연대가 아닐 가능성이 높다. 사정이 이렇다면 백제의 건국 연대도 기원전 18년이 아닐 수 있다.

삼국보다 먼저 세워진 고조선의 건국 연대는 어떠할까? 기원전 2,333년이 맞을까? 삼국의 건국 연대도 확실하지 않은데 그보다 앞서 몇천 년 전에 세워진 고조선의 정확한 건국 연대가 있기나 한 걸까. 믿는 것 자체가 무리다. 더구나 고조선의 건국 연대를 기원전 2,333년이라고 정한 것도 『삼국유사』가 아니다. 기원전 2,333년이 고려시대 일연의 『삼국유사』에서 정해진 연대라고 알고 있지만 사실이 아니다. 조선시대에 들어와서 기원전 2,333년으로 정해졌다.

우리가 알고 있는 발해의 건국연대는 698년이다. 중국의 『구당서』와 일본의 『유취국사』의 기록을 종합하여 얻은 연대다. 『구당서』에는 측천무후의 성력 연간(698~700)에 발해가 건국되었다고 했고, 『유취국사』에는 문무천황 2년(698)에 발해가 건국되었다고 하였다. 그런데 우리 측 기록은 다른 연대를 전하고 있다. 『삼국유사』에서 인용한 『삼국사』에서는 발해의 건국을 678년이라고 했다. 이승휴의 『제왕운기』에서는 684년이라고 했다. 이처럼 발해의 건국연대는 678년, 684년, 698년 세 개가 있다. 우리는 중국과 일본 측 기록인 698년을 따르고 있다.

궁예가 세운 고려, 즉 후고려(=후고구려)의 건국 연대도 901년이라고 하지만, 『삼국사기』는 궁예의 건국을 904년 마진 건국으로 보고 있다. 『삼국사기』에는 궁예의 고려 건국에 대한 기록 자체가 없다. 901년 후고려 건국은 『삼국유사』에 근거한 것이다. 그런데 『삼국사기』의 또 다른 기록에서는 궁예가 세운 나라가 28년간 존속했다고 했다. 이를 따르면 궁예의 건국은 901년이 아닌 890년이 된다. 아니면 철원에 도읍한 896년을 건국연대로 볼 수도 있다. 궁예의 건국연대도 890년, 896년, 901년, 904년으로 보는 관점에 따라 다르다.

지금까지 여러 나라의 건국 연대, 즉 고조선의 기원전 2,333년, 신라의 기원전 57년, 전고려의 기원전 37년, 백제의 기원전 18년, 발해의 698년, 후고려의 901년 모두 문제점을 갖고 있음을 살펴보았다. 물론 현재와 가까운 시기인 918년 왕건의 고려 건국과 1392년 이성계의 조선 건국은 연대에 대해서 논란이 없다. 그런데 아이러니하게도 현재와 가장 가까운 시기에 세워진 대한민국의 건국 연대에 대해선 논란이 가장 뜨겁다.

앞에서 살펴본 여러 나라의 다양한 건국 연대 가운데 기원전 2,333년, 기원전 57년, 기원전 37년, 기원전 18년, 698년, 901년을 건국 연대의 기준으로 인정한다면 대한민국의 건국 연대는 1948년이 되어야 한다. 왜냐하면 과거의 어떤 나라도 '국호'만을 칭했다고 해서 건국으로 인정한 사례가 없기 때문이다.

그러나 글쓴이는 전고려의 건국 연대인 기원전 37년, 발해의 건국 연대인 698년, 후고려의 건국 연대인 901년 등을 건국 연대로 인정하지 않는다. 가령 발해의 경우 건국 연대를 전하는 기록 가운데 자국 기록과 타국 기록이 있을 때 어느 기록을 취해야 할까. 당연히 당시 세계의 중심역할을 했던 중국이 인정한 기록을 취하여야 한다고 말할지 모르겠다. 그러나 건국연대는 그 나라 또는 그 나라를 어떤 형태로든 계승한 나라의 기록을 따라야 하지 않을까. 따라서 발해의 건국연대도 우리 측 기록인 678년이나 684년 중 하나를 따라야 한다.

우리는 전고려가 668년에 멸망했다고 알고 있지만 전고려 사람들은 전고려가 망하지 않았다고 생각했다. 전고려를 다시 찾거나 또 다른 나라로 계승하고자 계속 노력했기 때문이다. 그러한 노력들이 모여 698년 중국으로부터 인정받은 발해가 건국되었다. 그러나 698년 발해를 건국한 세력의 일부는 그들의 건국을 698년이 아니라 678년이나 684년으로 보았다. 678년 또는 684년에 중요한 전환점, 예를 들어 국호를 정한다거나, 왕을 칭한다거나, 근거지를 마련하는 등 전고려 부흥의 전기를 마련한 전환점이 있지 않았을까. 그들은 그 전환점을 불완전하지만 건국 기원으로 삼았고 그것이 후대에 기록으로 전해진 것이다.

궁예의 고려 건국도 901년이 아니다. 궁예는 이미 896년 철원에 도읍을 정하고 칭왕하였다. 이때 국호를 정하지 않았다고 해서 건국으로 보지 않는 것은 너무 엄격한 잣대를 들이댄 것이다. 신라가 삼국을 통일하고 몇백 년을 지속했는데 누군가 나타나서 도읍을 정하고 칭왕했다면 이는 건국과 마찬가지다. 국호를 정하지 않았지만, 국호를 내부적으로만 공유했을 수도 있고, 언젠가 국호를 정할 것은 예정된 일이었기 때문이다.

그렇다고 발해처럼 어떤 전환점을 마련했거나 도읍을 정했거나 칭왕했다고 해서 모두 건국으로 보자는 말은 아니다. 이러한 변화가 나중에 완벽한 건국으로 이어졌을 때만 인정해야 한다. 신라의 김헌창이나 고려의 묘청 등이 왕을 칭하거나 도읍을 정했다고 해서 건국이라고 보지는 않는다. 왜냐하면 그들은 결국 나라를 세우지 못했기 때문이다.

만약 발해란 나라가 세워지지 않았다면 발해를 세우기 위한 기점이었던 678년과 684년도 그 의미를 상실했을 것이다. 발해란 나라를 세웠기 때문에 678년 또는 684년이라는 건국 연대도 나라와 함께 기록으로 전해진 것이다. 마찬가지로 궁예의 896년 철원 도읍도 나중에 901년 고려란 나라의 건국으로 이어지지 않았다면 하나의 사건에 지나지 않았을 것이다.

이제 마지막으로 대한민국의 건국을 논할 때다. 1910년 대한제국이 멸망한 후 여러 곳에서 나라를 되찾자는 노력이 있었다. 황제국 대한제국을 되찾자는 방향과 전혀 새로운 공화국의 나라를 세우자는 등 여러 방식으로 전개되었다. 이러한 운동의 정점이 1919년 3·1운동이다. 3·1운동은 실패했지만 그 동력은 중국에서 대한민국임시정부를 탄생시켰다. 국민, 영토, 주권도 없는 명목상의 정부였지만 '대한민국'이란 국호까지 정하였다.

1945년 해방을 맞이하고 1948년 대한민국정부가 수립되었다. 대한민국정부는 1948년을 대한민국 원년이라 하지 않고 대한민국정부수립 30년이라고 표방하였다. 1948년 대한민국정부 수립을 1919년의 연장선상에서 바라본 것이다. 그런데 1948년에 남북이 분단되지 않고 통일국가가 수립되었다면, 그리고 그 통일국가의 나라 이름이 대한민국이 아니라 '조선'이나 '고려'였다면, '조선 건국'이나 '고려 건국'의 원년을 1919년으로 하지는 않았을 것이다. 아마도 1948년을 건국 원년으로 삼았을 것이다.

1948년의 나라 이름이 대한민국이었기 때문에 1919년 대한민국임시정부의 법통이 중요한 요소가 되었다. 1919년에 대한민국임시정부가 건국되었느냐 아니냐의 문제는 1919년의 문제가 아니라 그 후 세워진 나라의 형태나 국호와 연결해 결정할 문제다. 흔히 말하는 역사의 현재적 관점을 무시할 수가 없다.

1948년 대한민국정부의 연원을 1919년 대한민국임시정부에 두었다고 해서 언제까지나 대한민국정부의 연원이 1919년이라고 주장하는 것도 문제다. 1919년 대한민국임시정부의 주요 목적은 나라를 되찾는데 있었다. 그래서 1948년에 나라를 되찾고 대한민국정부를 세웠을 때 그 연원을 1919년에 두었다. 그러나 1948년 대한민국정부의 목표는 민주국가의 실현이고 통일한국의 완성이다. 언젠가 민주국가와 통일한국을 이뤄냈다면 대한민국의 건국 연대는 1948년이 될 가능성도 없지 않다.

다만 남북이 분단된 현 상황에서 1919년이 건국이냐 1948년이 건국이냐는 결정할 수도 없는 일이고 결정해서도 안 되는 일이라고 생각한다. 왜냐하면 어느 한 쪽을 건국으로 정한다고 해서 모든 사람의 공감대를 이끌어 낼 수는 없기 때문이다. 지금 상황에서는 말 그대로 1919년 대한민국임시정부수립일, 1948년 대한민국정부수립일로 기념하면 된다.

2019년은 3·1운동 100주년이고 대한민국임시정부수립 100주년이다. 온 나라 사람이 마음을 한데 모은 것이 3·1운동이고, 그 힘을 모아 대한민국임시정부를 탄생시켰다. '건국절' 논란으로 국론을 분열시킬 필요가 없다. 건국절은 적어도 남북이 통일되었을 때 본격적으로 논의해야 할 문제다.[1]

---

1) 『한국사, 한걸음 더』(푸른역사, 2018)에 수록한 글을 일부 수정하여 다시 게재함

왜 일본은 우리를 무시하는가?
● ● ●

요즘 한일 관계가 뜨겁다. 우리나라 5천 년 역사에서 가장 치욕적인 사건은 무엇일까? 일본과의 싸움인 임진왜란이라고도 하고, 청나라에 굴복한 병자호란이라고도 하겠지만 압도적인 대답은 역시 일본에게 36년간 나라를 빼앗긴 것이라고 여길 것이다.

5천 년 역사를 이어가다보면 이런저런 일이 있기 마련이다. 임진왜란처럼 방심하여 왕이 나라 끝 의주까지 도망간 때도 있고, 병자호란처럼 명분만 따지며 남한산성에서 덜덜 떨다가 삼전도에서 항복하여 머리를 조아릴 때도 있고 어떤 때는 나라도 잃을 때가 있다. 방심하다가, 명분만 좇다가, 대세에 어두워 나라도 빼앗기기도 하는 우여곡절을 겪고 그렇게 역사는 지나왔다. 한편 생각해보면 한번도 시련을 겪지 않고 나라도 빼앗기지 않고 어떻게 5천 년을 이어올 수 있었겠는가?

역사는 공짜가 없다. 시련을 주면 반대로 기회도 준다. 임진왜란을 겪었지만 임진왜란을 겪은 광해군은 중립외교를 통해 국제정세에 능동적으로 대처했다. 명나라에 대한 사대를 멀리하고 유교적 명분을 잃은 광해군은 인조에 의해 쫓겨났다. 그러나 반정에 성공한 인조는 사대 명분만 좇다가 청나라의 침략을 받고 삼전도에서 머리를 아홉 번 박는 수모를 당했다.

하지만 그러한 수모도 공짜는 아니었다. 항복의 조건으로 소현세자가 청나라로 끌려갔지만 그곳에서 소현세자는 서구의 학문과 청나라 문물을 접하게 되었다. 청에게 항복하지 않았다면 얻을 수 없었던 신문물에 대한 정보를 소현세자를 통해서 얻게 되었다. 그러나 소현세자는 귀국하자마자

석연치 않은 죽음을 당하게 된다. 명분론에 입각한 인조와 신하들이 소현세자를 탐탁지 않게 생각하던 차에 일어난 죽음이라 여러 가지 억측을 낳기도 하였다. 청에게 항복한 것이 아쉬운 게 아니라 소현세자가 다음 왕위를 이어가지 못한 게 더 큰 아쉬움으로 남는다.

일본에게 나라를 빼앗긴 건 치욕이긴 하지만 난 그렇게 치욕스럽게 생각하지 않는다. 잃어버린 나라를 찾기 위해 무던히 애를 썼던 수많은 사람을 생각하면 비온 뒤 땅이 굳는다는 심정으로 희망을 가질 수 있다.

그런데 경술국치보다 더 치욕스러운 것은 해방 이후 우리가 보여준 태도다. 5천 년 역사를 가진 민족으로서 나라를 빼앗기고 다시 찾았으면 당연히 친일을 정리하여 과거에 대해 반성하고 역사의 정기를 바로 세워야 하는데 우리는 그렇게 하지 못했다.

1910년 8월 29일이 가장 치욕적인 날이 아니라 해방이 된 지 70여 년이 지났어도 과거 역사에 대해 반성하지 않고 역사의 정기를 바로 세우지 못하고 있는 2020년 오늘이 우리나라 역사상 가장 치욕적인 날이 아닐까? 오늘도 일본이 우리를 무시하는 이유가 아닐까?

나가며

세한도, 스승과 제자

<사진 100> 세한도(출처:문화재청 국가문화유산포털)

  세한도(歲寒圖)는 추사(秋史) 김정희(金正喜 1786~1856)가 제주도에 유배갔을 때 그린 그림이다. 유배기간이 길어지자 사람들의 발길과 소식이 하나둘 끊어졌는데 제자 우선(藕船) 이상적(李尙迪 1804~1865)만은 달랐다. 하루는 이상적이 중국에서 가져온 수 많은 책들을 보내주었다. 하루이틀 마음먹어서는 이뤄낼 수 없는 일이었다. 추사는 한 폭의 그림에 글을 써서 이상적에게 보내주었다. 그 그림이 유명한 세한도다.

  『논어 論語』의 "날씨가 추워진 후에야 소나무와 측백나무가 시들지 않음을 안다. 歲寒然後 知松柏之後凋"라는 구절에서 그림 제목 '세한 歲寒'을 따왔다. '송백'은 봄여름가을겨울 항상 푸르지만, 사람의 마음은 그러하기

251

힘들다. 권세와 이익이 있으면 마음을 주다가 권세와 이익이 흩어지면 마음을 거둔다. 그런데 우선 이상적은 추사가 잘 나갈 때나 어려움에 처해있을 때나 송백처럼 한결같았다.

세한도에는 한 채의 집과 네 그루의 송백나무가 있다. 세 그루는 곧게 위로 올라갔고 한 그루는 꼿꼿한 나무에 기대어 있다. 사람들은 꼿꼿한 나무는 제자 이상적이고 나이 먹고 힘이 빠진 나무는 추사 김정희를 의미한다고 한다. 제주도 유배로 어려움과 실의에 빠진 김정희의 처지를 반영하며, 세한도의 전체적인 분위기도 차가운 겨울 분위기로 제주도 유배의 어려움을 보여준다고 한다.

하지만 나는 세한도를 볼 때마다 따듯한 분위기를 느낀다. 나이 먹은 고목은 쓸쓸한 게 아니라 당당하게 보인다. 꼿꼿한 제자 나무에 기댄 추사는 더이상 쓸쓸하거나 힘이 없어 보이지 않는다. 한결같은 제자에게 기댈 수 있는 사람만큼 당당한 사람이 또 어디에 있겠는가? 이보다 따뜻한 관계가 어디에 있겠는가? 더운 여름에 보면 시원하고 추운 겨울에 보면 따뜻한 그림이 세한도다.

추사 김정희가 찍었는지 우선 이상적이 찍었는지 모르지만 세한도에는 둘만이 아는 비밀을 간직한 '장무상망'이란 도장이 찍혀 있다.

장무상망 長毋相忘 우리 오래도록 서로 잊지 말자!

세초연

    왕이 죽으면 왕의 실록을 편찬한다. 실록청을 두고 여러 사초를 모아들인다. 처음 모은 사초를 초초(初草)라고 한다. 초초를 정리 분류하여 중초(中草)를 만들고 중초를 수정하여 최종 정초(正草)를 만든다. 정초를 저본으로 해서 몇 부를 인쇄하여 여러 사고에 보관하고 중초와 정초는 세초(洗草)한다. 사초를 씻는 것을 세초라 한다. 혹시 기록이 공개되면 불필요한 오해를 낳을 수도 있고 종이를 재활용하는 의미도 있다. 세초 장소는 세검정이다. 세초가 끝나면 세초연을 연다. 실록을 완성하고 서로의 노고를 축하하는 자리다.

    한 학기가 끝나면 마무리 모임을 갖는다. 나는 세초연으로 부르고 있다. 짧은 한 학기지만 그것도 우리의 역사이고 실록이기 때문이다. 나를 좋아하는 학생도 있고 불만이 있는 학생도 있겠지만 술 한 잔에 옛 앙금을 씻자는 의미도 있다.

    역사는 과거를 정리하는 작업이다. 그러나 동시에 미래의 역사를 다짐하는 자리이기도 하다. 전왕의 역사를 정리하고 새 왕의 역사를 열어보자는 서로의 격려이기도 하다. 짧다면 짧은 글이지만 나에겐 하나의 작은 실록이기도 하다. 지금까지 읽어 준 독자들에게 감사드린다. 곧 날을 잡아 세초연을 열까 한다.

    또 다른 실록 '나만의 OOO'를 준비하며…

색인

BTS 16, 19
Ghost Bridge 182
가궐(假闕) 201
갈항사쌍탑(葛項寺雙塔) 178
감은사석탑(感恩寺石塔) 142
건국절(建國節) 239
경덕왕(景德王) 168
경순왕(敬順王) 34, 226
경천사십층석탑(敬天寺十層石塔) 203~210
계림잡전(鷄林雜傳) 165
고구려비기(高句麗祕記) 61~62
고구려왕(高句麗王) 58~59
고달사(高達寺) 178
고려 동명왕(高麗東明王) 55
고려국왕(高麗國王) 56
고려대장경(高麗大藏經) 218
고려태왕(高麗太王) 55, 58
고유섭(高裕燮) 144
고조선 건국연대(古朝鮮 建國年代) 27, 244
고조선(古朝鮮) 25, 32
고종(高宗) 230
공양왕(恭讓王) 34
공주 석장리유적 유물 22
관세음응험기(觀世音應驗記) 131, 134
광개토왕릉비 신묘년조(廣開土王陵碑 辛卯年條) 71
광해군일기(光海君日記) 222
귀교(鬼橋) 183

기자조선(箕子朝鮮) 25, 29, 53
김경신(金敬信) 177
김부식(金富軾) 56
김상헌(金尙憲) 225
김영환(金英煥) 219
김주원(金周元) 177
나라이름 고려 193
나지사십년 여지십구년야(羅之四十年 麗之十九年也) 62~63
낙랑군(樂浪郡) 64
남북조반어(南北朝反語) 109
노산군일기(魯山君日記) 222
능사(陵寺) 111
다보탑(多寶塔) 174
단군계보(檀君系譜) 49
단군조선(檀君朝鮮) 25~26
단수신(檀樹神) 47
단웅, 단웅천왕(檀雄天王) 47~49
대왕폐하(大王陛下) 138
대통(大通) 105, 107~108
대통불 계보(大通佛 系譜) 101
대통불(大通佛) 100
대통사(大通寺) 100, 102~104
대통지승여래(大通智勝如來) 100
대한민국 건국연대(大韓民國 建國年代) 243, 246~248
대한민국임시정부(大韓民國臨時政府) 234, 237

대한시대 연표(大韓時代 年表) 237
대한시대(大韓時代) 240
대한제국(大韓帝國) 229, 231~232
대한제국기(大韓帝國期) 239
도깨비 다리 182
도화녀(桃花女) 182
동국통감(東國通鑑) 27
동북공정(東北工程) 59
동이(東夷) 55
동태사(同泰寺) 108
동혈이거(同穴而居) 51
동혈지우(同穴之友) 51
류관순(柳寬順) 241
마의태자(麻衣太子) 226
마진(摩震) 196, 197
만세(萬歲) 229
말송보화(末松保和) 161~162
매형공주(妹兄公主) 115
명성황후(明成皇后) 228
명협(蓂莢) 82~83
묘향산지(妙香山誌) 52
무강왕(武康王) 134
무광왕(武廣王) 134
무령왕(武寧王) 134
무령왕릉(武寧王陵) 94~95
무령왕비지석(武寧王妃誌石) 92~94
무왕(武王) 134
문무왕(文武王) 167~168
미륵보살반가사유상(彌勒菩薩半跏思惟像) 121
미륵사(彌勒寺) 136
미륵사서탑사리봉안기(彌勒寺西塔舍利奉安記) 102, 135
미륵사석탑(彌勒寺石塔) 142~148
반가사유상(半跏思惟像) 121
발해 건국연대(渤海 建國年代) 188~189, 244~245
발해 멸망연대(渤海 滅亡年代) 190
백제금동대향로(百濟金銅大香爐) 111~113
백제왕실 계보(百濟王室 系譜) 101
법왕(法王) 100
법왕금살(法王禁殺) 132
법흥왕(法興王) 163~164
별도(別都) 131
별주부전(鼈主簿傳) 77
보인(甫囚) 40
보인(甫因) 40
보희사(寶憙寺) 117
봉보주보살(捧寶珠菩薩) 124
봉암사지증대사비문(鳳巖寺智證大師碑文) 163
분황사석탑(芬皇寺石塔) 143, 145, 148
불국사(佛國寺) 170
붕(崩) 97, 138
비형(鼻荊) 182
빈상(殯喪) 65
빈장(殯葬) 65
사람세상 32
사륙변려체(四六騈儷體) 150
사리봉안기(舍利奉安記) 136, 140
사신(捨身) 108
사택왕후(沙宅王后) 136, 143
사택지적(砂宅智籍) 100
사택지적비(砂宅智積碑) 148~149, 151

삼국유사(三國遺事) 26~27, 39
상고주의(尙古主義) 26
상제(上帝) 43
상제환인(上帝桓因) 34
상하삼존불(上下三尊佛) 125, 141
서명학파(西明學派) 159
서산 마애삼존불(瑞山 磨崖三尊佛) 120, 122~123
석가라인다라(釋迦羅因陀羅) 43
석가인다라(釋迦因陀羅) 43
석가제바인다라(釋迦提婆因陀羅) 43
석가제바인제(釋迦提婆因提) 43
석가제환인다라(釋迦提桓因陀羅) 42~45
석가탑(釋迦塔) 174
석굴암(石窟庵) 170, 172
석불사(石佛寺) 171~172, 175
석장리 구석기 유적 22
석제환인(釋提桓因) 42, 44~45
선덕여왕(善德女王) 154~155, 157
선덕왕(宣德王) 177
선원사(禪源寺) 198
선조수정실록(宣祖修正實錄) 223
선화공주(善花公主) 136
성골남진(聖骨男盡) 157
성왕(聖王) 100, 111
성조황고(聖祖皇姑) 154
세종(世宗) 18
세초연(洗草宴) 253
세한도(歲寒圖) 251
소도(蘇塗) 131
소수서원(紹修書院) 221
손보기(孫寶基) 24

손홍록(孫弘祿) 219
수경원(綏慶園) 220
수기사상(授記思想) 123
수미산(須彌山) 26
숙수사(宿水寺) 221
순종(純宗) 34
숭례문(崇禮門) 214~215
신단수(神檀樹) 48
신도(神都) 131
신라 건국연대(新羅 建國年代) 243
신시(神市) 131
아촉불(阿閦佛) 100
안의(安義) 219
안정복(安鼎福) 45
알영(閼英) 153
알영의 옆구리 탄생설화 156
야나기 무네요시(柳宗悅) 208
여성성불론(女性成佛論) 157
연가칠년명금동여래입상(延嘉七年銘金銅如來立像) 54~55
연등불(燃燈佛) 122
연산군일기(燕山君日記) 222
연천 전곡리 주먹도끼 23
영동대장군백제사마왕(寧東大將軍百濟斯麻王) 97
영락(永樂) 58, 75~76
예산 사방불(禮山 四方佛) 119
오성각별설(五性各別說) 158
오수전(五銖錢) 106
오월 병오(五月 丙午) 87~89
왕검조선(王儉朝鮮) 25
왕후즉신(王后卽身) 138

왕흥사(王興寺) 128, 133
요익인간(饒益人間) 33
요익중생(饒益衆生) 33
우거왕(右渠王) 35
원성왕(元聖王) 177
원측(圓測) 158
위덕불(威德佛) 100
위덕왕(威德王) 110
위만조선(衛滿朝鮮) 25, 53
유년칭원법(踰年稱元法) 67~69
응제시주(應製詩註) 28
의상(義湘) 167~168
이승휴(李承休) 26
이차돈의 순교연대(異次頓의 殉敎年代) 161
익산천도(益山遷都) 130, 132
인간세상(人間世上) 31
인다라(因陀羅) 44
인드라(Indra) 43
인조반정(仁祖反正) 222
일경육수(一莖六穗) 82, 84
일연(一然) 25
일제강점기(日帝强占期) 234, 237
일제저항기(日帝抵抗期) 236
일천제(一闡提) 158
일체성불(一切成佛) 159
자기사 목간(子基寺 木簡) 117
자천제(自薦制) 224
장무상망(長毋相忘) 252
전고려 건국연대(前高麗 建國年代) 243, 245
전고려(前高麗) 57, 191
전곡리 구석기 유적 23

전륜성왕(轉輪聖王) 100
전조선(前朝鮮) 26, 53
정광불(錠光佛) 122
정근처김씨묘지명(鄭僅妻金氏墓誌銘) 96
정도전(鄭道傳) 213, 214
정림사(定林寺) 109, 144~145, 148
정양문(正陽門) 90
정인보(鄭寅普) 73
제대조기(第代祖記) 52
제석(帝釋) 26, 42~44
제왕운기(帝王韻紀) 26~27, 34, 48, 62
조선(朝鮮) 213
조선왕조실록(朝鮮王朝實錄) 219
조신(調信) 180
즉신성불(卽身成佛) 138
즉위년칭원법(卽位年稱元法) 67~69
지모밀지(枳慕蜜地) 131
지의(智義) 168
지적(智積) 100, 148
진덕여왕(眞德女王) 157
진묘수(鎭墓獸) 98
진성여왕(眞聖女王) 157
진지왕(眞智王) 182
창왕(昌王) 111, 114
천경림(天鏡林) 221
천도(遷都) 131
첨성대(瞻星臺) 155
최남선(崔南善) 38
최만리(崔萬理) 18
최명길(崔鳴吉) 225
충렬사(忠烈祠) 201
충주고구려비(忠州高句麗碑) 58

충주고려비(忠州高麗碑) 55
칠지도(七支刀) 80, 85~86
칭원법(稱元法) 67~69
태봉(泰封) 196, 197
태안 마애삼존불(泰安 磨崖三尊佛) 124
태화(泰和) 86, 90, 91
토끼 79
파른본 삼국유사 39
포석정(鮑石亭) 216
표훈(表訓) 168
한(韓) 54
한글 18
항후육적(降侯六賊) 37
해인사 길상탑과 탑지(海印寺 吉祥塔과 塔誌) 185
혜공왕(惠恭王) 169
홍익인간(弘益人間) 30, 33
화령(和寧) 213
화산신찰(花山新刹) 200
화엄불국사(華嚴佛國寺) 173
화엄일승법계도(華嚴一乘法界圖) 176
환국(桓国) 38
환국(桓國) 39
환국(桓国) 39, 46
환단고기(桓檀古記) 38, 41
환웅(桓雄) 26
환웅(桓熊) 52
환인(桓国) 39
환인(桓因) 26, 38~39, 42~43, 46
후고구려(後高句麗) 191
후고려 건국연대(後高麗 建國年代) 244~245
후고려(後高麗) 57, 192, 196~197

후조선(後朝鮮) 26
훈민정음(訓民正音) 216
흥인문(興仁門) 215

나만의 한국사

초판 발행	2020년 1월 3일
2쇄 발행	2020년 2월 5일
3쇄 발행	2020년 10월 26일

저자	조경철
펴낸이	신창수
펴낸곳	백두문화재연구원
기획	서봉수
편집	김운환 이세호 노호
디자인	김민선
인쇄	DreamAD & Printing Group
등록	제2017-000026호
연락처	TEL. 031-918-6003~4 FAX. 031-918-6001
주소	경기도 고양시 일산동구 일산로 449, 4층
홈페이지	http://www.baekdu.or.kr

ISBN 979-11-89589-18-9

이 도서의 국립중앙도서관 출판예정도서목록(CIP)은 서지정보유통지원시스템 홈페이지(http://seoji.nl.go.kr)와 국가자료종합목록 구축시스템(http://kolis-net.nl.go.kr)에서 이용하실 수 있습니다. (CIP제어번호 : CIP2019052874)

잘못 만들어진 책은 구입하신 서점에서 바꾸어 드립니다.
이 책에 실린 글과 사진은 저작권자의 동의 없이 무단으로 전재, 복제할 수 없습니다.

이 책은 국립중앙박물관, 문화재청, 국립중앙도서관, 국가기록원에서 공공누리 제1유형으로 개방한 사진을 이용하였으며, 해당 사진에 출처를 명시하였습니다.

이 책에 수록된 사진은 원저작권자의 동의를 확보하기 위하여 노력하였습니다.
일부 게재허가 및 승인을 받지 못한 부분에 대해서 원저작권자와 최선을 다해 협의하겠습니다.